E. FRÉMIET

PAR

JACQUES DE BIEZ

PRÉFACE

de

FRÉDÉRIC MASSON

de l'Académie Française

12 Planches hors texte

Catalogue complet de l'Œuvre

JOUVE & Cie

Éditeurs

15, Rue Racine, 15, PARIS

Portrait de Frémiet par H. GREBER (Musée du Luxembourg)

E. FRÉMIET

JACQUES DE BIEZ

E. FRÉMIET

PRÉFACE

DE

FRÉDÉRIC MASSON

De l'Académie Française

PARIS

JOUVE & Cie ÉDITEURS

15, Rue Racine, 15

1910

A Monsieur

GABRIEL FAURÉ

MEMBRE DE L'INSTITUT
DIRECTEUR DU CONSERVATOIRE NATIONAL
DE MUSIQUE ET DE DÉCLAMATION

Je dédie ce livre écrit à la gloire du statuaire éminent qu'est son beau-père,

en remerciement des notes délicates et si précieuses qu'avec bonne grâce il me communiqua,

en témoignage aussi de mon admiration pour le musicien enchanteur, l'Orphée charmeur qu'il est.

JACQUES DE BIEZ

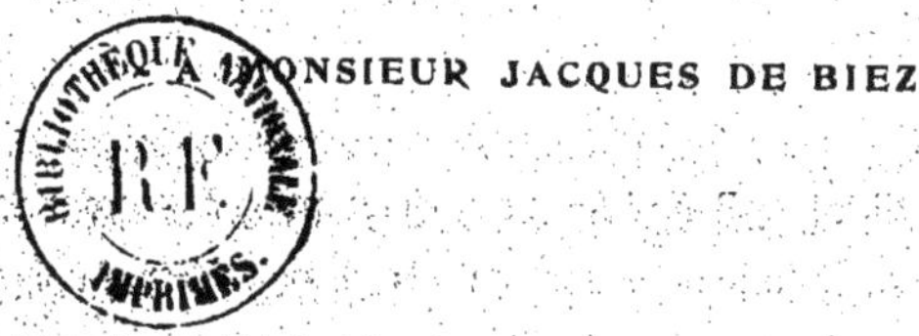

À MONSIEUR JACQUES DE BIEZ.

Quand nous allâmes à Saint-Sauveur inaugurer, dans le vent et la pluie, devant un peuple indifférent, des bardes en limousine et quelques messieurs en habit noir, le buste de Barbey-d'Aurevilly, juché, comme sur un perchoir, sur un piédestal trop étroit, nous avons, mon cher Monsieur de Biez, causé de sculpture et de sculpteurs, et, comme de juste, le nom de Frémiet, le glorieux patriarche de l'Art français, est, au même moment, venu sur nos lèvres ; patriarche, oui bien, et quelle innombrable postérité d'êtres de cire, de marbre, de bronze et de terre, il procréa à lui tout seul. Il en est à l'infini qu'il anima de son souffle, auxquels il ordonna d'être et de marcher et qui furent et marchèrent, et équitèrent ; des hommes et des femmes (quoique moins de celles-ci, au contraire de la nature) de toutes races, de tous temps, de tous costumes qui lui font un cortège sans pareil et qui, sur les personnages qu'ils furent, ont l'avantage d'être muets. Cela est inappréciable.

Or donc, nous nous sommes rencontrés en une commune admiration pour ce maître et comme vous prépariez une étude sur son œuvre vous avez bien voulu vous souvenir que moi aussi j'avais, dans quelques pages auxquelles seules les gravures donnaient du prix, essayé de chanter mon couplet. Vous avez désiré les reprendre et les mettre en tête de votre joli volume. En vérité, elles sont à vous, comme un très léger témoignage du plaisir que j'eus à vous retrouver en Cotentin.

⁂

Elève de *Rude !* Avec ces deux mots-là, comme on est porté loin, comme on se sent dans la gloire ! C'est, passé le siècle qui vient de s'écouler, la fin du XVIII., où Rude prend naissance : c'est, en 1807, son arrivée de Dijon, chez Denon, directeur général des Musées ; c'est un buste de l'Empereur qu'il taille, buste qu'a *égaré*, paraît-il, la ville de Dijon, cité protectrice des arts, qui fait mouler ses chefs-d'œuvre, mais refuse à quiconque d'en vendre des épreuves ; c'est les bas-reliefs de la Colonne triomphale, où il collabore ; et après, c'est, taillés pour l'immortalité, le haut-relief du *Départ*, le *Maréchal Ney*, le *Général Bertrand*, le *Godefroy Cavaignac*, le monument du Fixin ; c'est la sculpture renouvelée, un art trouvé, digne de la France et de son Héros, animé et vivifié par un souffle de patriotisme ardent, généreux et sincère.

En cette liste des sculpteurs français qui, depuis huit siècles, se garnit, chaque cent ans, de noms illustres, Rude apparaît marqué d'un astérisque de gloire, et c'est une joie de le saluer avant de parler de son élève et son neveu, car Mme Rude qui peignait avec grand talent était née Sophie Frémiet.

Au début de sa carrière, M. Frémiet semblait plutôt devoir continuer Barye, dont il se faisait l'émule, que rappeler Rude. Ses premiers envois au Salon, de 1843 à 1855, étaient d'un animalier attentif, traitant la nature avec une patte moins rude que Barye, mais y portant une connaissance égale des formes et une étrange curiosité du détail. Les gazelles, les chiens, les dromadaires, les chats, les hérons, les poules, les chevaux, les ours qu'il exposait alors, quelle que soit leur taille, auront la destinée des œuvres de Barye; on se les disputera avec une ardeur pareille, et les cires, si précieuses et si merveilleusement traitées, sont déjà entre les objets d'art recherchés de ce temps.

L'empereur Napoléon III prit un goût particulier pour le talent de M. Frémiet: il avait admiré le groupe de chiens bassets placé dans la Salle des Gardes du palais de Compiègne, et il voulut de l'artiste une collection de statuettes représentant les types des soldats des différentes armes. Les originaux en cire ont péri dans l'incendie des Tuileries; « ces originaux qui étaient vêtus complètement à l'ordonnance ; drap, coiffure, fourniment, les chevaux avec leurs selles, brides et schabraques, tout y était parfait », dit le duc de Conegliano, ancien chambellan de Napoléon III, dans son livre si intéressant et si précis : *La Maison de l'Empereur.*

De quelques-unes de ces figures, il existe heureusement des épreuves en bronze, mais de quelques-unes seulement. Dix ont été exposées aux Salons, de 1855 et de 1859 : le *Carabinier*, l'*Artilleur à cheval*, le *Voltigeur*, le *Gendarme à cheval*, le *Guide*, le *Cent Gardes*, l'*Artilleur de la Garde*, le *Zouave de la Garde*, le *Sapeur* et le *Cheval de troupe ;* mais comment ne pas regretter les autres, toutes les autres, qui eussent ainsi rendu vivante, pour les contemporains et les descendants, la glorieuse armée de l'Alma et de Malakoff, de Magenta et de Solférino, de Palikao et de Puebla?

Ces travaux, si intéressants qu'ils aient été, n'ont point mené M. Frémiet à s'occuper par la suite du soldat moderne, et ils semblent presque à part dans son œuvre presque toute archéologique. Mais cette œuvre encore, M. Frémiet n'a-t-il pas, tout au moins au début, été excité à l'entreprendre par la haute protection de l'Empereur ? En tout cas, le sculpteur se rencontrait à propos, près du biographe de Jules César, pour traduire ses types historiques favoris, et il est difficile de donner une autre origine au *Cavalier gaulois* et au *Cavalier romain,* où tous les détails méritent l'attention, car il n'en est pas un qui ne soit justifié par un document authentique.

Presque en même temps, M. Frémiet exécutait pour être érigée à Grenoble, une statue équestre de Napoléon Ier qui est entre les bonnes qu'on a faites alors.

Toutefois, pas plus qu'au soldat moderne, M. Frémiet ne devait s'attacher au héros moderne. L'ensemble de son œuvre est plus de curiosité que d'enthousiasme, et, pour donner leur accent aux traits du grand homme, ce n'est pas assez de les connaître, pas assez de les admirer, il faut croire en son esprit, et communier avec lui; il faut, tel que Rude, lorsqu'il collaborait avec le fidèle Noizot, concevoir et exécuter le monument du Fixin comme un autel expiatoire, comme l'*ex-voto* qu'aux manes proscrites et sacrées apportent ensemble un vieux « tailleur d'images » et un vieux grenadier. Ce ne peut être le cas de tout le monde. Je ne saurais résister à publier à ce sujet quelques lignes d'une lettre écrite par Noizot à un M. Guérin qui avait sollicité de lui un autographe de Rude : « Les détails de cette lettre, lui écrit-il en le lui envoyant, me paraissent précieux. Ils vous donnent une date approximative de l'époque, où nous avons pensé à élever le monument qui manquait ! Rude a dû se mettre à l'œuvre en 1842 ou 1843. Il n'a terminé qu'en 1846. Il a donc passé trois ans à cetre œuvre sans s'occuper d'autre chose ».

Rude et Noizot furent présentés ensemble au Président de la République, je suppose en 1849, et cette présentation donna lieu à des incidents que relate la lettre suivante que le général Rémond adressa à Noizot « ce samedi 3 mars (1849 ?) à 4 heures du soir.

« Mon cher Noizot,

« Le général Bougenel sort d'ici; il vous a attendu hier vendredi, de 11 heures à midi et ensuite de 7 à 8 heures du soir, heure à laquelle vous deviez aller avec lui et M. Rude chez le Président de la République qui vous avait donné rendez-vous pour cette heure.

« Le général Bougenel, en allant à l'hôtel de la présidence pour vous excuser, y a trouvé toute la famille Buonaparte qui sortait de table et qui était au courant de votre monument.

« Le Président, pour réparer cette omission a chargé le général Bougenel de vous inviter, ainsi que M. Rude, à dîner à l'hôtel de la présidence jeudi prochain avec le général Bougenel...

« Ce que je vous écris, préalablement aux explications de vive voix que mes dames vous donneront si vous venez nous voir le soir, n'est que le prélude des reproches que nous vous ferons amèrement sur vos torts envers la présidence et envers le général Bougenel.

« Votre dévoué,
« Le général Rémond »

Il serait curieux d'avoir quelque détail à ce sujet. Rude ne trouva point sous sa serviette la rosette dont il eût chargé son ruban de chevalier (il l'était du 19 avril 1843); ni Noizot une cravate de commandeur, (il resta officier comme il était du 11 avril 1815) ; On voudrait rattacher à ce dîner la présentation de Frémiet faite par Rude au Prince président. Et à coup sûr cela donnerait de l'agrément à cet autographe.

La dernière œuvre que Napoléon III inspira à l'artiste exerça, au contraire, sur sa carrière, une influence décisive en le jetant vers un côté de reconstitution où déjà il avait obtenu de vifs succès avec ses cavaliers romain et gaulois, et dont la statue équestre de *Louis d'Orléans*, pour le château de Pierrefonds, lui traça la voie définitive.

Le nombre des œuvres produites depuis lors par M. Frémiet est tel, qu'il serait impossible d'en fournir l'énumération ; il suffit d'indiquer le double courant qu'il a suivi : d'une part, les étonnantes restitutions de l'homme préhistorique, tentées dès 1872 ; d'autre part, en un peuple de statues et de statuettes, la retrouvaille parfois exquise, toujours savante, ingénieuse et adroite, des costumes et des façons du passé.

Parfois il peut sembler pourtant que l'amour du décor et la passion de l'hippisme aient porté M. Frémiet au delà de la mesure : ce fut, à l'étonnement des gens de goût, qu'il obtint l'érection, dans les jardins du Louvre, de la statue équestre du peintre Velasquez. Une statue équestre à un peintre ! L'honneur réservé aux Césars et aux Imperators, le tribut des peuples à leurs libérateurs, c'est ce que l'administration française des Beaux-Arts a offert à ce peintre espagnol ! Comment s'étonner dès lors qu'on ait pensé à représenter M. Meissonier porté sur les épaules des grenadiers de la Vieille Garde, et, qu'à défaut, à ses pieds, aux pieds de ce peintre, on ait jeté le drapeau national !

La statue équestre de Jeanne d'Arc devint tout de suite, au contraire, l'objet du culte populaire ; un naturel enthousiasme y mena les foules, et, aux grands anniversaires, couvrit de fleurs le piédestal.

Cette statue, si merveilleusement appropriée au cadre où elle est placée, religieuse et sincère, inspirée et pourtant non déclamatoire, levant haut, mais silencieusement, la bannière au *Jhesus-Maria*, c'est une des figures de France les plus heureusement trouvées, les plus formellement gracieuses et les plus justement définitives.

M. Frémiet a rencontré plusieurs fortunes semblables, témoin lorsqu'il a fourni cette merveilleuse statuette du Grand Condé, ou lorsqu'il s'est plu à commenter, en sculpture, les préceptes de Pluvinel ; lorsque, avec une recherche de détail qui ne nuit point à l'ensemble, car elle en accentue le côté précieux, il a rangé en ligne cette suite d'étranges guerriers, qu'on disait descendus de quelque vitrail, ou levés de quelque tombeau : le *Saint Georges* et le *Saint Michel*. Et pourtant, de son œuvre, la portion qui semble la plus intéressante, est la représentation des hommes de la Préhistoire. Car, après tant d'excursions dans des temps si divers, il est revenu à tourmenter ce secret, à chercher de quel éclair d'humanité s'éclairait la bestialité confuse des primitifs ancêtres, et il a fourni d'eux la représentation qui certainement satisfait davantage l'imagination.

∴

Voilà donc ce que je trouvais à dire il y a tout juste dix ans et voilà ce que vous expliquerez bien mieux que je n'ai pu le faire en des lignes hâtives que rendait excusables seulement leur destinée éphémère. A présent que nous les exhumons de concert pour leur accorder la pérennité du livre, je me trouve quelque peu honteux de leur brièveté, de leur adaptation, surtout de leur absence de philosophie : car, si l'on ne découvre à présent une philosophie aux œuvres d'art, on est précipité en la Géhenne où les philistins doivent, par les hommes de goût, être soumis à des supplices raffinés, pittoresques et sanglants. Plaignez-moi, j'y serai jeté pour sûr, mais je compte sur votre bienfaisance pour venir me faire l'aumône de quelques petits pains.

Croyez, mon cher Monsieur de Biez, à mes sentiments sympathiques.

FRÉDÉRIC MASSON
de l'Académie française.

Cliché Fiorillo.

PORTRAIT DE E. FRÉMIET, PAR E. FAURÉ-FRÉMIET
(Salon de 1908)

LIVRE PREMIER

—

L'ONCLE ET LE NEVEU

L'ATELIER D'UN HOMME SIMPLE

« Je vous attendrai demain à mon atelier du faubourg Saint-Honoré », écrivait jadis M. Frémiet aux critiques qui souhaitaient un rendez-vous.

En ce temps-là le maître avait en effet son laboratoire au carrefour des Ternes. Aujourd'hui il est installé à l'Institut, dans la cour, après la voûte, porte nº 3. Quand M. Frémiet vous y donne rendez-vous, c'est dans les mêmes termes de cordialité et de courtoisie. La lettre qu'il vous adresse est d'une écriture ferme, claire et belle. C'est engageant et sympathique. Et sous cette coupole mazarine, on retrouve l'air intime, simple et familial qui frappait jadis dès le seuil de l'atelier du faubourg Saint-Honoré. Ici plus que jamais, aujourd'hui, on sent qu'on entre chez un homme considérable, un « grand monsieur », mais on voit tout de suite que cet homme grand est aussi simple, très simple. Son accueil a tout le charme et la saveur d'une France que nous aimons bien, la France des gens qui savent encore être simples en étant forts.

Les années sont venues, la gloire avec elles. Les travaux se sont multipliés. L'admiration publique les a couronnés de son unanimité. M. Frémiet est resté l'artiste discret, à la voix douce, qui reçoit ses visiteurs avec aménité, et vous donne l'impression d'une vie passée au travail, dans le bonheur du travail, encadrée heureusement, dans les deux termes de l'effort et du succès. L'atelier de l'Institut est simple comme l'était celui du faubourg Saint-Honoré en 1892. Et la gloire de l'éminent artiste qui nous reçoit n'est qu'un rayon de plus à l'auréole de sa simplicité charmante.

Si vous saviez comme il était simple cet atelier du faubourg Saint-Honoré, perché là-haut, à la lisière du quartier des Ternes. Dans une cour longue, une manière de cité d'artistes, où les portes des ateliers sont en rang comme des entrées de ruche, il était là, sans façon, avec sur la porte un numéro noir. C'est comme partout. Il n'empêche qu'en demandant au concierge de cette cité, où se trouvait l'atelier de M. Frémiet, on vous montrait le laboratoire d'un des premiers artistes de ce temps. Le plus souvent, l'artiste ouvrait lui-même, très droit dans son vêtement boutonné haut jusqu'au col, à la façon d'un surcot. Vous êtes prié d'entrer. Dès le seuil, l'œil du maître, plein de réserves avisées, vous enveloppe, vous invite, promet et vous retient. On entre d'emblée dans la pièce unique, véritable officine de statuaire. C'est un encombrement de gens et de choses, un va-et-vient actif sans fièvre, vigilant sans emphase, par usage constant d'un labeur noble. . . . .

. Des praticiens, tout blancs comme des statues du Commandeur, abattent de l'ouvrage autour du maître. Çà et là, des outils professionnels, ébauchoirs de buis luisant, compas aux longues jambes de fer, tiges d'armature qu'on apporte de la forge. Sur le sol, un tapis de gypse que les mouleurs sèment sous leurs pas blancs. Dans ce coin, rangés en étages, les pains de glaise, gras pavés de terre grise, attendent leur heure de devenir œuvres d'art. A l'autre bout, près de l'entrée, montant très haut vers le plafond, encadré de fils à plomb tombant de son corps comme des larmes, hissé sur quatre tiges de fer qui lui donnent l'air de voler, un grand percheron de terre à modeler, trottier vigoureux, qui sera demain statue équestre, « une commande que je me suis faite à moi-même par goût de la statue équestre. » C'était le cheval de la nouvelle Jeanne d'Arc de la place Rivoli. Nous reviendrons sur cette « commande que l'artiste s'était faite à lui-même ».

Parmi ces choses diverses, on circule non sans peine. Au milieu ronfle un poêle qui participe du calorifère et de la locomobile. On sent qu'il a un rôle dans cette demeure. Aussi bien, nous sommes au gros de l'hiver, en plein froid de janvier ; ce poêle est le vrai luxe de l'atelier ; on le traite avec les égards qui lui sont dus ; on devine en lui un collaborateur et un ami. Il est de toutes les confidences et de toutes les conversations. Si l'on s'arrête de travailler, c'est afin de venir lui demander un peu de souplesse pour les doigts qu'engourdit la glaise détrempée. Pour philosopher, on s'installe en rond, les pieds tendus ; les invités ont pour s'asseoir des tabourets et des chaises qu'il est bon de savoir enlever à bout de bras, par-dessus les selles, sans rien casser, d'une main leste.

Autour de nous, rien que de simple ; cet atelier du faubourg Saint-Honoré, où l'Institut est venu chercher M. Frémiet, est bien le contraire de ces capharnaüms éblouissants, où l'on voit certains artistes se doubler d'un marchand de curiosités. Ici, rien pour faire bâiller le badaud, ni luxe, ni superflu. Point de bibelots, point de meubles d'un prix fou, point de tapis éclatants et rarissimes. Les objets de valeur, dans cette maison d'artiste, sont les œuvres d'art qui sortiront un jour, où naquirent déjà des croquis dessinés à la craie sur les murailles. Voici un ours, bien épais et bien gauche, assis sur une torchère du plus délicat style Louis XVI. A côté, un lynx, un taureau ailé décorent les panneaux, tenant lieu de tapisseries. Sur les selles où sont soudées des armatures, on voit surgir de la terre les maquettes projetées en traits blancs sur les murs. Là, près du vitrage, un étrange groupe équestre de *Saint Georges* terrassant le Dragon. D'où vient-il ce Dragon, avec sa tête de rongeur, au sommet de ce torse imprévu ?

— Je l'ai fait d'après un écorché de lapin, raconte l'artiste ; il m'a semblé que c'est encore le lapin, tel que le préparent les cuisinières, qui ressemble le plus au diable.

Non loin de ce *Saint Georges* triomphant et hardi, nous retrouvons campé en pleine cire, le lynx dont la craie sur les murs nous avait montré le rictus félin. Puis voici une cigogne majestueuse et nonchalante, dont le bec plonge entre deux ailes d'or. Ces chimères ont coiffé, depuis, les coupoles de l'exposition du Champ-de-Mars. Reconnaissez-vous cet oiseau de mine héraldique ? C'est l'aigle éperonné en son camail de fer, qui chevauche, par les airs de la Picardie guerrière, les toits du château de Pierrefonds.

A quoi bon poursuivre plus longtemps cette description d'un atelier d'artiste, où chaque journée nouvelle engendre une œuvre de plus ? L'esquisse d'aujourd'hui est le chef-d'œuvre de demain, et le succès arrive, merveilleux conteur qui décrit à la foule, en son éloquence radieuse, l'ébauche que nous voyons poindre en traits sommaires sur le mur. Une chose frappe surtout, dans ce tabernacle du labeur, c'est la simplicité qu'on y goûte et l'odeur de travail qu'on y respire. Je tenais à l'exprimer, dussé-je en trop dire. L'atelier de M. Frémiet est un laboratoire, un lieu d'étude et de production constante. On y cause sans bavarder, on y rêve sans flânerie, car chaque soir écrit en relief pour toujours la rêverie du matin. Ce n'est point un lieu de rencontre pour les désœuvrés. Les potins de la ville et des champs n'y sont point le ressort de la bonne humeur. La gaieté y naît du labeur qui est ici d'un ordre très relevé ; elle entretient dans l'âme de ceux qui l'éprouvent une belle fierté et la dignité de soi.

L'atelier de cet éminent maître n'est peut-être point un endroit « très parisien ». C'est à coup sûr un lieu où les traditions du génie de la France sont conservées avec précision et respect. Chez M. Frémiet on se sent moins à Paris qu'en France. Pour un peu, il semblerait qu'on a fui le Paris des gens « très parisiens » pour prendre un refuge dans la France des gens que Jeanne d'Arc appelait « les gens du sang de France ». L'atelier du statuaire Frémiet est celui d'un grand artiste, tel que notre moyen âge les a produits en foule. M. Frémiet est de son temps et de toutes les époques comme ses grands précurseurs, les imagiers d'antan, qui savaient tout ce qu'il importait de connaître, gens d'humeur variée et d'esprit orné, experts dans les leçons de la nature, savants dans la connaissance des créatures jusqu'à les reproduire à s'y méprendre et par cœur, grands connaisseurs de gens ou de bêtes, historiens des figures historiques ou narrateurs de fables, à l'occasion.

Autour de ce statuaire la vie n'est point prise en partie de plaisir. Elle apparaît à tout le monde comme un devoir, un grand devoir, dont on ne doit s'effrayer ni se moquer, mais qu'on est aise de bien remplir quand on est doué de vaillance et de grandeur d'âme. Il suffit d'entr'ouvrir la porte de cette demeure d'artiste pour deviner, à la belle tenue des travailleurs qui sont là, que la renommée qui s'installera sous ce toit sera de bon aloi, ainsi qu'il advient quand la gloire est le fruit de la constance et du labeur droit.

Et comme il y a longtemps que cela dure chez M. Frémiet ! Car cela dure toujours. Hier encore n'envoyait-il pas au Salon la statue de son oncle le grand Rude ? Et je revoyais cet atelier d'antan, l'autre jour, en entrant dans celui de l'Institut. C'est le même atelier, toujours rempli d'œuvres en train, de documents bien choisis. Dès le seuil, comme jadis, là-haut aux Ternes, on éprouve ce même sentiment, qu'à côté de l'artiste éminent, à côté du travailleur récompensé par la sérénité d'une vie d'heureux efforts, il y a un homme dont le cœur est l'ardent foyer de quelque chose de bon et de très beau, l'assiduité, la persévérance, le désintéressement, et un touchant esprit de famille. Dans cette demeure-là, asile d'un vif labeur, l'art est quelque chose qu'on aime ; on l'aime pour l'art et puis aussi parce qu'il est une tradition de famille.

C'est M. Frémiet qui nous tend la main. C'est aussi le neveu de Rude. « Mon maître », dit-il, en vous montrant la première esquisse de la statue où l'on revoit le grand Rude, dans toute sa familiarité puissante. A ce mot,« mon maître», la voix de M. Frémiet prend un accent émouvant de gratitude et d'admiration. Il semble vouloir s'oublier lui-même devant ce qu'il veut devoir à ce maître immense. Rude emplit de sa radieuse mémoire l'atelier de l'Institut, porte nº 3, comme il emplissait déjà l'atelier du faubourg Saint-Honoré, autrefois, comme il emplit le cours de toute la vie de son glorieux neveu Frémiet.

L'ÉLÈVE DE RUDE A L'INSTITUT

Depuis 1843 les catalogues de nos expositions vont répétant : « Frémiet, élève de Rude ».

Lorsqu'on arrivait à cet atelier du faubourg Saint-Honoré, on voyait bien vite que l'élève, loin de songer à renier son maître, s'en faisait gloire au contraire, et bellement. Droit devant nos yeux, au beau milieu du panneau de fond, faisant face à l'entrée, pour être vu avant toute autre chose, dans une auréole de palmes, un cartouche rond qu'on eût dit arraché d'un arc de triomphe. Là, en majuscules d'or, hautes et étincelantes, les lettres d'un des plus grands noms de la statuaire en France : RUDE.

Aussitôt on revoyait cette pensée d'artiste émise un jour par M. Eugène Guillaume dans une belle page de critique : « Rude, on peut aller à lui en toute sûreté. » Il ne semble pas que M. Frémiet ait songé à regarder ailleurs que du côté de son maître Rude, dont le nom illumine son atelier comme une devise de maison. Car Rude ne fut pas seulement le maître de M. Frémiet, il fut aussi son parent, son aïeul, son ancêtre vivant, « mon oncle », comme dit, avec un juste orgueil, M. Frémiet de sa voix en demi-teinte.

Le pauvre et bon Rude avait eu trop à souffrir des taquineries officielles de son temps pour que le seul souvenir de son nom ne fît pas, jusqu'à un certain point, obstacle à la carrière d'un neveu qui se réclamait bien haut de ce grand oncle. M. Frémiet, neveu et tout ensemble disciple de ce Rude, « l'homme à la barbe », comme l'appelaient les ricaneurs contemporains, jouait une assez grosse partie. Il acceptait, en quelque sorte, aux yeux des classiques d'alors, gens fermés, la responsabilité du libre génie de l'aïeul. Rude représentait quelque chose comme une barricade sur le pont des Arts. Se recommander du barricadier, était se donner pour une manière d'insurgé. M. Frémiet débuta comme élève de Rude en 1843. Le succès lui vint, rapide et brillant. Son nom fut vite jeté à la foule. Or, il faut attendre 1887 pour voir cet artiste, dont l'œuvre est considérable autant que varié, recevoir du suffrage de ses pairs la médaille d'honneur. Est-ce à dire qu'on combattait encore le souvenir de l'oncle dans la renommée du neveu qui s'imposait mais ne recueillait pas sans peine sa consécration ?

Nous n'avons plus aujourd'hui à incidenter sur ce passé de querelles d'écoles. Toutefois on n'est pas impunément le neveu d'un homme comme Rude, surtout lorsqu'en continuant la carrière artistique on y entre, comme y entra M. Frémiet, en se recommandant sans détour de sa famille dont le signe était une estampille d'école discutée. Tout se paie, et tôt ou tard on est tenu de payer à l'envie humaine ce qu'on emprunte à la gloire du temps. Il est souvent plus aisé de n'être le fils de personne que de s'autoriser d'un ancêtre comme l'auteur du *Chant du Départ*. C'était faire un emprunt à la gloire de s'avouer descendant du téméraire bourguignon. M. Frémiet se fit peu à peu pardonner ses attaches avec un des artistes les plus contestés du siècle, par un labeur assidu qui força le succès. Loin de renier son oncle, il en vanta toujours très haut les « inappréciables conseils ».

Aujourd'hui la récompense est venue. Si elle s'est fait attendre, M. Frémiet a trouvé à l'Institut le couronnement d'une des carrières artistiques les plus remplies de notre temps. Est-il permis de dire que si le neveu triomphe, il est équitable d'accorder au vieux Rude sa part de gloire en cette circonstance ? M. Frémiet n'est pas entré seul sous la coupole. Rude y est entré avec lui. Les

Académie des B^x Arts 29 8bre 1898
Présidence de Mr Frémiet,
Discours sur Rude

« Son atelier nous apparaissait comme un sanctuaire, cet atelier, où, le soir jusqu'à dix heures, seul, à faire des études d'après l'antique, à la lueur d'une chandelle concentrée sur mon travail, je n'osais me retourner vers les profondeurs qui m'entouraient, tout le lieu m'impressionnait. »

« Ai-je bon espoir, Messieurs, que vous m'approuverez, élève et neveu de Rude, d'avoir profité de l'occasion unique qui s'offrait à moi de faire son éloge ici sous cette coupole.
J'ai regardé comme un devoir de m'acquitter ainsi d'une dette de reconnaissance et d'admiration, envers celui qui, de son vivant, fut un délaissé et un initiateur. »

Mon cher maître
Voici les deux choses que vous me demandez, rognez et supprimez sans souci, s'il y en a trop long
Vous savez que Rude échoua à l'Académie chose ineffaçable que j'ai voulu vous rappeler.
Tout à vous
Frémiet

Autographe de M. Frémiet

artistes de notre temps devaient cette réparation au puissant maître que les plus sévères, comme M. Eugène Guillaume, offrent désormais en exemple. Si le vote qui installa M. Frémiet, à l'Académie des Beaux-Arts, paraît un peu tardif, peut-être n'en caractérise-t-il que mieux la situation exceptionnelle de Frémiet « élève de Rude ». Outre qu'il plaide en faveur des artistes de nos jours, il peut passer pour une amende honorable au passé, surtout quand on sait de quelle opposition le grand Rude eut à souffrir de son vivant. L'auteur du *Saint Georges* à l'Institut, c'est un peu l'auteur du *Louis XIII enfant*, traversant, lui aussi, le pont des Arts, pour se rendre à une invitation posthume du Palais Mazarin. C'est une belle victoire pour M. Frémiet et pour Rude une réparation.

Aussi bien le vieux maître du boulevard d'Enfer tenait trop de place dans le cœur de son disciple pour que le jour où le disciple entrait sous la coupole, il ne prît pas par la main son « maître » qu'on y avait tant discuté. Un jour devait venir, et il vint, où le neveu présenterait carrément son oncle à l'illustre assemblée. M. Frémiet pensa toujours qu'il y avait un petit compte à régler entre ses honorables et éminents collègues, et la grande mémoire du sculpteur du groupe *Marseillaise*, de l'Arc de l'Etoile. Les bons comptes font les bons amis.

Le 29 octobre 1898 M. Frémiet était président de l'Académie des Beaux-Arts. Il avait la parole pour prononcer un discours en la séance publique annuelle. Ce discours fut quelque chose de plus que ce qu'on pouvait attendre. En termes gracieux et aérés il fut un éloge de Rude. Cet éloge fut amené de façon charmante par l'homme qui sait mettre tant de finesse séduisante dans la physionomie des chats, quand il les modèle en cire rose. M. Frémiet profitait, pour donner à l'occasion du legs de Caen, aux lauréats des Grands-Prix de Rome, en partance pour la Ville Eternelle, ce conseil :

« Partez avec la conviction que l'art est une chose noble et pure, qui demande toute votre sincérité et tous vos efforts. Soyez très difficiles pour vous-mêmes et placez votre idéal très haut, dans une région de vérité... Partez et revenez Français, conservez soigneusement l'originalité que chacun de vous peut avoir reçue, mais abordez avec respect la terre vénérable d'où nous est venue la révélation de l'art antique. Je ne suis pas suspect en vous parlant ce langage, car je me suis toujours efforcé d'être de mon pays ; mais je sais qu'on ne se juge que par comparaison et j'estime que la France devra toujours beaucoup au contact avec la Grèce, l'Italie et ceux qui, après la chute de la civilisation antique, la relevèrent de ses ruines. »

La doctrine est jolie. Voici d'où elle vient. M. Frémiet est un historien qui donne ses sources :

« C'était l'avis d'un homme qui fut mon maître et dont tous les enseignements sont restés gravés dans mon cœur, autant que dans mon esprit, François Rude. Vous ne vous étonnerez pas si le président de l'Académie des Beaux-Arts appuie ses conseils de cette grande autorité. L'auteur de la *Marseillaise* ne nous appartint pas, mais il appartient à l'art français dont il est la gloire. Le jour où je prenais possession du fauteuil où m'appelait le vote de mes confrères, mon regard s'arrêtait sur la statue qui fait face au bureau, celle de Molière, et sur les portraits rangés autour de la salle. Plusieurs de ces portraits représentent des hommes qui, eux aussi, n'appartinrent à aucune de nos académies et qu'elles ont réclamés après leur mort. Les Académies font de leur mieux pour consacrer les réputations contemporaines, mais elles peuvent pécher par erreur ou omission. Il y a une Académie supérieure et où le nombre des membres est illimité : c'est le Temple de la Gloire et, dans celui-là, Rude est entré. »

Le neveu plaide avec finesse et à-propos la cause de son grand aïeul. Il reconnaît qu'à une époque de fièvre universelle, Rude n'eut peut-être pas pour l'Académie tous les égards qu'elle méritait : « Qui s'en souvient aujourd'hui ? » Et le propre « de l'esprit académique, c'est d'oublier bien vite devant le talent, à plus forte raison devant le génie, les attaques et les épigrammes dont il a été l'objet ». Et l'orateur qui sait par où persuader son auditoire ajoute non sans malice : « Notre grande voisine, l'Académie française, nous a toujours donné l'exemple de cette vertu. Elle a couronné de lauriers bien des écrivains qui l'avaient couronnée d'épines. »

Alors M. Frémiet qui veut à tout prix gagner son procès de famille par les arguments qui honorent leur auteur, et prouvent une grande âme, arrive à ces mots touchants :

« S'il faut faire amende honorable pour Rude de son injustice envers le corps auquel il aurait dû appartenir, je la fais, comme l'aurait faite lui-même ce grand cœur, à qui toute petitesse était inconnue. »

Suit une précieuse définition de l'art de Rude, qui a tout appris à l'école de la nature, « confiant dans son infinie perfection ». Sur quoi, M. Frémiet conclut :

« C'est parce que je me sens d'accord sur ces principes avec les maîtres d'aujourd'hui que je n'ai pas craint de rappeler le mien, celui qui a tant lutté pour répandre et faire triompher la doctrine de la nature et de la vérité. Aussi ai-je bon espoir, messieurs, que vous m'approuverez, élève et neveu de Rude, d'avoir profité de l'occasion unique qui s'offrait à moi de faire son éloge ici, sous cette coupole. J'ai regardé comme un devoir de m'acquitter ainsi d'une dette de reconnaissance et d'admiration envers celui qui, de son vivant, fut un délaissé et un initiateur. »

Sans doute, le maître Frémiet fut approuvé. Mais on n'avait pas vu venir son discours sans une certaine inquiétude. M. Frémiet avait dit qu'il ferait l'éloge de Rude, mais il avait dit aussi qu'il prononcerait son discours, sans le communiquer à personne au préalable. Le matin même de la séance il reçut la visite d'un mandataire du corps académique. On voulait savoir ce que dirait M. Frémiet, et s'il n'y avait pas quelque péril pour le prestige de la maison, à laisser parler d'un artiste que de son vivant on avait écarté. Le mandataire avait été bien choisi parmi les amis de M. Frémiet. C'était son collègue, M. Gustave Larroumet. M. Frémiet ne céda pas. Il refusa de communiquer aucun feuillet de son discours. C'était à prendre ou à laisser. Ou il prononcerait son discours tel qu'il l'avait écrit, sans le montrer à personne, ou bien il donnerait sa démission motivée, de président, à l'instant même, et le soir publierait son discours dans le *Temps*.

Le discours fut prononcé, personne n'eut rien à regretter. Et l'aventure démontra une fois de plus, combien il est difficile, d'être de son temps, d'être de son siècle quand on est, comme Rude, au-dessus et en avant de ce siècle. Vivant, Rude fut contesté parce que trop fidèle à la nature et trop épris de ses grandioses audaces. Mort, il inquiète encore les milieux solennels, ou pour mieux dire certains sentiments solennels, un peu étroits, hérités sans examen suffisant et qui subsistent encore dans quelques esprits qui doivent cependant à l'avènement de la Démocratie radicale leur situation prépondérante.

En 1906, par exemple, M. Frémiet envoie au Salon la statue de Rude. Un jour il s'est dit qu'en ce temps où l'on multiplie parfois avec bonheur, d'autrefois moins heureusement, les statues dans les jardins publics, le Rude du *Maréchal Ney*, du *Chant du Départ*, et de la si émouvante effigie tombale de Godefroy Cavaignac, toutes figures de plein air, avait peut-être sa place tout comme un autre, dans ces charmants jardins de Paris où les enfants apportent la fraîcheur de leurs jeux, les oiseaux, la fantaisie de leurs ailes et de leurs becs. Et le voilà racontant, de son ciseau sûr et pieux, la vie simple et laborieuse du vieux maître. Il le présente assis, fumant sa pipe, compagne de ses méditations, les jambes croisées, examinant de son regard exercé la Victoire qui couronne comme un vol d'aigle son *Chant du Départ*, de l'Arc de Triomphe de l'Etoile.

Le succès fut très grand. Le public et la presse font à ce monument d'une si ample exactitude et d'un sentiment si intime, un accueil favorable. Alors l'artiste propose à l'Etat l'achat de son Rude. Il avait pensé au Jardin du Louvre. Et l'accord se fait dans ce sens, pour la somme de 4.000 francs. Depuis, la statue est restée en panne. Elle attend on ne sait quoi, pour être portée à la place qui lui est destinée. Et pour connaître l'obstacle qui arrête l'exécution du programme convenu dans le cabinet de M. le sous-secrétaire d'Etat aux Beaux-Arts, M. Frémiet s'est rendu dans les bureaux de la rue de Valois. Il avait entendu dire que la pipe pourrait bien être la cause de ce retard sur lequel, du reste, personne n'ose se prononcer. Et il offrit un mode de conciliation :

— Si vous voulez, dit-il, on pourrait remplacer la pipe par une boule de cire, et transformer le tuyau en petit ébauchoir.

— Cela arrangerait peut-être tout », répondit M. le sous-secrétaire d'Etat, Dujardin-Beaumetz.

C'est une scène d'Emile Augier.

SIMPLE HISTOIRE

Rude, comme on l'a écrit tant de fois, était fils d'un poêlier-fumiste qui avait appris en Allemagne la fabrication des cheminées à la prussienne. Tout en s'employant à l'industrie paternelle, François Rude trouvait des loisirs pour suivre les cours de l'Ecole des Beaux-Arts de la ville, dirigée par Devosge, le maître de Prudhon. Un jour le vieux père Rude tomba paralysé. La maladie lui enlevait les moyens de faire vivre sa famille. Son fils François, pour subvenir aux siens, s'embaucha chez les frères Mugnier, peintres en bâtiments. Cependant les récompenses lui venaient à l'École des Beaux-Arts.

Devosge avait pris en amitié cet élève courageux. Un jour, il lui commanda un buste, celui de son ami Monnier, graveur et beau-père de M. Frémiet, directeur des contributions. Monnier venait de mourir. Son gendre voulait conserver son image. Pour faciliter l'exécution de ce portrait, M. Frémiet offrit au jeune Rude une chambre dans sa maison de la rue des Forges. Rude était pauvre; M. Frémiet n'était pas riche. On s'entendit à ravir. Les relations se changèrent vite en liens de vive amitié et de sollicitude constante dont le jeune artiste ne perdra jamais le souvenir.

L'année qui suivit, Rude tirait au sort. Il amenait le n° 2. M. Frémiet ressentit cette infortune du jeune artiste, dont la carrière était menacée, avec les préoccupations d'un père. Il voyait ainsi briser un avenir dont il entrevoyait la grandeur. Sans compter avec ses modestes ressources, il se mit en mesure d'acheter un remplaçant à son protégé. A six ans de là, en 1812, François Rude obtenait le prix de Rome.

A cette époque, il y avait cinq ans que le jeune sculpteur avait débarqué à Paris, avec deux cents francs en poche, plus une lettre pour Denon. Entre temps, recommandé par Denon à Castelier, Rude avait pu travailler avec Gaules, chargé de l'exécution de la colonne Vendôme. En 1814, il lui faut prendre la route d'Italie, se rendre à Rome. Le chemin est de passer par Dijon. Rude n'y manque point. Les événements du retour de l'île d'Elbe le trouvent chez ses amis Frémiet, qu'il ne se décidait pas à quitter pour gagner la Ville Éternelle.

Dans la petite maison de la rue des Forges, on était très dévoué à la cause de l'Empire. Rude se tenait sous le balcon de l'hôtel de la Cloche, lorsque Ney au cri de : « A bas les nobles ! » répondit : « *Pas tous ! Pas tous, mes amis !* » Rude voulait aller rejoindre les volontaires de la Côte-d'Or. M. Frémiet le retint. Mais la seconde Restauration survient. Les Cent-Jours finis emportent avec eux les dernières espérances de ceux qui les avaient chantés. M. Frémiet avait été du nombre, parmi les plus ardents. Il craint les représailles du régime qui s'installe. Il se met en route pour l'exil. Rude lui promet de lui amener bientôt à Bruxelles la famille qu'il laisse, dans sa hâte de gagner la frontière, sa femme, ses deux filles, et sa mère, la vieille Mme Frémiet, âgée de quatre-vingts ans.

Rude a charge d'âmes. Il oublie Rome. A Bruxelles où il a rejoint son ami M. Frémiet, il s'installe en exil lui aussi. David vivait en Belgique, où il avait transporté à sa suite un grand mouvement d'art français. Rude ne tarda pas à trouver des travaux, malgré l'hostilité des sculpteurs indigènes. Ils avaient des ateliers, mais peu de modèles. On a raconté maintes fois ce détail curieux du modèle de l'atelier Godecharles. Godecharles était un vieillard, artiste très inoffensif, qui dirigeait une espèce d'académie. Depuis dix ans, les rares élèves de cet atelier se servaient du même modèle, un pauvre homme qui posait à la fois les deux sexes.

Rude ouvrit un premier atelier, puis bientôt un second. Le premier était installé dans les ruines du couvent des *Lorraines*, le second dans la chapelle abandonnée des *Douze Apôtres*. Ces deux ateliers constituèrent un peu de temps une vivante académie où les disciples se pressaient, chaque jour plus nombreux. On était en 1820. Rude inaugurait, par là, l'enseignement qu'il devait reprendre à Paris en 1842, boulevard d'Enfer, et poursuivre jusqu'à sa mort.

De son côté, la fille aînée de M. Frémiet, Mlle Sophie, dirigeait un atelier d'élèves. Elle suivait les cours de David. Depuis trop longtemps Rude vivait dans la famille Frémiet comme un enfant de la maison. Il en était, en effet, l'enfant adoptif. Les liens du cœur, des similitudes intellectuelles et de mutuels services avaient entretenu ces amicales relations. L'amour, qui suit de près les longues amitiés entre jeunes gens, vint sceller la cordiale intimité existante entre les noms de Frémiet et de Rude. En 1827, Rude rentrait en France avec sa chère compagne, pour engager la grande bataille qui devait soulever tant de colères et de gloire autour de lui.

Emmanuel Frémiet était né en 1824. Le jour où cet enfant perdit son père, il ne se trouva point seul. Sa mère lui restait, sa mère qu'il aimait tendrement. M. Frémiet se plaît à raconter que ce culte pour sa mère fut pour lui aussi une de ses plus grandes forces dans sa vie de lutte, un grand mobile d'ardeur et d'attention. La pauvre femme tant chérie de son fils sentait la difficulté de conduire dans la vie ce fils, sans l'appui d'un homme. On s'adressa à l'oncle Rude, qui mit sa bonté et son expérience au service du petit bambin qui allait devenir, lui aussi, un des plus illustres artistes de son temps.

Voilà donc le petit Emmanuel Frémiet élevé par les soins de sa mère, sous les yeux de sa tante Sophie Rude et son oncle désormais célèbre. Rude venait d'être décoré pour son *Petit pêcheur napo-*

Cliché Fiorillo.

Le statuaire Rude

litain, exposé au Salon de 1833. Déjà, en 1830, il avait reçu, du ministère de l'Intérieur, la commande d'un tiers de la frise de l'Arc de Triomphe de l'Etoile, et la décoration des quatre piliers. Il n'en fallait pas tant pour armer contre lui toutes les ambitions jalouses, et mettre en mouvement les coteries. Rude, devant les rancunes dont il était l'objet, entrait dans des colères terribles, dont l'expression suprême ne dépassait jamais son juron devenu célèbre : *Fontaine de beurre, nom d'un cornom*. Après quoi cet homme puissant et doux, se remettait à l'œuvre sans plus d'humeur contre son siècle et les hommes injustes.

BOURGUIGNON DE PARIS

M. Frémiet dit volontiers : « Né à Paris, je suis Parisien. » Cela est vrai dans les mots, non en soi. On est bien moins du pays où l'on naît que du territoire d'où l'on vient. On appartient bien plus au pays de ses parents, au sang de ses auteurs qu'à la localité où le hasard peut nous faire venir. M. Frémiet est un Dijonnais de Paris. Le vrai Parisien est rare. C'est un fruit des circonstances bien plus qu'un produit du sol. Il y a peu de sol parisien. Paris est en l'air sur des catacombes et des égouts. Paris est creux en dessous comme une grosse caisse est creuse en dedans. C'est la ville sonore où se répercutent les échos de partout. Paris est devenu une catégorie de l'air, un carrefour de l'atmosphère.

L'esprit public y fait un bruit de tambour de ville. Paris est une place publique enchantée, une manière de bourse où la corbeille est la boîte de Pandore, où les touristes de la vie font leur provision de fortune et de tout ce qui se conquiert. Il est amusant de la traverser, difficile d'y réussir. Si ce n'est pas un berceau pour naître, c'est un pavillon pour mourir, en tant que trompette de la renommée. Paris est une magie, un envoûtement, un sort qu'on se jette à soi-même et qu'on est heureux de se jeter. On peut se dire parisien. On n'est pas de Paris puisque Paris n'engendre pas, il façonne. Mais quelle jolie ville pour la formation d'un artiste !

M. Frémiet est sans doute Parisien. Il est aussi fils de la plantureuse et éloquente Bourgogne où le vin puissant qui délie le verbe de Bossuet, aiguise la langue du président des Brosses, en même temps qu'il conduit et affile l'outil qui cisellera le tombeau du Téméraire. M. Frémiet, qui se fera un jour l'historien des âmes de fer du moyen âge, et écrira alors avec l'ébauchoir précis de l'école bourguignonne, débutera dans la renommée par la malice et la délicate observation. Nous le verrons d'abord animalier incomparable, élégant dans la forme comme Buffon, spirituel et attentif comme La Fontaine.

Comme personne, il est au fait de la vie des bêtes, petites et grandes. Il possède à fond la chair individuelle de chacune d'elles et leur vie profonde. Il trouvera la race par le type, et la définira par la peinture des mœurs. Il a étudié, dans les plus menus détails, l'anatomie intime de leurs muscles. Et c'est plaisir de voir comme il excelle dans l'art de présenter ses sujets à quatre pattes, par la juste appréciation des grimaces qui sont le propre de leur caractère. Il a appris tout ce qui se peut savoir, lorsqu'il s'emploie à nous découvrir l'air de famille ou d'espèce sous le pli spirituel d'une joue ou dans le jeu intentionnel du regard.

L'âme bourguignonne, grave et traditionnelle sous ses rosées denses de pomard et de chambertin, anime ce Bourguignon de Paris, qui a trempé son talent dès les premiers jours aux sources pures de la nature. Il a scruté de près, avec une méthode rigoureuse, la créature dans ses reliefs et dans ses modulations. De là un dégagement de la personnalité, une subtilité d'aperçus qui émanait tout droit d'une volonté sûre et d'une très réelle limpidité d'esprit. En même temps, la vie prenait cet enfant de Bourgogne, né à Paris, au pied de la lettre, et se posait devant lui comme un problème dont la solution n'est pas rose.

Enfant, il entra dans l'existence un peu comme dans un roman où il ne se passe rien de très gai. De bonne heure, il apprit à être ce que nous le voyons encore aujourd'hui, un craintif qui a le respect du danger, voit le devoir par-dessus tout, et rentre en soi devant l'éternel péril de la vie. Ses débuts sont d'ailleurs une manière de roman sévère, un peu dans le genre de ceux qui se tissent tous les jours autour de nous, sur le canevas de l'existence crue, où si souvent les mâles fiertés du cœur sont aux prises avec les fatalités de l'existence nécessaire. L'enfance de M. Frémiet fut un roman d'imprévu et de résignation sans relâchement. L'art et les préoccupations qui l'environnent y tiennent la place prépondérante. Mais l'inconnu des jours entrave la route à bien des rêves. Malgré tout, la vocation est là, qui tient bon, éloquente, impérieuse, encourageante.

Ce petit Parisien, qui venait du pays du Téméraire, ne trouva jamais dans ses courses à travers Paris, la ville aux rues distraites, le temps de siffler aux canaris envolés de leur cage sur les toits dans un coup de tête d'oiseau. On ne le vit jamais parmi ces nichées de bambins, alignés le long des trottoirs, le nez retroussé du côté d'où souffle le vent et d'où viennent les pensums. La vie le serrait de trop près pour lui laisser ces loisirs. Et puis, de nature plutôt grave, il comprenait tout seul qu'il n'avait pas le droit de gaspiller ses heures aux amusements de son âge. Ceux qui ne connaissaient de sa vie que ce qu'on en voyait, ne s'expliquaient pas pourquoi on était si laborieux dans la maison Frémiet. Petit-neveu de Frochot, préfet de la Seine, l'enfant passait, aux yeux de ceux qui ne s'informent pas, pour très protégé en haut lieu.

On le croyait généralement à l'abri de tous ces soucis qui mettent l'avenir en danger. Aussi bien la vie avait-elle ses cruautés pour l'enfant qu'on supposait si favorisé. On n'était pas riche dans la maison Frémiet, non plus que dans la maison Rude. Chez l'oncle et chez le neveu, il fallait travailler pour vivre. L'enfant tout comme un homme poussait son rocher de Sisyphe. Pour lui ce fut tout de suite la lutte, constante, pénible. Les âmes bien trempées s'en arrangent et en font leur profit.

UN COIN DE ROMAN CÉLÈBRE

Rien ne faisait pressentir, à l'origine, que le neveu du grand Rude suivrait un jour avec éclat la carrière de son oncle. Le jeune Emmanuel Frémiet débuta comme apprenti lithographe. Il manifestait quelque goût pour les choses de l'art — on appelle cela des facilités — on le fit entrer chez le peintre Werner, dont il était un peu parent. L'enfant possédait quelques notions de dessin, qu'il devait aux soins de Mme Sophie Rude, sa tante. Werner était peintre d'histoire naturelle au Muséum. Quand on lui eut confié le petit Frémiet, il l'employa aux travaux ordinaires de son atelier, qui était plutôt un laboratoire d'anatomie. La besogne n'avait, on le voit, que peu de relations avec ce qui constitue l'éducation ordinaire d'un artiste.

L'atelier de Werner était un établissement national ; quand, à seize ans, le jeune Frémiet y entra, ses travaux consistaient en des lithographies d'anatomie comparée. Werner le traita en parent et lui donna des appointements : *cinq francs par mois*. C'était presque une faveur, un privilège. Le jeune Frémiet, être de piété filiale, ne touchait jamais sa mensualité chez Werner, sans prélever sur ces pauvres cinq francs de quoi rapporter un cadeau pour maman. — « Je n'y ai jamais manqué, dit-il, et c'est ainsi que j'ai encore à la maison une petite tasse, achetée jadis pour ma pauvre mère, sur mes appointements de Werner. Cette petite tasse, je serais désolé qu'il lui arrivât malheur ; j'y tiens, c'est un souvenir qui m'est doux au cœur. »

Pourquoi ne pas citer ce trait où se voit la douceur simple qui réside au fond de cet éminent artiste, que la vie et ses travaux souvent si rudes auraient pu endurcir? M. Frémiet est, avant tout, un homme de traditions et de famille. La première fois qu'il me reçut dans sa petite maison de Passy, alors rue de la Tour, c'était à la fin de 1883. Je vois encore ses angoisses de père. Il me contait divers traits de sa vie, encore ignorés de tous, debout, en hâte, entre deux visites des médecins qui ne quittaient pas le chevet de sa fille bien-aimée, Mme G. Fauré. Toute cette tendresse restée au cœur d'un artiste comme M. Frémiet, alors que Paris a brûlé tant de cœurs et que l'ambition a pourri tant d'âmes, était pour émouvoir et faire penser. Qui sait, en somme, si cette mâle vigueur dont M. Frémiet empreint chacun de ses ouvrages, n'a point sa source dans les joies et les tranquillités d'une famille où l'on s'aime les uns les autres, où l'on se donne les encouragements nécessaires à soutenir l'énergie, et à assurer la sérénité de l'œuvre?

L'atelier Werner était un lieu qui avait sa renommée, sa clientèle, ses partisans, ses détracteurs, tout comme un autre atelier. La rumeur publique y avait ses entrées comme partout, et il s'y faisait comme ailleurs des réputations. On sut bientôt dans le monde des préparateurs de pièces anatomiques qu'il y avait chez Werner un jeune homme dont les connaissances spéciales pouvaient être utilisées. On était, il faut le dire, à l'époque où s'organisait le musée Orfila. Une certaine rumeur se faisait parmi les gens attachés à ce musée en formation. Les dessins lithographiques du jeune Frémiet étaient très remarqués des gens du métier. On savait aussi que le matin, avant l'ouverture de l'atelier Werner, ce dessinateur de seize ans employait les heures libres à quelques essais de sculpture. Il prenait ses modèles à la ménagerie du Jardin des Plantes, ce qui stupéfiait un tant soit peu le personnel des préparateurs du musée Orfila, employés du Muséum et autres collaborateurs de Werner.

La renommée suit parfois des chemins bizarres pour mener ses élus à la gloire. Toujours est-il que le jeune peintre de l'atelier Werner devint tout d'un coup célèbre parmi les embaumeurs, étranges satellites du monde savant. On citait parmi eux le jeune Frémiet comme un « garçon capable », dont on ferait assurément quelque chose. Au fond, ces messieurs voyaient peut-être en lui un collaborateur précieux, adroit et qu'on ne paierait pas trop cher. C'était le temps où l'embaumeur Sucquet cherchait à faire prévaloir son système d'embaumement sur celui de son rival Gannal. Sucquet est un peu oublié aujourd'hui. Je ne connais de lui que ce qu'en raconte M. Frémiet et quelques rapports lus à l'Académie de Médecine. Il n'a pas attaché son nom à l'embaumement, comme Gannal y attacha le sien. Pour la masse, le nom de Gannal est synonyme d'embaumer, c'est le nom de l'homme-momie.

Il faut relire *Manette Salomon* de MM. de Goncourt pour comprendre comment ces embaumeurs jouent un rôle dans la vie du statuaire Frémiet. Un jour que je causais avec M. Edmond de Goncourt dans l'atelier de ce bon Nittis, devant un pastel où une femme en robe brune traversait un bosquet de feuilles mourantes sous l'automne, nous parlâmes de M. Frémiet. M. de Goncourt alors me conta comment un trait de la vie de ce grand artiste se retrouvait tout entier au chapitre XXIX de *Manette Salomon*.

Dans ce chapitre on voit Anatole, ce pauvre bohème torturé par la vie, entrer à la solde d'un embaumeur, « M. Bernardin, le rival de Gannal ». M. Frémiet m'avait en effet révélé comment il entra dans les arts par la peinture anatomique ; il m'avait dit comment, avant d'être un sculpteur illustre, il avait passé par une étape étrange de la peinture, en devenant le peintre de la Morgue; mais il ne m'avait pas dit, que les frères Goncourt avaient ajouté ce trait aux misères variées qui rendent si sympathique l'histoire de leur Anatole de *Manette Salomon*.

Engagé par Sucquet, le jeune Frémiet a désormais pour mission d'appliquer ses connaissances de dessinateur et d'anatomiste, à la peinture des raccords sur les cadavres qui relèvent de la médecine légale. Sucquet les embaume, son peintre, « mon petit peintre », comme il disait, les badigeonne. L'histoire contée dans *Manette Salomon* est toujours restée présente à l'esprit de M. Frémiet. L'artiste la narre aujourd'hui encore avec un fin sourire, tout indulgent, qui ne blesse la renommée de personne, tout en nous éclairant sur les inquiétudes professionnelles du sieur Bernardin, « un préparateur de grand mérite, auquel il n'avait guère manqué jusque-là, pour devenir célèbre, que la chance d'embaumer des hommes connus ».

A défaut d'hommes connus, Sucquet tomba sur le crime célèbre. Un charbonnier du faubourg Saint-Antoine, ayant tué sa femme, la coupa par petits morceaux, sépara les membres du tronc qu'il jeta dans la Seine avec la tête, du haut d'un pont. Ces débris furent retrouvés. La Morgue les recueillit et les confia aux soins de Sucquet. La police voulait exposer le cadavre. Pour aider à établir l'identité, il importait de faire disparaître les taches bleues, suites d'un séjour prolongé sous l'eau.

C'était pour Sucquet une occasion admirable de produire un chef-d'œuvre, unique peut-être, une occasion qu'il ne retrouverait pas, d'asseoir sa réputation en face de celle de Gannal. Il en appela pour faire les raccords aux talents de « son petit peintre ». Le « petit peintre », dans la circonstance, se montra d'ailleurs tout à fait à la hauteur de sa tâche. Dans le roman de MM. de Goncourt, l'embaumeur Sucquet a nom Bernardin. Les raccords une fois terminés, M. Bernardin venait demander à Anatole de passer des glacis dessus :

— Mon cher, c'est mon avenir, disait M. Bernardin à Anatole. Et il lui offrit un gros prix.

Anatole s'était « laissé décider ». Et nous le voyons derrière le rideau de la salle, travaillant à couvrir, « en couleur chair, les taches de la morte, à laquelle le coiffeur de la rue de la Barillerie, plus blanc qu'un linge, faisait la raie, tandis que M. Bernardin, retirant l'un après l'autre de la tête ses yeux en émail, essuyait dessus, soigneusement, la buée avec son foulard ».

Cliché Fiorillo.

AU SECOURS !

Le jeune Frémiet ne prenait dans ces succès de Sucquet que tout juste ce qu'il lui en revenait pour sa modeste part. Il ne se laissait point étourdir par ces occupations d'un pittoresque lugubre, au point d'oublier le but qu'il se proposait. Sa journée finie au musée Orfila, il rentrait chez sa mère, et, le soir, suivait les cours de dessin de la rue de l'Ecole-de-Médecine. Là, il remportait des prix. En même temps, il accroît ses émoluments. Les cinq francs par mois, gagnés chez Werner, deviennent cinq francs par jour, gagnés en travaillant chez un sculpteur à des sujets de sainteté.

Ce sculpteur avait un fils, de son état sculpteur d'animaux. Le jeune Frémiet qui possédait des connaissances techniques, acquises en travaillant à la ménagerie du Jardin des Plantes, entra dans l'atelier de cet animalier. Il fut d'un très grand secours pour ce nouveau patron qui « trouvait tout simple de signer des animaux qu'il demandait à Frémiet, mais auxquels il se gardait bien de jamais travailler lui-même »(1).

Tout en préparant des pièces anatomiques pour le musée Orfila dans la soirée, le jeune Frémiet suivait son rêve. Le voisinage de son oncle, l'exemple de ce puissant labeur, la vue des grands combats livrés pour le triomphe d'une idée de l'art, mettaient beaucoup d'entrain au cœur de ce jeune homme réfléchi. Au contact des beaux efforts de son oncle Rude, le futur grand artiste se sentait vivre, se sentait lui-même. Peu à peu, l'art qu'il devait si grandement honorer plus tard, entrait en lui, semant ses douces

1. *L'Art*, 15 août 1887.

angoisses. Son âme se fixait, sa vie percevait un but. Pour l'atteindre il n'y avait pas une heure de loisir que le jeune homme ne consacrât à l'étude.

Tous les matins, avant de se rendre à son travail lucratif, le neveu se glissait presque en cachette dans l'atelier de l'oncle. Comme un musicien qui fait des gammes, le jeune statuaire s'essayait tous les jours aux difficultés du modelage. Une grande conviction le poussait. Et ses ardeurs vaillantes allaient croissant, encouragées par les résultats. Ces heures d'étude, prises le plus souvent sur les heures de sommeil, portaient leurs fruits. Peu à peu, ces essais tentés sans le dire, arrivaient à bien. La passion de l'ébauchoir et les charmes du pouce promené parmi les nuances d'une forme qui s'anime en relief, envahissaient ce jeune cœur d'artiste et y faisaient naître des bravoures inouïes.

L'oncle Rude avait comme une grosse voix qui épouvantait bien un peu notre apprenti statuaire, quand par hasard il avait envie de s'ouvrir à son oncle d'une idée qui le tourmentait. Rude, très battu en brèche par ses contemporains, ne voyait pas d'un bon œil la perspective pour son neveu, d'essuyer à son tour les attaques de l'envie ou de la haine. Le vieux lutteur savait au juste le prix des déboires. Son expérience de la douleur profonde ne le rendait pas très encourageant. Quand Emmanuel Frémiet témoignait à son oncle son désir d'entrer lui aussi dans la carrière des arts, le vieux maître grognait un peu, assez pour effaroucher la timidité respectueuse de son neveu.

Pourtant, un jour, il se trouva brave tout d'un coup. Il était décidé à parler, à demander à l'oncle Rude une faveur qu'il considérait comme immense, mais dont il se sentait tout de même un peu digne peut-être. Il avait si bien travaillé. Il se savait piocheur. Cela lui donna de l'audace. Il fallut que Rude entendît jusqu'au bout ce que lui voulait son neveu. Peste ! cela n'était pas une petite affaire ! Emmanuel Frémiet demandait à son oncle Rude l'autorisation d'être admis à l'atelier des élèves. L'atelier des élèves ! Le bon vieux maître eût été moins en peine de répondre si on lui eût demandé de céder séance tenante tout son avoir, quelque besoin qu'il eût de ses économies. L'atelier des élèves ! C'était grave ce qu'il demandait là, le petit Frémiet. Ces jeunes gens, cela ne doute de rien !

Au fond, Rude sentait que son neveu, dont il connaissait la vaillance et les mérites, lui confiait son avenir tout simplement, qu'il plaçait sa vie entière sous sa responsabilité. Le vieil oncle devina que de sa réponse dépendait le bonheur de ce jeune homme plein de courage et de droiture. Avait-il le droit de décourager un cœur ardent, qu'il savait décidé et non hasardeux ? D'autre part, ne serait-ce pas se montrer trop sévère que de fermer l'horizon de l'art à un artiste jeune, plein de verve et de vigueur, qui ne demandait qu'à marcher, dont il n'ignorait pas les progrès. En plus il savait que son neveu avait des qualités natives, qu'il promettait déjà, en un mot qu'il était doué. On lui demandait son avis, donnerait-il un encouragement ? Aussi bien le désir du talent n'en est pas toujours la promesse.

Rude se disait toutes ces choses, pendant que son neveu, anxieux de la réponse qu'il attendait, cherchait dans l'attitude du vieux maître, ce petit hochement de tête, qui n'est ni oui ni non, semble s'en remettre au sort pour la décision, refuse en accordant, bref consent, mais sans lâcher une parole. Rude ne bronchait pas. Il ruminait la situation.

Le jeune homme ne perdait pas courage, prenait patience. Il avait gagné sur soi d'adresser cette demande. Comme il y attachait une suprême importance, il s'était armé de bravoure et de patience en proportion. Il attendait la réponse, modeste, sans manifester d'aucune manière l'angoisse de son cœur. Sa réserve était, pour l'oncle, un tant soit peu embarrassé, un indice de cet état d'âme. Rude n'avait qu'à s'exécuter ; il était tenu de formuler sa pensée, d'exprimer une opinion. Au surplus, se sentait-il, le bon vieux maître, mis en demeure de parler, autant par l'affection qu'il portait à son neveu, que par la vénération dont il se savait l'objet.

Enfin, il parla. Ce fut pour dire ce que chacun eût dit à sa place, se voyant pris entre l'affirmation d'une vocation et l'inconnu que l'avenir tient en réserve derrière le voile du présent. Il exprima en termes un peu vagues des craintes sans précision, que l'art est une carrière difficile, aventureuse aussi, difficile même, semée d'obstacles et d'écueils nombreux, plus nombreux peut-être qu'une autre , l'enfant y avait-il bien réfléchi ? ne s'embarquait-il pas sur cette galère, alléché par les beaux côtés, par le séduisant du titre de grand artiste ? Enfin, puisqu'il y tenait, et que d'ailleurs il avait donné des preuves de courage... ses efforts... sa persévérance, sa ténacité... oui, il permettait qu'on tentât l'aventure... qu'on essaie..., rien n'était décidé encore... plus tard on verrait.

C'était la porte de l'atelier ouverte, la porte de la vie. Le jeune Frémiet n'en demandait pas davantage. Il savait bien qu'une fois promu au rang des élèves, on ne l'en ferait plus descendre. Il était sûr de lui, de son énergie, de son désir d'arriver.

Ce fut une fête au cœur de ce jeune homme, un de ces jours de bonheur flamboyant, comme il n'en arrive qu'une fois dans la vie. Le jeune Frémiet, enfin attaché à l'atelier de la rue d'Enfer, admis à l'atelier des élèves, disciple de son oncle, ayant rang parmi ceux qui avaient droit à ses conseils, c'était une métamorphose. Le jeune homme se sentait grand comme son rêve, et plus fier de son titre d'élève qu'il ne l'eût été de toute autre distinction. Celle-là il l'avait tant souhaitée !

Depuis des mois, il consacrait ses veilles du soir et ses aurores du matin à la conquête de ce titre, ce titre qui lui ouvrait le droit de travailler selon ses espérances. Jusque-là il souffrait d'être emprisonné dans ses travaux de lithographie et ses dessins anatomiques, qui lui paraissaient comme des métiers manuels, faisaient de lui une manière d'apprenti, d'ouvrier. Il se sentait des ailes pour voler plus haut. Par-dessus les urgences de la vie, il entrevoyait la gloire, comme on la voit à cet âge de vingt ans, ailée, avec une longue trompette. Désormais la gloire lui était permise. Il avait le droit d'y songer. Elève du statuaire Rude, il devenait statuaire lui-même. Il était promu artiste. C'était la pensée de toute sa jeunesse réalisée, le rêve de sa vie exprimé, avec une forme, qu'on pouvait toucher. Il tenait son rang d'élève statuaire dans les mains un peu comme un enfant tient un oiseau qu'il a pris, serrant les doigts de peur de le laisser échapper.

C'est le temps des grandes colères de Rude, colères héroïques et sublimes, contre l'Institut d'alors. Il y avait batailles d'écoles, batailles d'ateliers. Rude était le champion des ateliers libres contre l'art officiel.

Ingres, ce beau rageur, dont la brosse était nette et le dessin immuable comme un dogme, comptait lui aussi parmi les adversaires de l'enseignement de l'Ecole. Il voulait que l'élève se bouchât les oreilles pour ne rien entendre et se contentât d'ouvrir les yeux pour tout voir. Il prêchait l'enseignement des yeux, l'éducation de l'esprit par le regard, contre la définition qui va de l'ouïe à la mémoire. Il mettait la notion au-dessus de la formule et voulait que l'élève apprît à voir par lui-même. Chaque jour, on l'entendait répéter aux jeunes réclamant ses conseils : « N'allez donc pas à l'Ecole, car je vous le dis, je le sais, c'est un endroit de perdition. Quand on ne peut pas faire autrement, il faut en passer par là ; mais on ne devrait y aller qu'en se bouchant les oreilles. »

Le défenseur de l'Institut, le porte-parole de l'Académie était Horace Vernet, « mon colonel », comme il aimait à se faire appeler. Ingres prenait le ton évangélique du : « Je vous le dis en vérité ». Vernet se fâchait tout rouge, sa colère était toute militaire contre ceux qu'il appelait les « vendeurs du temple ». Ecoutez-le, molestant comme il convenait à un colonel Ronchonnot avant la lettre, ceux qui suivent Ingres, Rude et les autres dans leur campagne contre le régime des ateliers officiels : « L'Institut devrait lutter contre les peintres qui font école hors de son sein, des vendeurs du temple, des entrepreneurs de succès de coteries, propagateurs de goûts dissolus, apôtres de l'ignorance. Leur phalange est nombreuse ; ils se faufilent partout ; les concours officiels commencent à en être infestés, et, chose inouïe, ils finissent par y obtenir des récompenses. »

La colère mettait, on le voit, beaucoup de naïveté dans la rhétorique de ce pauvre Vernet, dont le *Siège de Constantine* est une belle chose, mais que ses adversaires, pour se venger de l'intempérance de ces discours, avaient surnommé « le Raphaël des cantines ». « Ils finissent par y obtenir des récompenses », en dit long, pour nous qui voyons cela de loin, sur les querelles des ateliers d'alors, et sur le désarroi que les idées fixes peuvent jeter dans les meilleurs esprits.

Le jeune Frémiet entra dans cette bataille d'artistes, en conscrit qui veut des galons. Ce conscrit est un engagé volontaire dans la phalange du boulevard d'Enfer. Neveu du patron, on peut dire qu'il est né au régiment. C'est l'enfant de troupe devenu soldat. Et il se mettra à l'œuvre en nouveau qui ne craint pas d'en remontrer aux anciens. Ce bleu est une recrue précieuse. Et puisque Vernet se plaint « qu'ils finissent par obtenir des récompenses », le jeune Frémiet commencera par là.

Son premier envoi est reçu au Salon, d'emblée. Voilà comment nous sommes, nous autres dans la famille, pourrait-il dire au terrible « colonel » de l'armée d'en face. Peu d'années après, en 1849, M. Frémiet obtient une troisième médaille, avec *Matador* et *Une famille de chats*. Ainsi se trouvaient récompensés les durs labeurs du jeune artiste.

A l'atelier du boulevard d'Enfer, M. Frémiet n'utilisa jamais sa situation de neveu, que pour témoigner d'une plus grande assiduité. S'il s'attribue des prérogatives sur ses camarades, c'est pour travailler plus longtemps et rester plus tard que les autres devant sa selle à modeler. Que de fois ne l'a-t-on pas retrouvé, le soir après dîner, à l'ouvrage jusqu'à onze heures de la nuit, tout seul, « dans ce grand atelier du maître, solitaire et noir, d'une simplicité impressionnante », comme il le définit lui-même.

L'ENSEIGNEMENT DE RUDE

Les succès de l'élève Frémiet étaient un plaidoyer triomphant en faveur de l'enseignement libre de Rude. Cet enseignement n'a peut-être pas été très expliqué jusqu'ici. Il faut avoir entendu M. Frémiet en parler pour le connaître et l'apprécier. Enseignement unique dans son genre, familier, et « reposant sur un système de raison », ainsi qu'il se plaît à le répéter.

Avec cette méthode, nous sommes très loin de la leçon donnée, plutôt prêtée, par un « patron » qui passe deux fois la semaine parle du haut d'un grade ou d'une fonction exclusivement académique, leçon un peu sèche, froide, venue au bout d'un geste compatissant, automatique, rappelant un peu par sa hauteur autorisée et son tout petit élan, ces aumônes dont les pauvres disent qu'elles leur arrivent comme au bout d'un bâton.

Rude est fermé à ce jeu des solennités professionnelles. Il est très bonhomme, et sa parole est avant tout un encouragement, une fois qu'il a admis l'élève auprès de lui. Ses élèves travaillent sous ses yeux, en même temps que lui, l'aidant comme au temps où les apprentis de la corporation de Saint-Luc avaient leur part de collaboration aux chefs-d'œuvre du maître. Rue d'Enfer, le maître n'enseigne point les petits trucs qui simulent le talent tout de suite. Il laisse à ses disciples un large champ d'activité individuelle. Il éveille sans cesse l'initiative en expliquant plutôt le pourquoi des effets qu'en montrant la ficelle pour les obtenir.

Rude procédait surtout par des appels à l'intelligence. Il savait trop par expérience ce que l'artiste peut gagner par la culture de son cerveau. Rude voulait que la lumière se fît dans l'esprit, en même temps que l'adresse se glissait sous les doigts. Chez les gens bien doués, le talent de pratique vient toujours assez vite, trop vite. Lui, ne voulait pas qu'on fît œuvre de talent sans être en mesure de fournir la raison du fait accompli.

Avant de révéler à ses élèves les agréments du procédé, il exigeait l'entrée en scène des facultés de l'esprit et de l'âme. Il pensait qu'il ne suffit pas que ses doigts s'agitent avec habileté, sous la convulsion du métier, dans le pain de terre à modeler ; il voulait aussi que l'âme tînt sa place dans cette opération magique de la statuaire, qui introduit l'esprit de vie dans un bloc inanimé. Il prêchait d'exemple, d'ailleurs, et son œuvre entier disait très haut que la pièce modelée est d'un attrait bien mince si elle ne porte point dans son relief l'empreinte de la pensée intime. On apprenait auprès de Rude que la statuaire, à l'image des êtres vivants qu'elle représente, doit donner l'impression d'une valeur morale.

L'auteur du *Chant du Départ* de l'Arc de Triomphe n'entraînait pas ses élèves en vue des expositions annuelles, comme on prépare les fruits secs au baccalauréat, à l'aide de ficelles et de cahiers d'expressions. Il redoutait le système des mâcheurs de syntaxe, qui transforment les meilleurs tempéraments en ruminants des règles grammaticales. Ses conseils n'entraient point dans le cadre du *vade-mecum* des praticiens. Chez lui il n'existait point de formulaires tout imprimés, où l'on apprend par cœur le moyen de paraître un artiste, comme on récite une leçon. On enseignait, à l'atelier de la rue d'Enfer, ce qui ne vieillit point et ne change pas avec la mode : le moyen de mettre en œuvre le génie de qui en ressentait l'aiguillon, et non la recette qui en donne le simulacre à qui n'en est point pourvu.

Rude a montré qu'il possédait au degré suprême le sens de la vie profonde. Il avait, très pénétrante en lui, cette clef de l'âme humaine, qui permet à l'artiste d'imprimer le regard à une figure.

le regard qui trahit en elle un être de cœur et d'émotion. Le mythe de Galathée n'est sans doute pas autre chose que le tarot de cette vérité de l'Idéal. Comme ceux qui ont le secret de la vie et savent marquer leurs œuvres à la frappe de l'esprit divin, qu'Hésiode disait flotter à la surface des eaux, Rude avait le sens de la vérité supérieure. Et dans sa simplicité d'homme droit, qui suit sa route, va au but sans ergoter pendant le trajet, il se croyait un simple réaliste. On l'eût surpris beaucoup en lui disant qu'il était cela en effet, mais avec quelque chose en plus, et quelque chose de considérable. Il se déclarait réaliste, parce qu'il avait appris de son ami Monge, l'art — nouveau pour lui — de prendre des mesures. De ce qu'il avait surpris le secret de faire exact, il en référait qu'il était un réaliste, parce que, selon l'esprit des Grecs, il faisait ce qu'il voyait.

A l'exemple des beaux producteurs anciens, ces grands Hellènes dont la tradition le charmait, il aimait la réalité. Son goût de l'exactitude le persuadait qu'il l'aimait pour elle seule, non pour ce qu'elle lui servait à traduire. Son instinct de privilégié traversait, sans qu'il s'en doutât, l'écorce de la créature réelle pour en atteindre l'âme. Il se croyait un réaliste tout cru. Aussi tonnait-il au besoin contre l'Idéal. La chose le possédait. Le mot l'exaspérait. Son esprit cheminait, très lucide, parmi l'invisible délicieux, qui est l'âme des choses de l'art et met une auréole à ses productions. L'équilibre de ses facultés lui assurait l'empire de cet au-delà mystérieux, sans lequel l'œuvre d'art n'est que brutalité ou misère morale. Le rayonnement de son être bien doué pénétrait sans effort le lointain de ces rêves d'artiste, et rendait visible, au travers du bloc de matière, cette projection virtuelle des êtres et des choses qui caractérise leur type personnel et dessine leur destinée individuelle.

Rude était un artiste trop pris par la réalisation immédiate de sa vision, pour se jeter, de loisir, dans les batailles de paroles en l'air. Il ne savait pas quereller longuement sur la valeur des mots Idéal ou Réalité. D'ailleurs, le tournoi des mots n'était point son fait. Il y perdait volontiers « son latin. » En principe, il tenait bon pour la réalité, sa réalité à lui, telle qu'il la concevait, triomphante de lumière et de vie profonde, cette réalité qui s'envolait brillante de ses doigts de magicien initié sans le savoir aux infinis secrets de la vérité suprême.

Aussi bien ses œuvres exprimaient-elles sa pensée à ce sujet, avec une éloquence qui le dispensait de tout autre commentaire. Rude, à la besogne, voyait avec les yeux magiques de son génie, qui suivait la vie jusque dans le lointain de son prolongement occulte. Il percevait alors jusqu'à l'auréole des âmes. Dans ses propos, le grand artiste était beaucoup moins hardi. Il avait comme peur de lui-même, peur de son sens altier de l'art. Il semblait redouter et percevoir quelque chose au delà des yeux de son corps. La collaboration parlée de l'âme l'épouvantait. Il voulait rester au pied de la lettre, en pleine réalité vivante, sans le concours du rayon divin.

La nature est partout la même
A Gonesse comme au Japon ;
Mathieu Dombasle est Triptolème,
Une chlamyde est un jupon.

Pour un peu il aurait malmené quiconque eût manifesté quelque préoccupation ou recherche de l'idéal :

« Frémiet, lit-on dans les *Mémoires* de M. de Goncourt, me racontait que Rude s'amusait à mettre à côté de la belle tête du cheval de Phidias, la tête d'un cheval de fiacre, et qu'il faisait observer que c'était la même chose, que seulement la tête du cheval de fiacre était encore plus belle. Et Rude soutenait que les Grecs faisaient ce qu'ils voyaient, la nature, avec leur tempérament de grands artistes, mais sans aucune préoccupation ou recherche d'idéal. »

Le grand statuaire parlait là en individualité puissante, en enfant gâté du destin. Rude était un être d'une seule pièce, une âme complète, de geste entier et sans reprise. Dans la plénitude de son génie, il attendait tout de lui-même, tout de son intime conception de la nature. Et, dans sa possession merveilleuse des splendeurs de la vie, il ne voyait rien au bout de la rhétorique ou des disputes de mots. L'Idéal en tant que terme du dialogue lui paraissait quelque chose comme un moulin à vent du domaine de Don Quichotte.

Quand il admirait chez les Grecs ce qu'il appelait leur tempérament, de grands artistes, il aimait en eux sa propre force, il plaidait avec son tempérament de colosse la cause elle-même du tempérament, contre ceux qui n'ont que du savoir sans âme, de l'acquis sans impulsion native. On devinait, à l'entendre, qu'il tenait le tempérament pour la marque originelle des favorisés du Ciel, cette marque qui, sous les doigts de l'homme, frappe la nature à l'empreinte du génie, sème la flamme de l'art sous le pas de l'artiste.

Ce tempérament, qu'il admirait si fort chez les Grecs de la grande époque, devenait dans son esprit comme un être fantastique et grandiose, qui, chargé de la sereine mission de l'art ici-bas, traverse par instants la réalité comme une étincelle de l'âme, et comme

L'alérion aux bonds sublimes
Qui se cabre, immense, indompté,
Plein du hennissement des cimes,
Dans la bleue immortalité,

chevauche le monde vivant, bat la terre de ses pieds, l'élève jusqu'à l'art, portant les cieux en croupe.

Un jour que le savant Monge voyait le statuaire travailler un

Cliché Fiorillo.

Jeune éléphant pris au piège

peu à l'aventure, il lui dit : « Si tu veux bien copier la nature, prends donc des mesures, au moins tu seras sûr d'être exact. » A dater de ce jour, Rude ressembla au Prométhée que nous voyons dans les trois pierres gravées, tirées par Winckelmann du cabinet Stosch, 1° mesurant le corps humain à l'aide d'un fil à plomb, 2° modelant le squelette, 3° pesant dans une balance les membres humains.

Il arrivera dès lors à posséder dans toute leur sévérité les lois architectoniques de la figure vivante ; il saura à fond les lois de rapports, de proportions, de volume et d'étendue ; son sens de l'art se doublera de certitude et de précision. Les exigences de convention, les variations de l'optique seront tenues en bride par une saine notion de la nature vivante. C'est ainsi que cet artiste enfantera des œuvres qui ne vieilliront jamais, résumeront et dépasseront, comme le *Départ*, « tout ce que notre art national a produit de plus sain et de plus puissant depuis la Renaissance », selon l'expression de M. Guillaume.

« Rude a aimé la nature autant qu'on puisse l'aimer et il l'a connue en savant et en artiste. Il a eu, pour s'en rendre maître, des procédés d'une sûreté mathématique dont on pouvait s'étonner, mais qui montraient bien qu'il voyait plusieurs choses dans son modèle : le modèle lui-même, son sujet et son art. Aussi la facilité même avec laquelle il dominait la forme, montre-t-elle qu'il lui réservait tout son effort pour l'expression. Sans archéologie, sans préoccupations anatomiques, il portait le style le plus fort et le plus simple dans tout ce qui sortait de ses mains (1). »

Dans cet état d'esprit, Rude ne pouvait conduire qu'un atelier où la qualité des disciples tiendrait lieu de quantité. Le nombre n'avait pas de place chez lui ; il lui fallait l'espèce des élèves. L'espèce, la qualité s'appela Carpeaux, Frémiet, Cain. Si les autres sont

1. Eugène Guillaume, *Revue des Deux-Mondes, Salon de 1881*.

restés à mi-chemin, c'est qu'en venant chez Rude lui demander des leçons, ils ne trouvèrent que des conseils. C'était se tromper de porte.

L'enseignement de Rude, qui sentait avant de savoir, posait d'emblée au postulant la question du tempérament. Etes-vous un artiste, ou simplement un bon garçon, laborieux au besoin ? Elle ne disait pas : Vous serait-il agréable de vous faire artiste, est-ce un état qui vous sourit ? Elle exprimait cette décision un peu dure : Avez-vous l'étoffe d'un artiste, êtes-vous du bois dont on les fait, et grands encore, le plus grands possible ? C'est une école de vie ou de mort, l'école à prendre ou à laisser. Elle ouvre les ailes du génie, casse les bras à l'impuissance. Elle favorise les forts, les soutient, les éclaire, les appuie, les aide à devenir plus forts encore; elle est sans pitié pour les faibles, implacable pour les médiocres, les déroute, les désespère, en fin de compte les ensevelit tout vivants sous les débris de leur bonne volonté mise en miettes. On sort de là brisé pour la vie ou acclamé à coup sûr.

C'était en somme l'élimination spartiate appliquée à la vocation artistique, procédé plus sage qu'on ne croit, en matière d'éducation. Rude, qui était bon, ne renvoyait jamais personne. Bien mieux, il lui arrivait souvent de donner un coup de main, beaucoup d'aide aux élèves faibles de son atelier, en les invitant à travailler avec lui. On a reproché à son enseignement d'avoir peu d'élèves. A vrai dire, il n'y était pour rien. Le mal se produisit sans qu'il y eût de sa faute. Et si sa méthode était âpre, inflexible, en revanche l'homme était de bienveillance parfaite, toujours disposé à donner, outre de douces paroles, le coup d'épaule à l'élève qui le réclamait.

LES LUNDIS DU PATRON

Comment ces leçons se donnaient-elles ? Le plus simplement du monde, sans beaucoup de mise en scène. Le maître travaillait avec ses élèves, tout autour de lui. C'était un éternel entre-croisement de questions et de réponses. Le patron causait là comme avec des amis ; pièces en mains, il expliquait, démontrait, indiquait les corrections au courant de la besogne de chacun, tout en poursuivant la sienne propre. Le cours allait un peu sans ordre préparé, plutôt comme la vie de tous les jours, au fil des inspirations, selon les occasions ou les événements, comme au hasard des difficultés que le labeur quotidien apporte avec soi, y compris les audaces résumées ou les retours de pensée. Et chacun écoutait, profitait à sa façon de la parole du maître, qui courait sur ces jeunes têtes comme une ondée de conseils ailés.

Rude se plaisait à vivre dans « une maison de verre », selon son expression de brave homme. Chaque lundi, cette maison de verre s'ouvrait encore plus grande, si c'était possible. Ce jour-là, le patron recevait ses élèves. Il n'y avait, pour ainsi dire, plus de portes à sa maison. L'intimité de la demeure était livrée à l'affection de ses disciples. L'atelier devenait la famille de Rude. Les élèves étaient traités comme des parents. Il n'y avait aucun rapin alors, qui ne connût ces fameuses réceptions hebdomadaires de la rue d'Enfer. On en parlait un peu partout. Bon nombre de jeunes artistes brûlaient d'en être aussi. Mais n'y avaient accès que les amis ou les élèves. Et il fallait voir comme ces privilégiés accouraient aux lundis du vieux Rude. C'était une vraie fête. Et on venait là un peu comme on va dîner une fois la semaine chez le bon papa qu'on aime bien.

Les choses se passaient à peu de frais et en instructives paroles. Car on bavardait ferme, ces soirs-là ; on discutait, on défendait des théories. Il faudrait n'avoir jamais passé une heure dans un atelier, parmi des artistes un peu jeunes et un peu vivants, pour ne pas entendre d'ici ce qui se pouvait dire dans ces soirées où l'atelier de la rue d'Enfer prenait des airs de ruche en vacances. Les langues en venaient vite aux histoires de métier. N'était-on pas entre soi, entre artistes, presque entre rapins, entre gens de la manicle ? Vivants et morts, classiques et romantiques, ateliers libres et ateliers de l'école, tout le monde y passait, et toutes les choses avec les gens. Les succès des uns, les prétentions des autres, les arrogances de celui-ci, les prétentions de celui-là, les ruades des élèves de Delacroix dans les portes de l'atelier Ingres, les victoires d'hier, les batailles de demain, le prochain Salon et les expositions d'antan, tout cela, en macédoine professionnelle, formait le fond des conversations ordinaires.

Rude, lui aussi, plaçait son mot dans cette bagarre d'idées et de systèmes. Ses théories étaient celles d'un homme du métier. Nous l'avons vu dérangé par les grands mots, récusant l'idéal. Mais pour être un grand enfant dans les querelles de théories, il n'aimait pas moins se mêler aux campagnes oratoires, menées par ses ardents disciples dans sa mouvance personnelle. Il entrait dans la discussion un peu comme avec de grands sabots, sa pipe à la main, « sa bonne pipe ». C'était surtout pour raconter les farces de sa jeunesse, les histoires de son temps. Parfois il revenait à ses grandes colères de *Père Duchêne* contre l'Institut. Il scandait les théories qui couraient dans l'air de sa maison par des faits personnels, des histoires vraies qui lui étaient arrivées. Et parmi cette cordialité bruyante des bavardages du lundi soir, les sympathies ou les rancunes de ce bon patron tombaient comme une consécration.

La bonne foi était l'âme de ces dialogues vifs et animés. De temps en temps le juron attitré du maître, « fontaine de beurre » marquait une étape de la discussion avec l'éclat sonore du marteau sur l'enclume. Il était curieux de voir tous ces hommes, si indépendants, fascinés tous par le même objet, l'art, et sous ce charme, comme envoûtés, parler tous de la même chose, tous ensemble, au besoin tous à la fois. Les plus calmes s'emballaient à la suite des plus ardents, chacun marquait son impatience de parler, suivait son idée comme la meilleure, oubliant d'écouter le voisin qui lui non plus n'écoutait personne et parlait tout droit devant soi, comme dans un rêve ; et l'esthétique était l'objet de toutes les contemplations, comme est la mer dans les réunions de mathurins.

En été, quand de beaux soirs bleus étendaient leur nappe d'azur sur les lundis du père Rude, les réceptions se tenaient dehors, à la belle étoile. L'atelier se transportait sur le trottoir, ce fameux trottoir de la rue d'Enfer, que Rude, depuis vingt ans, appelait négligemment « mon salon ». C'était là, en effet, devant sa porte que le dimanche il venait s'asseoir en bras de chemise, pour jouer une partie de dames. Quand les réceptions du lundi se tenaient dans le « salon » que le maître du *Départ* ouvrait sur le trottoir, c'était alors de vraies assemblées de péripatéticiens. On causait en marchant. Et le maître environné de son monde de disciples, élèves et amis qui se suivaient en tas, parlait, gesticulait, soufflant une idée dans une bouffée de sa pipe, emplissant l'air des échos de sa grande âme, pleine de visions et de reliefs un peu à la façon du brave père Langibout de *Manette Salomon*, que MM. de Goncourt font se promener comme Rude sur le trottoir de la rue d'Enfer, « entre un regard des eaux d'Arcueil et la boutique d'un chaudronnier ».

C'était une ineffable bonne fortune pour le jeune Frémiet, toujours si attentif aux problèmes de son art, que d'être à même de vivre plus près que les autres dans l'intimité de cet enseignement spécial. La famille devenait ainsi pour lui quelque chose de plus qu'un bon coin de la vie, où la conscience se retrempe au sein des affections et des devoirs. Elle est une atmosphère professionnelle où se précisaient les aspirations de son âme d'élite. La maison de l'oncle n'était pas seulement une demeure, une habitation, pour ce jeune homme laborieux, mais encore une sorte de serre pour son esprit, où l'air était à la température de sa vocation, un air vibrant, que le grand Rude animait de ses conseils droits et passionnés.

Ce n'était plus les ordinaires leçons que le jeune Frémiet recevait dans ces conditions. Ces circonstances uniques l'élevaient du rang d'élève à celui de disciple, respirant, humant en quelque sorte l'âme de son maître, puisant au besoin sa vie dans celle de son oncle. L'enseignement lui venait comme l'eau dans un bain, de partout, comme quelque chose qui vous inonde et qu'on sent vivre autour de soi, en dehors de soi. L'acquis lui arrivait tout seul, de lui même s'emparant de son jeune cerveau comme d'un terrain qui est là, à portée. L'élève n'avait même pas besoin d'allonger la main pour prendre ou apprendre quelque chose. Il lui suffisait de se laisser faire, de savoir respirer ce que l'air de la maison lui insufflait, depuis les indications précises de l'atelier, les corrections pendant le travail, jusqu'aux propos de table, prolongés le soir dans les confidences assises, lorsque, sous la lampe familiale, le maître solide et fort, barbu comme Neptune le dieu fécond, se reposait de la tâche journalière, parmi les tranquillités de la maison intime.

Alors la mémoire, qui joue souvent un si grand rôle dans l'éducation de certains artistes, n'est plus qu'un accessoire anonyme. Elle s'emplit comme un vase, sans responsabilité, pour rester sans conscience en tant que mémoire, mais se transformer ensuite en observation directe et animée. Ce qui s'apprend ainsi passe dans les plus profonds replis de la vie, s'enroule dans la réflexion, s'assimile, se digère en quelque sorte comme une substance nutritive, pour constituer la sève de l'avenir (1).

1. Ces pages sur Rude ont été publiées en 1892-1893 dans l'*Artiste*, que dirigeait alors avec tant de distinction le regretté Jean Alboize.

Cliché Fiorillo.

CHIEN BLESSÉ (Musée du Luxembourg)

LIVRE DEUXIÈME

—

L'ANIMALIER

DÉBUT AU SALON

1843! Date dont M. Frémiet n'a pas perdu le souvenir. Une émotion lui survit, l'auréole du premier succès l'illumine toujours. C'est l'année de son début au Salon, une journée dans une vie d'artiste militant. La chose était toute une affaire, alors, c'était presque plus grave que de nos jours. Il faut dire que la carrière était moins courue. On y voyait moins de monde. Ceux qui s'y lançaient étaient plus en vue. Eux-mêmes avaient en quelque sorte plus conscience des difficultés et des obstacles. Le bourdonnement de la presse, la foule qui se bouscule dans les salles, aujourd'hui jettent un peu plus de trouble autour de l'ouverture, et donnent à la carrière d'artiste un aspect moins sévère. On s'y livre davantage comme par partie de plaisir ou pour faire quelque chose.

Un vent de mode et de bel air est venu qui a adouci, somme toute, les débuts de l'artiste en public. On n'était point alors empilé par milliers dans une halle, où quelques amateurs de commerce ont trouvé de beaux jours. Les toiles étaient plus rares, les statues encore davantage; si les reçus se découvraient plus aisément qu'en ce moment, les refusés s'apercevaient mieux aussi. Des artistes comme M. Ingres, Delacroix ou Rude étaient plus que des maîtres. Ils étaient acclamés dans les expositions comme des chefs de parti, presque des meneurs révolutionnaires. Leurs envois étaient des barricades que leurs disciples protégeaient en groupes, du poing et de la langue. Ces hommes étaient tous d'accord pour la défense d'une foi haute, dont beaucoup de nos contemporains n'ont point le sentiment. M. Frémiet continua parmi nous, accompagné d'hommes comme M. Puvis de Chavannes par exemple, cette tradition où le respect de l'art relève du sacerdoce. Autour d'eux, quelques mercanti de la palette et de l'ébauchoir travaillent de leur état d'ambitieux adroits à s'enrichir. Ils sont et resteront des faiseurs, charlatans de toutes les époques, certainement un peu plus nombreux aujourd'hui qu'au temps déjà lointain où M. Frémiet débutait au Salon comme élève de Rude, circonstance qui n'était pas encore une recommandation.

Le jeune homme, à l'atelier de la rue d'Enfer, avait appris à ne compter que sur soi. Il n'attendait donc aucune faveur du jury. Aussi ne vit-il pas venir sans une grande émotion le jour de l'ouverture des portes. Il ignorait le sort réservé à ce premier essai. Comment l'aurait-il connu ? Personne alors n'était averti des décisions du jury. Aucune lettre administrative n'était adressée à l'artiste, l'avisant d'avoir à retirer son envoi refusé. Reçu ou refusé, on n'entendait rien du dehors. Il fallait que les portes fussent ouvertes au public pour que l'exposant, surtout le jeune homme, comme le neveu de Rude, fût au courant de sa destinée. Qui ne les a pas vus alors, tous ces exposants, inquiets, les cheveux au vent, traversant les salles, au galop, à la recherche de l'envoi signé de leur nom ? Ceux qui avaient couru partout sans se voir exposés savaient à quoi s'en tenir ; c'était une douleur qu'augmentaient les exclamations bruyantes des camarades reçus, là, à côté.

On était loin encore des indiscrétions d'aujourd'hui, du « Salon » avant la lettre, œuvre de critiques trop souvent condamnés au reportage. En 1843, l'administration était implacable. Elle ne laissait rien transpirer. Le livret lui-même n'était mis en vente qu'à la dernière minute, au moment de l'ouverture. Le catalogue naissait dans le mystère. Il était interdit aux marchands de le livrer au public avant onze heures du matin, interdit, sous peine d'amende ! Sur quoi les jeunes gens impatients imaginèrent un jour un moyen, très bon, de tourner cette loi féroce qui défendait l'achat du catalogue avant une heure fixée. On ne peut pas l'acheter, nous le louerons ! La formule était magique. Qu'on se le dise !

Et dès huit heures, on arrivait en bandes, chez le marchand. On déposait cinq sous sur le comptoir, et on devenait locataire du livret pour le temps d'y puiser le renseignement désiré. On devait payer d'avance. On ne pouvait toucher au livret qu'en versant la somme. Pour cinq sous, les marchands faisaient le bonheur des heureux, et jetaient la détresse dans le cœur des refusés. Ceux qui les ont vus jadis, ces libraires en plein vent, chargés de la vente du catalogue, les voient encore dans leur souvenir, installés dans leurs baraques de bois, en pleine cour du Carrousel, entre les Tuileries et le Louvre.

Une véritable foire, où l'on vendait de tout, depuis des perroquets, jusqu'à des études de Géricault pour son *Radeau de la Méduse*. Les baraques poussaient en une nuit parmi les pierres de taille des travaux d'achèvement du Louvre, partout où se voyait un coin libre. Des marchands s'y établissaient, les uns pour vendre des livres, les autres des oiseaux ; d'autres faisaient le commerce des tableaux au milieu du gazouillement des cages. C'était chez ces petits marchands où les tableaux voisinaient avec les canaris, qu'on se procurait le catalogue de l'exposition qui s'ouvrait le matin même.

Oh ! jusqu'au moment de l'ouverture, on n'en menait pas large. Ceux qui voulaient tourner l'arrêté administratif étaient tenus à de grandes précautions. Il n'aurait pas fallu être pincé. Aussi on se coulait, furtivement, le long des boutiques. On déposait les réglementaires cinq sous sur le comptoir, sans bruit. On jetait au marchand un coup d'œil entendu. C'était compris. Et d'une main tremblante de fièvre, on feuilletait le catalogue, cherchant la page, la lettre dans l'ordre alphabétique :

Lettre F : Frémiet (Emmanuel), né à Paris, élève de Rude. *Gazelle*, plâtre.

Reçu ! Ce cri disait toute la joie qui inondait cette jeune âme. C'était dans son esprit le défilé de tout ce qu'il avait pu rêver de mieux, de plus beau, de plus grand. Tout Paris devait déjà le savoir. Tout le monde, l'univers, les camarades, et puis les autres, ceux des autres ateliers, tous, tous les académiciens, les membres de l'Institut, verraient ce plâtre signé Frémiet. Personne maintenant ne pouvait plus ignorer l'existence de cette *Gazelle*. Tout cela lui vint sans doute comme une bouffée de bonheur ; puis, la première émotion passée, la bande des camarades s'enfuit en courant vers le Salon qui entre-bâillait la porte, chacun pour s'admirer dans son œuvre comme en un miroir.

Si, à ce moment, M. Frémiet pensa qu'il venait de faire un premier pas vers la renommée, il ne se trompait pas. Dans ce Salon où il s'aventurait pour la première fois, avec les craintes d'un débutant, bientôt il allait prendre rang parmi les plus en vedette. En 1847 et 1848, M. Frémiet poursuit ses études d'animaux. On admire de lui, un *Chien* en terre cuite, un *Dromadaire* en cire, *Ravaude et Mascareau*, un groupe de chiens, plâtre ; un *Chat*, un *Renard*. On remarque ce nouveau venu parmi les animaliers Barye est le maître dans le genre, accepté par tous. Mène est un sculpteur aimable, très entouré. En 1849, M. Frémiet enlève sa première récompense, une troisième médaille, avec *Matador* et une *Famille de Chats.*

Personne jusque-là n'avait su rendre tout ce qu'il y a de velouté, de perfide et d'assoupli dans le chat. Ce félin domestique, qui vient de chez le diable pour y retourner, éternel compagnon de la sorcière, servant fourré des offices de la messe noire, écrit son caractère par chacun de ses mouvements. Les lignes fuyantes de son corps ondoyant sont les indices éternels de son humeur insaisissable. M. Frémiet a étudié tout cela et le sait à ravir. Rappelez-vous ce chaton, que nous voyons quelquefois dans la vitrine de son éditeur, buvant son lait dans une petite jatte, sous les regards d'un moineau innocent du péril où il s'expose. Ce dialogue muet est d'une observation infinie ; il est digne de La Fontaine, et M. Frémiet qui apparaît en fabuliste, nous montre là jusqu'à quel point il a perçu et peut nous faire percevoir l'essence même de la malice des bêtes. Je ne crois pas qu'il soit aisé de mieux exprimer la patience habile, la ruse pelucheuse du chat. Celui-ci est tout jeune. N'importe ; il sait déjà tout ce qu'il saura plus tard, Il le sait de naissance, parce qu'il est de sa race, de son espèce, de sa famille ; et il n'a nul besoin d'être plus vieux sur la terre, pour en posséder les airs modestes et atteindre la certitude que tout vient à point à qui sait attendre.

Pour l'instant son lait lui suffit. Le tour du moineau viendra d'être dévoré, lui aussi. Le chaton n'est point pressé. Il est trop prudent par nature pour se perdre à courir deux proies ensemble. Et le contraste est si gracieusement écrit entre ce chaton madré et cet oisillon pataud dont les ailes sont encore trop courtes pour lui permettre d'être adroit ! La prudence vient aux moineaux avec les plumes. Jusque-là, pauvres petits, ils sont matière toute préparée au festin des chatons mieux armés.

PREMIERS SUCCÈS

Le public mène grand bruit déjà autour du nouveau venu. Le nom de M. Frémiet entre dans toutes les mémoires, les gens le citent parmi ceux qu'on se doit à soi-même de citer quand on veut être bien informé, au courant de ce qui se fait, de ce qui se dit. Surviennent *Ravageot et Ravageotte*, deux bassets délicieux, qui font beaucoup parler d'eux ; on s'étonne de cette manière subtile et incisive de traiter les animaux domestiques et on s'en éprend. M. Frémiet remporte un succès énorme avec *Chien courant blessé*, cire perdue, aujourd'hui au Luxembourg, où le jeune maître a déployé tout le meilleur de son faire déjà accompli et intentionnel. On ne recule pas devant le mot, plus gros alors que de nos jours, on dit : c'est un vrai chef-d'œuvre.

Cheval saltimbanque est un coup d'audace; M. Frémiet ne l'a pas tenté sans inquiétude sur le résultat. Comment le public prendra-t-il cet essai de réalité douloureuse ? Et ce pauvre dada tout chargé de singes, de chiens, de hiboux, est accepté d'emblée; on l'acclame, tout le monde le veut voir, et surtout le reconnaître. Aussi bien qui ne l'a rencontré maintes fois, le long des routes l'infortuné quadrupède dételé, attaché par un licol de corde à la roue d'une caravane de bohémiens ? La voiture est la maison, et un tuyau de poêle, coiffé comme un avocat d'une toque plate, sort du toit avec de la fumée. Le cheval maigre, crotté, les flancs tombés, le ventre cerclé de misère, les oreilles sans hardiesse, l'œil mort, arrache, pour son repas, l'herbe foulée du chemin. Le *Cheval saltimbanque* de M. Frémiet est plus symbolique encore de la misère pittoresque. Comme le colimaçon, il porte sa maison sur son dos; son maître n'a pas de caravane pour loger ses pensionnaires dressés, singes coiffés du chapeau de gendarme et chiens savants. Il a juché cette ménagerie ambulante sur le dos de son cheval. La pauvre bête porte le cirque; et c'est elle le cirque.

Voici bientôt M. Frémiet livré à la caricature. La gloire lui arrive sous sa forme la plus populaire ; l'orgue de barbarie pour les musiciens, la charge de la tête ou de l'œuvre pour les artistes, c'est le premier pas dans l'immortalité. Un jour Cham, le grand Cham, long comme Vernet et soldat manqué comme lui, trouva le compte de sa caricature populaire dans l'œuvre de l'animalier Frémiet. Il coucha ce nom nouveau sur son carnet de croquis. M. Frémiet avait conquis la notoriété de la rue, dont Cham était en quelque sorte le crieur public.

Cham est un nom déjà bien loin de nous. Des caricaturistes sont venus, qui nous l'ont fait oublier, plus âpres que lui en politique, des artistes dont le crayon fait œuvre sociale. L'école dont était Cham, école éteinte avec lui, ne le prenait pas de très haut. Elle se risquait peu dans la philosophie, touchait à tout sans rien casser, aboyait sans rien mordre. Il lui suffisait d'être de bonne humeur, d'instruire les rieurs sans rien démontrer. Elle cherchait des sympathies dans le public et les mettait au service de ceux qui, comme les artistes, ont besoin du public pour poursuivre leur œuvre commencée. Cham était un mélange bizarre d'aristocrate et de rapin. Fils d'un pair de France, élève de Polytechnique et de Paul Delaroche à une époque où l'on était élève de Brard et Saint-Omer, il passa aussi par l'atelier de Charlet pour y apprendre la caricature, ou l'art de dessiner la forme en la déformant pour arriver au grossissement du caractère, de ce défaut individuel, qui accentue le type, le signe personnel.

Charlet laissa des caricatures qui n'étaient pas des charges. Son disciple Cham n'a laissé que des charges, qui furent rarement des caricatures, mais plutôt des bons mots illustrés. Sa caricature était quelque chose comme des dessins parlés, dont les légendes étaient elles-mêmes très peu dessinées. Tout cela pourrait se résumer en traits de bonne humeur, tenant à la fois du *Serpent à plumes* que Cham fit jouer au Palais-Royal et du *Serpent de mer* dont joua le *Constitutionnel* sur le dos de ses abonnés. On ne trouve pas trace de beaucoup d'art dans ces charges qui tenaient de l'atelier et du bureau de rédaction. Mais Cham était un brave homme, avant d'être élève de Paul Delaroche ou de Charlet ; un artiste étrange, homme d'esprit plutôt qu'artiste, homme bon avant d'avoir trop d'esprit.

Il fut un artiste pour les bourgeois d'alors, qui avaient peur des *Jeune France* de Théophile Gautier. Mais pour les artistes, il fut surtout un camarade loyal, un homme de bonne compagnie, dont le mot souvent heureux, dont l'anecdote toujours gaie, causaient l'agrément de tous sans jamais offenser personne. La seconde génération romantique vit beaucoup de ces hommes d'humeur joyeuse, rieurs sans âpreté, gens capables de s'amuser aux bagatelles de la vie, assez heureux pour rester bons amis malgré la petite satire des anecdotes, mais dont aucun n'était assez trempé pour faire de son esprit agile une arme sociale. Cham, Granville, Bellangé, Bertall, Monnier furent des journalistes à la mine de plomb. Leur œuvre malgré tout tient de la chronique. Il faut monter à Gavarni, à Daumier pour arriver à des hommes dont la signature vaut un livre. Charlet caricaturiste aborda le genre épique avec ses grognards de l'Empire et ses héros de barricade. Cham resta une manière d'informateur ; c'était déjà un reporter parlementaire par ses dessins politiques, et un salonnier d'information par ses pages où l'on voyait l'exposition annuelle derrière une lunette comique.

Déjà le crayon de Cham avait vulgarisé le *Chat flairant un poulet*, petit poème d' stomac, où M. Frémiet avait étudié le chat dans la phase de ses émotions préventives. En 1850, M. Frémiet envoie au Salon son *Ours blessé*. Ce fut un triomphe. Le Salon se tenait alors dans les appartements du Palais-Royal. L'*Ours blessé* était de grandeur nature. Il était d'un volume si considérable que la commission de placement fit installer ce monument dans la cour couverte, près de l'entrée des bureaux de l'administration, du côté de la rue de Valois.

La foule s'ameutait, faisait tas devant le plantigrade de M. Frémiet. C'était une réjouissance publique de venir contempler la douleur de cet ours, personnage comique au fond, et dont la douleur ressemble aux grimaces d'un queue-rouge du théâtre de la foire. Depuis les succès de Barye, on n'avait rien vu de pareil à ce succès. Il n'y avait qu'un cri pour chanter les louanges de l'artiste, dont le vigoureux talent était désormais incontesté. Tous les prestiges de l'art s'alliaient là à la plus surprenante connaissance des grands fauves. M. Frémiet avait pénétré cet ours de son ironie aiguë, et montrait au public qui s'en émerveillait, tous les dessous grotesques de cette bête épaisse, dont la lourdeur est faite de réticences et de fausse bonhomie.

Tout Paris défila devant ce faux bonhomme d'*Ours blessé*, avec un empressement tel que plusieurs fois dans la journée, la circulation était interrompue aux abords de l'administration des Beaux Arts. Celle-ci en prit de l'effroi ; elle ne se résigna pas à voir s'encombrer tous les jours davantage les corridors où s'écoule son existence placide ; dans son auréole de cartons verts, elle trembla pour la sécurité de ses dossiers.

L'ordre fut donné d'enlever l'ours de M. Frémiet, cet ours qui était un succès. On avait pensé, chez ces messieurs des bureaux de la rue de Valois, qu'une fois cet animal d'*Ours blessé* parti, on pourrait respirer un peu dans les escaliers de M. le Directeur ; on avait pensé qu'en chassant cet ours encombrant, la circulation redeviendrait peut-être possible dans ces bienheureux corridors où l'employé de l'Etat aime à promener, tête nue, son rêve d'inspection des musées de province et d'augmentation de ses émoluments.

L'administration ne s'était point trompée. D'ailleurs elle se trompe rarement. Une fois qu'on eut emporté l'*Ours blessé* de M. Frémiet, la foule disparut, elle aussi, pour la grande satisfaction des bureaux de la rue de Valois. La foule suivit son ours, qui était sa grande joie du moment, son joujou favori de l'année. On ne vit plus, dans les couloirs de l'administration, que ce qu'on y voyait tous les jours avant le Salon, l'éternel député toujours pendu à la sonnette du ministre.

Ce député avait déjà un nom connu, cela s'est vu depuis. Il s'appelait alors M. Fréminet. Ce Fréminet était très célèbre par ses visites dans les ministères de son temps. Il était le spectre Banco des corridors de l'administration ; il reparaissait toujours, et toujours avec une nouvelle requête. Ce Fréminet était une menace et un remords. Il revenait sans relâche, jamais fatigué, jamais rebuté, toujours là, sa carte à la main, prêt à faire passer son nom au ministre. Paris connaissait le nom de ce solliciteur incurable et s'en amusait.

Cham avait travaillé à sa réputation. Et quand Cham, qui avait les faveurs du public, lançait quelqu'un dans le courant, on pouvait être sûr qu'il arrivait, sinon à la gloire, au moins à quelque chose. Fréminet n'était pas un contemporain glorieux, ni même illustre ; il comptait néanmoins parmi les gens connus. Le succès formidable de l'*Ours blessé* de M. Frémiet lui valut un surcroît de réputation. Cham ne manqua pas d'exploiter, pour l'agrément de son public, la similitude de nom, qui rapprochait le jeune statuaire du député solliciteur. Une charge de l'*Ours blessé* parut sous la signature de Cham, et cela s'appelait : *Fréminet ou l'Ours du ministère*.

Cliché Fiorillo.

PAN ET OURSON (Musée du Luxembourg)

UN FABULISTE

C'est par l'étude fine et précise du caractère, dans le geste de la vie, que M. Frémiet s'ouvrit une carrière personnelle parmi les animaliers de son temps. « Je n'ai pas fait, somme toute, dit-il, d'études spéciales comme animalier, je suis professeur de dessin au Jardin des Plantes, voilà tout. Rude, mon maître m'enseigna la sculpture ; j'adaptai seulement mon art à ce qui me plut, aux hasards de ma fantaisie, sans m'inquiéter des vaines classifications. » D'autres autour de lui marchèrent à l'appel de Barye comme on marche à la victoire gagnée d'avance, et trouvèrent dans les redites heureuses la récompense de leurs efforts. M. Frémiet portait en lui la marque d'un homme à part. Il fut hors rang avant de passer hors de pair. Son droit de parler une langue nouvelle, sa langue à lui, c'était sa manière de se faire entendre. Il s'imposait, on l'accepta ; et le goût public le suivit avec intérêt dans l'inédit de ses recherches, jusqu'au jour où il accueillit par ses applaudissements la victoire de ce maître unique, victoire toute nouvelle dans un genre peu commun.

Les animaux de M. Frémiet, petits ou grands, sauvages ou domestiques, n'étaient plus les sujets décoratifs, de facture vague, groupés sans physionomie spécifique sur des socles sans art, le plus souvent des socles achetés chez l'horloger. On était étonné de les retrouver vivants dans le bronze, animés du geste de la vie réelle, rehaussés néanmoins de ce filet de mystère qui fait passer le courant de l'Art dans la matière ouvrée par la main de l'homme. Personne n'avait encore poussé si avant et avec plus de sûreté que

M. Frémiet l'investigation du détail caractéristique ; et l'on n'avait pas encore vu un artiste mettre en lumière avec plus de justesse l'estampille individuelle cachée sous le signe de la race, enveloppée dans l'air de famille. La précision minutieuse et attentive de son faire dénote chez ce maître une admirable entente de l'observation. La forme sous ses doigts répond en termes très nets à l'intention qui la lui fait rechercher et caresser.

Certaines bestioles signées de ce nom donnent l'impression d'un conte d'Alphonse Daudet, une page courte, résumée, pleine et enluminée, une de ces pages où l'on sent que tout est à sa place, que rien ne manque, que les mots sont pris dans leur valeur générique, les effets mesurés comme au métronome, les images fines et finies, cadencées pour le mieux dans leur marche de pleins et de déliés. Les caractères sont saisis par le relief de leur intime essence, dans l'instantané de ce qui les désigne le plus. C'est de l'art vif et ingénieux, très vu, très senti, très vécu, plus que réel, très vrai parce qu'il est pétri de vie intérieure ; cela se prend dans la main et se pèse en même temps dans l'esprit. C'est mieux que spirituel, c'est intelligent ; c'est net et brillant, concis et complet, comme du Tacite pittoresque, du Tacite devenu La Fontaine.

J'ai entendu M. Alphonse Daudet conter à sa table la vie des oiseaux de son jardin. Certes, La Fontaine ne put être plus charmant quand il expliquait, ayant à s'excuser d'arriver en retard à un dîner prié, qu'il s'était arrêté en route pour suivre l'enterrement d'une fourmi. C'était dans la bouche de M. Daudet comme une féerie de paroles ; les mots en passant par l'image avaient des airs de prismes enchantés. Non seulement ils distinguaient la fauvette du pinson, mais ils faisaient reconnaître une fauvette d'une autre fauvette et ne permettaient pas qu'on prît un pinson pour un autre. Le maître, en les étudiant avec son oreille de mage, les distinguait à la voix entre frères du même nid, il avait noté leurs habitudes et savait l'heure de la leçon de chant, il distinguait le professeur de l'élève et pour un peu les eût baptisés d'un petit nom pour nous aider à les reconnaître avec lui.

On est tenté de dire qu'en M. Alphonse Daudet c'est la pensée qui regarde. En l'artiste du relief, comme M. Frémiet, c'est à coup sûr le regard qui pense. L'ébauchoir du statuaire est aussi expert que la sensibilité du lettré à pénétrer jusqu'au plus profond de son type individuel le caractère de la bête qu'il représente. Ce maître est de la bonne école des chercheurs qui peuvent mettre une émotion de l'âme au service d'une impression extérieure. Son observation n'est pas seulement un acte géométrique, qui relève le point et s'en contente. Elle veut davantage. En même temps qu'elle note l'effet visible, elle pénètre la cause intime. L'imagination chez lui n'est pas la folle du logis, elle est la maîtresse de maison qui traite à demeure la psychologie et l'esprit de vérité. M. Frémiet envoyant *Pan et Ours* au Salon de 1864, c'était un historien des mœurs animales, marchant de pair avec le sculpteur.

L'artiste faisait œuvre de fabuliste, au même titre que La Fontaine. La poésie de son faire, mordante et bonne enfant, prend sous ses doigts de praticien émérite une espèce de tournure « sociale », qui remet en mémoire la verve malicieuse et saine des moralités du grand Bonhomme de Château-Thierry. Comme son devancier il sait le rire, la douleur, la malice et la fureur des bêtes. Il sait cela à tous les degrés, comme à tous les âges. Il sait leur loyauté et leur obéissance. Il sait les limites de leurs qualités et de leurs défauts. Il sait où commencent leurs vertus de race et d'espèce, comme il sait où s'arrêtent leurs crises d'humeur et leurs accès de folie. *Pan et Ours*, par exemple, est joli comme un *Conte de mon moulin;* c'est aussi net, aussi clair, rapide dans le récit et aussi agréable dans le pittoresque, qu'une page de ce livre, outre que c'est souple et avisé comme un apologue de La Fontaine :

L'apologue est un don qui vient des immortels ;
Ou, si c'est un présent des hommes,
Quiconque nous l'a fait mérite des autels.
Nous devons tous tant que nous sommes,
Ériger en divinité
Le sage par qui ce bel art fut inventé.
C'est proprement un charme : il rend l'âme attentive...

Evidemment l'artiste eut le projet de nous peindre au naturel, par le type de ses habitants, les légendaires pays d'Arcadie. Rien n'y pouvait mieux réussir que ce petit panisque, ironique et taquin, servant par malice du miel à deux oursons patauds. Recroquevillés, indécis et comme très inquiets sur la véritable nature du mets qui leur est offert un peu comme on leur tendrait un piège, les deux petits plantigrades hésitent et semblent se consulter du fond de leur pelisse fourrée. Ce charmeur au front cornu les trouble. C'est pourtant lui le dieu des troupeaux d'Arcadie, personnage amphibologique, mi-bestial, mi-divinité, pétri de ruse et de malice, source éternelle d'effrois devenus terreurs paniques :

« Quel charmant sauvage, dit Paul de Saint-Victor, que ce jeune dieu couché à plat ventre, qui du bout de sa baguette agace deux oursons en train de dévorer des débris de ruche. Rien de plus étrange que ce ricanement qui retrousse ses lèvres ; une malice d'Enchanteur reluit dans ses yeux riants. On sent que ce gamin fauve est le Génie du monde. Peut-être en se soulevant découvrirait-il cette poitrine d'azur où le firmament se reflète. Les petits ours grognent, se pelotonnent et baillent aux morceaux de miel qui chatouillent leurs museaux froncés, avec des mouvements d'une vérité surprenante. Pan, qui est la Nature incarnée, a inspiré à M. Frémiet un chef-d'œuvre de vie et de naturel. »

BARYE & FRÉMIET

A l'heure des premiers succès de l'animalier Frémiet, le nom de Barye, le grand belluaire, emplissait le monde. Les bêtes intelligentes et malicieuses du nouvel arrivant sollicitaient l'admiration en même temps que les grands fauves du maître d'ores et déjà illustre. Quelle figure feraient ces animaux, présentés sous une forme nouvelle, avec leur esprit individuel et leur caractère comparés aux rois du désert signés Barye ? La foule, et avant elle les artistes établirent vite la distinction. Il n'y avait pas à jouer le jeu facile du parallèle. A quoi bon mettre en opposition des hommes que l'avenir mettrait de pair ? On distingua très vite qu'il y avait dans le jeune artiste quelque chose de plus, quelque chose d'autre que l'étoffe d'un spécialiste. Il s'agissait de discerner les motifs par où ces deux hommes se distinguaient.

Sans second dans son Olympe du Sahara, Barye impose ses fauves à notre admiration par les aspects terrifiants qui les éloignent de nous, les laissent dans leur vie si étrangère à la nôtre. Ils sont naturels, mais constamment sauvages. Ils entrent au Muséum comme des documents de la férocité possible. On éprouve en les regardant la sensation du désert, où le grain de sable est lui-même une parcelle de l'Inconnu menaçant. La fauve de Barye est d'une intensité grandiose, c'est la férocité toute nue, sans correctif, éternellement féroce, au-dessus de l'éducation, éternellement puissante, éternellement redoutable comme l'abîme.

Ces bêtes-là se battent entre elles, comme des individus à part dans la création, sans liens, sans relations possibles avec l'homme. Le seul point de contact c'est la mort, hors quoi ce qui les regarde ne nous regarde pas. Il faut sortir du monde civilisé pour les voir chez elles. Les bronzes de Barye nous intéressent parce qu'ils sont une des formes de la vie générale, en même temps qu'une formule de la force indomptée et indomptable. Nous leur devons une admirable sensation d'art. Il y a dans la crinière de ce lion, un peu de cette mousse de feu qui barre l'horizon, tout autour du voyageur perdu dans le désert, et l'environne d'une auréole pareille à une ceinture de poussière d'or fatal.

Le roi d'Abyssinie, comme Salomon dont il prétend descendre depuis l'aventure de la Reine de Saba, fait traîner son char par des lions que Barye a coulés dans l'airain dont nous faisons des canons. A la cour du Négus ces lions, vivants, siègent sur les marches du trône avec rang de courtisans de haute marque. Chez nous on y regardera toujours à deux fois avant d'atteler des coursiers de ce calibre au char du chef de l'Etat.

Le jour où l'Ethiopien royal qui règne au pays abyssin depuis Menilek, fils de Salomon et de la dame de Saba, offrit en présent au président de la République française une paire de ses plus beaux lions, on fut très embarrassé à l'Elysée. On remercia le Souverain de là-bas par les voies les plus diplomatiques et l'on dirigea les lions sur ce musée vivant intitulé ménagerie du Jardin des Plantes.

En 1831, quand Barye exposa son *Tigre dévorant un crocodile*, M. F. Lenormant écrivait : « La vérité de ce groupe est telle qu'on se sent poursuivi, après l'avoir vu, par une odeur de ménagerie. » L'œuvre de Barye tient dans ce mot : ménagerie. Même ses essais de statues équestres, *Charles VI*, *Thésée*, *Cavalier tartare*, *Bonaparte*, dépassent les relations entre l'homme et la bête. Le ciseau puissant de ce maître taille dans le plus grand que la vie. Il met en relief la beauté de ce qui n'est que sauvage. Et ce cheval qu'on trouve partout, dans le commerce, en liberté, si fougueux, si magnifique, est inquiétant. On a bonne envie de le

Cliché Fiorillo.

Le Centaure Térée

laisser en liberté, tant sa mine est indomptable. Et on se demande par où le saisir si l'on voulait le monter. Il n'est pas exact.

C'est dans ces traductions de l'animalité sauvage que Barye est vraiment lui-même. Il est un grand maître dans l'art de traduire la grandiose magnificence de ces bêtes qu'on enferme, mais qu'on n'utilise pas. Sous ses doigts prestigieux, les colères de ces animaux sont des colères de muscles. Le feu du simoun meurtrier les brûle. Et elles s'éteindront pour quelques heures dans le sang rouge de la proie dévorée. C'est de la mythologie saharienne.

On devina très vite en M. Frémiet son secret désir d'intéresser les hommes avant de les terrifier, en leur révélant ce qui se cache de perspicacité subtile, de ruse héritée, et de savante méthode dans le geste d'une bête petite ou grosse, dont l'ordinaire existence s'écoule à côté de la nôtre.

Avec ses yeux lumineux, dont le rayon étrange traverse ses grandes lunettes circulaires, comme la flamme d'une énigme dont il garde le mot au fond de lui, M. Frémiet paraît avoir assis son enquête personnelle sur l'examen de la chaîne des êtres vivants, d'une extrémité à l'autre. Il va du colimaçon qui darde ses cornes pendant que le chasseur emporte un ourson dont il a tué la mère, au chat malicieux qui rit à la tasse de lait, au cheval, à l'homme à cheval, enfin au *Gorille* où s'arrête le silence de l'énigme. C'est un philosophe en même temps qu'un artiste. Il ne dit pas, mais il fait voir. A nous de comprendre.

La grimace féroce du grand singe en face du visage reposé du chevalier *Credo*, c'est l'humanité mise en face de ce qu'elle est, horriblement méchante à la fois et sublime.

L'esprit perspicace, la clairvoyance, le caractère individuel, le type ethnographique est au fond de tout ce qu'il fait. Son réalisme magistral va plus loin que la forme. La matière malléable est son moyen d'expression. Mais son but est plus loin, plus haut. Le relief de ses formes emprunte beaucoup d'éclat à ces caprices intérieurs, à ces fantaisies d'humeur, qui constituent le type, l'espèce, la famille, et viennent du carrefour intellectuel où l'observation rencontre l'intuition.

Aussi ses animaux ne nous sont jamais étrangers ou indifférents. Ils nous sont utiles. S'ils nous sont ennemis, au moins leurs mœurs sont mêlées aux nôtres. S'ils ne sont pas de la famille, nous les avons vus dans la maison. Il y a un abri pour eux dans les bâtiments qui nous servent de demeure. S'il en meurt un d'entre eux, un regret l'accompagne, comme un bon accueil est réservé à celui qui naît chez nous.

Ses chats sont des domestiques adroits ou des compagnons de cardinal ou de poète. Ils sont la maison et boivent le lait de la maison. Ses chiens sont la maison en tant que serviteurs, fonctionnaires du foyer, fidèles ou nécessaires. Ses chevaux sont encore la maison, la vie publique par l'histoire, la vie sociale par la guerre. Ses ours mêmes sont des ennemis que nous avons à notre porte, dans nos montagnes; oursons, ils voisinent avec notre foyer par l'éducation qui leur vient de la flûte de Pan. M. Frémiet nous raconte en observateur et en savant la vie des bêtes par ce qui les lie à nous, même quand son ébauchoir puissant apporte sous les yeux ses grands singes, ce Gorille à terrifiante grimace humaine, sphinx emblématique du chaos dont il soulève le linceul et met en discussion l'Inconnue redoutable.

Il faut oser dire que des artistes de la trempe de Barye et Frémiet sont plus que des animaliers, plus que des spécialistes. Ce sont des statuaires et des artistes dans la plénitude du mot et de la chose. Ils étudient les animaux un peu comme Michel-Ange faisait de la peinture et de l'architecture, parce qu'ils sont de taille et de force à toucher à tout, et que la vie de l'art les emplit. Leur art est l'épanouissement d'une vocation totale.

Un jour que les détracteurs de Barye prétendaient qu'au règne animal se bornait tout son art, il prit très mal la méchanceté. « En me reléguant parmi les animaux, mes adversaires se sont mis au-dessous des bêtes. »

En effet ses animaux étaient plus que des animaux. C'étaient des êtres vivants, terribles et beaux comme ils sont quand on les voit d'un œil capable d'en voir et d'en montrer la grandeur et la beauté naturelles. C'étaient des chefs-d'œuvre d'une immense envergure.

Un artiste est un grand maître, un artiste suprême quand il parvient à ces hauteurs, et qu'il est l'auteur de *Thésée et le Minotaure*, groupe beau comme l'antique.

LA BÊTE EFFROYABLE

Dès 1859 M. Frémiet montrait à ses contemporains ce qu'en effet il peut y avoir de puissance dans l'ébauchoir d'un statuaire comme lui, pour qui l'étude des bêtes semble avoir été un moyen de pénétrer plus avant dans les mystères de la nature. Jusque-là, on admirait l'artiste habile à rendre visible ce que Toussenel appela l'esprit des bêtes. Ses chiens familiers ont des yeux de métempsychose, et ses chats, si aimables par leur mine silencieuse et futée, s'avèrent comme enveloppés de la nostalgie intime d'un temple d'Isis. Soudain le voici plongeant à pleines mains dans l'océan troublant des animalités anthropomorphes, et des reconstitutions scientifiques. Cuvier d'un monde ténébreux, il rétablit sur les données des géologues et des savants, des figures vivantes qui vont au delà de l'inédit, en interpellant directement l'intelligence et la conscience humaines.

En cette année même où il envoyait son *Cheval saltimbanque,* cette rapsodie de la misère, il y joignait le groupe étrange, dramatique et terrifiant que nous avons vu remanié en 1887, *Gorille femelle emportant une négresse.* Ce gorille était de l'espèce des singes troglodytes du Gabon, de ceux qui portent sur leurs épaules d'atlantes l'inquiétant échafaud de la grimace simiesque. Pour la première fois que le sculpteur des animaux spirituels envoyait un singe, c'était un singe de cauchemar. M. Frémiet pensait qu'il faut parler du singe sérieusement, pour de bon, non pour rire. Ce fut une épouvante et une terreur pour le jury. L'œuvre ne figura pas au Salon ; on lui fit une place à côté. Non qu'elle fut refusée ; elle ne fut pas admise. L'œuvre était de grande valeur, bien que l'artiste aujourd'hui déclare qu'elle était moins selon son goût, que la répétition qui lui valut la médaille d'honneur en 1887. Il n'empêche qu'elle pouvait être défendue. Par l'atrocité même de la scène et par l'inspiration, elle appartenait au public.

C'est ainsi qu'elle fut exposée sans l'être. Elle fut livrée aux suffrages du public, malgré le jury que la hideuse bête au masque prognathe avait épouvanté de son cri rauque venu d'un estomac affamé. Ce gorille étouffant dans ses bras herculéens une négresse frêle et délicate donna très vite aux juges, trop pressés, l'idée d'une scène de luxure épouvantable. L'artiste avait cependant insisté, pour que nul n'en ignore, sur le caractère anthropophage de ces troglodytes du Gabon ; et les apparences étaient sauves, puisque le monstre était femelle.

Le jury repoussant l'œuvre, c'était un grand effort perdu. M. de Nieuwerkerke, esprit délié et en posture d'être hardi, était alors directeur des Beaux-Arts. Il prit l'envoi de M. Frémiet sous sa protection. Il s'en déclara responsable, et ainsi ordonna qu'on le plaçât dans les travées latérales du Salon des Champs-Elysées, derrière ces longues murailles de serge verte qu'il fallait soulever pour voir le terrifiant groupe. Le jury recevait ainsi satisfaction, puisque le *Gorille* de M. Frémiet était en quelque sorte jugé à huis-clos. Et néanmoins il suffisait que le public sût se passer de permission pour l'examiner tout à son aise. Le succès fut immense. Théophile Gautier, jeune alors, écrivit que c'était un chef-d'œuvre. Il le voulait bientôt coulé en bronze et placé dans quelque musée zoologique.

Ce n'est point dans un musée zoologique que fut porté ce groupe tramé d'effroi et de carnage. Il fut détruit, mis en pièces. A l'issue du Salon, malgré la protection du surintendant des Beaux-Arts de l'Empire, le troglodyte du Gabon fut livré aux hasards de la vie de Paris. M. Frémiet avait donné des instructions, pour que son groupe fût transporté à un atelier qu'il avait dans un terrain vague lui servant de dépôt au Trocadéro, à l'endroit même où se trouve aujourd'hui le bassin qu'ornent ses animaux diluviens.

Un matin, il ne restait plus que des débris informes ; des plâtras jonchaient le sol. Des ouvriers, dont la plupart étaient belges, emportés par un sentiment qu'ils n'expliquèrent pas, mais qu'ils exprimèrent, avaient brisé à coups de pioche cet essai hardi de la statuaire moderne. Ce groupe formidable et cruel, issu d'une fantaisie d'artiste audacieux et habile, cette conception nouvelle qui poussait un cri féroce contre l'humanité, avait interloqué ces esprits simplistes, ces hommes de la foule ; et d'un revers de main ils avaient fait voler en éclats cette fauve image, ni familiale ni séduisante. La peur les avait pris, une peur d'enfants, devant cette bête à grimace humaine, conçue dans toute la bestialité de sa destinée dans le plein exercice de ses instincts d'anthropophage. Ils avaient tapé sur ce revenant de l'abîme où s'étaient englouties les fureurs des premiers jours, à coups redoublés, comme l'enfant bat l'objet qui l'effare ; il le bat jusqu'à le casser ; car il ne se sent en paix que devant les morceaux brisés du vilain bonhomme qui le fit tant pleurer.

M. Frémiet est un homme qu'on ne décourage pas. Il obéit à une probité d'artiste rare. Il ne craint pas de se recommencer. De même que plus tard nous le verrons refaire, tout entière, cheval et figure, sa statue de Jeanne-d'Arc de la rue de Rivoli, de même il ne renonce pas à son *Gorille femelle enlevant une femme*. Des mains violentes et apeurées ont détruit ce groupe, en 1859. En 1887 il le représente tout entier, plus accompli. Cette fois en bronze, tel qu'il existe aujourd'hui au Muséum.

En 1859 les hommes de ma génération avaient sept ans, suivaient dans le *Monde illustré* les péripéties de la guerre d'Italie, et achetaient pour un sou de zouaves en images d'Epinal. En 1887, quelques-uns étaient critiques d'art, et suivaient les Expositions avec le désir de comprendre ce qu'on les priait d'expliquer aux lecteurs de leur journal.

La médaille d'honneur consacre l'effort de l'auteur du *Gorille*. Il y a une longue et honorable carrière dont cette médaille d'honneur est la récompense. Mais c'est l'année où M. Frémiet a repris son grand singe anthropomorphe. L'effet produit fut considérable. C'est du Michel-Ange dantesque. L'animalier est plus qu'un belluaire. Ce groupe est un colosse, et révélateur d'une puissance qui tient du prodige. Chemin faisant, M. Frémiet a semé sa route des types de la plus pure humanité, le *Chevalier Credo*, *Jeanne-d'Arc*. Il a donné de très jolies figures historiques, comme le Louis d'Orléans de Pierrefonds.

Il a prouvé qu'il n'est pas seulement l'animalier qu'on admire et dont on couronne aujourd'hui l'œuvre stupéfiante, de la plus haute récompense. Il sait que l'homme et la bête sont deux. Et en face de son *Gorille* qui vient de tuer une pauvre femme, et l'emporte sous son bras démesurément long, ce bras de fauve en qui l'avant-main est disproportionnée par l'usage, on voit bien ce qui les sépare.

Ce qui les sépare est la cause du duel où l'être humain eut le dessous. La femme est belle, faible et désarmée. Le fauve est effroyablement laid, haineux, vorace et fort. Tout ceci est une arme. Et ce pavé lancé par la catapulte de sa main gauche est déjà pareil au premier boulet de canon. Quelque chose de profond, l'abîme de la conscience sépare cette femme de cette guenon. Cette femme morte n'a pas seulement un corps comme la guenon victorieuse. En elle vécut aussi quelque chose qu'on ne voit pas luire dans les yeux de la bête, quelque chose qu'on devine dans cette douleur du visage féminin.

Le sourire d'énigme qui passe constamment sous la moustache de M. Frémiet nous dit bien qu'il a voulu nous montrer dans cette anatomie d'être humain, un épuisement moral, une lassitude de tout l'être, un abandon final, une défaillance dernière d'un esprit qui a compris que c'était fini, bien fini, que la force physique aurait le dessus. Cette guenon-là se perfectionnera-t-elle ? Son crime d'aujourd'hui, elle le commettra demain et toujours.

Par où se reprendrait-elle ? Son visage est le signe d'un appétit qui renaîtra demain, un signe terrifiant de la bestialité. En étouffant cette femme, elle obéit à des instincts féroces, qui persistent dans l'homme. Car, la victoire vraie, la victoire supérieure, celle de la suprématie du destin sur les obscurs efforts de la bestialité reste à cette figure de femme morte. Sa mort ne prouve qu'une chose, qu'elle fut la plus faible physiquement. Il lui reste l'auréole intérieure de la mort dont elle a dû mourir, et qui est très supérieure à la façon dont le singe la plongea dans la mort.

Entre cet anthropomorphe victorieux et cet être humain vaincu, on voit vivre toutes les émotions intimes, toutes les angoisses intellectuelles, tous les sentiments moraux, toutes les pensées familiales et maternelles, tous les regrets, tous les rêves de la vie, tous les souvenirs et toutes les espérances. C'est tout cela, que nous avons perfectionné, c'est tout ce monde moral que la victime pose de ses deux mains crispées sur la poitrine du monstre, pour lui dire qu'elle est l'avenir et lui le passé, qu'elle est la lumière et lui la nuit du chaos. Le troglodyte aura beau serrer plus fort encore sur sa carcasse velue la chair lisse de sa victime. Il y aura toujours pour séparer ces deux êtres, que la lutte a rapprochés, la conscience humaine perfectible.

Cette femme vaincue par la matière brutale conserve par devers elle comme un privilège sans partage, sa supériorité d'individu moral, d'individu capable à un moment donné de céder à de beaux sentiments. Tous les singes restent des singes, si tous les hommes ne sont pas des êtres d'élite, et si quelques-uns, le plus grand nombre peut-être, demeurent à l'état voisin de la bestialité, inaptes à se surélever par le sens des obligations supérieures. L'éclat phy-

Cliché Fiorillo.

Gorille enlevant une négresse (muséum)

sique de cet être humain anéanti, s'accroît de l'offense qu'a pu ressentir cet être doué de sentiments féminins, ou capable d'en engendrer. Rien qu'à voir les traces de la douleur sur ces chairs éclatantes, on sent une individualité capable de mourir de peur, de honte et d'angoisse. La beauté absolue de ce corps humain fait d'élégance solide et de finesse souple, est bien le vase d'élection d'une destinée plus haute que celle de son meurtrier quadrumane, d'une destinée soumise aux appels de la conscience, capable de devoir, ouverte au génie, accessible à l'idéal espérance.

En 1895, M. Frémiet termine un haut-relief où le grand singe est encore aux prises avec la pauvre humanité. C'est intitulé : *Orang-Outang et Sauvage de Bornéo.* Le même réalisme puissant anime ce groupe. Le statuaire poursuit son idée de montrer la victoire d'une musculature énorme sur la relativement grêle anatomie de l'homme. « Regardez l'avant-main, dit-il, de ce singe qui étrangle l'homme, comparé aux membres inférieurs plus courts. Tout le développement est en avant. Leurs bras arrivent à la cheville, parce que les jambes qui servent peu sont courtes. » Et l'on est en vérité épouvanté par cette force qui rayonne autour des épaules.

Le singe, agenouillé sur sa victime à terre, l'étrangle de ses doigts monstrueux. Là encore, le drame visible s'augmente du drame intérieur. La mine du monstre est celle d'une bête féroce. Et l'homme vaincu est vraiment dans un état pitoyable. Il est tombé les bras en croix comme les grandes victimes, celles qui ont touché le sol des deux épaules, et sont crucifiées par la mort violente, les yeux fermés, le visage soudain calme, exprimant le définitif sommeil, au moment où tous ceux qui sont rassemblés autour du lit d'un mort répètent cette phrase qui est une redite du cœur : « comme il est beau ». Cette beauté musculaire de cet homme mort est très réelle. Et le ricanement du monstre qui la détruit est peut-être là pour nous dire sa joie de détruire une destinée supérieure à la sienne.

L'HOMME DE L'AGE DE PIERRE

Entre le singe et l'homme de l'histoire, M. Frémiet, une fois en voie d'investigation, nous a découvert la figure reconstituée de l'homme préhistorique. Ses quadrumanes féroces sont des êtres toujours vivants. Il les a sous les yeux quand il y travaille. Mais voici venir sous cet ébauchoir ferme et adroit la figure inconnue, recomposée de l'*Homme de l'âge de pierre*. M. Frémiet l'exposa au Salon de 1872, en même temps qu'une colossale figure de la *Guerre*. Son homme d'avant l'histoire reçut un assez mauvais accueil. On se demande pourquoi. C'est un morceau de sculpture d'une grande force. Ce qui décontenança l'opinion fut sans doute l'expression, la grimace des instincts, l'air d'avant la civilisation. Mais le morceau est beau, fort beau, aussi hardi dans son genre que ce qui fut tenté de plus hardi dans cet ordre réaliste.

Ce plâtre de 1872 est en ce moment dans l'atelier du Maître, à l'Institut. C'est lui qu'on voit tout de suite en entrant. C'est un monument symphonique. Et le Maître vous dit : « C'est ce que j'ai fait de meilleur, de mieux en tant qu'élève de mon Maître. » Et il ajoute : « Vous savez que le bronze en fut exposé en 1875. Acheté par l'Etat, il est aujourd hui au Muséum, un peu en exil. Je voudrais le voir ailleurs, revenu plus au cœur de Paris. »

Le 13 juillet 1875, M. Emile Bergerat, qui faisait le Salon au *Journal officiel* écrivait : « Cet homme encore voisin de son origine, est d'une beauté étrange, presque simiesque, et l'attitude dansante que lui a prêtée l'auteur, accentue le caractère sauvage de ses formes. Il ne nous appartient pas de décider ici de la portée physiologique de cette étude qui doit ravir d'aise les darwinistes; mais nous pouvons du moins établir que le travail de sculpture en est fort remarquable, et que M. Frémiet ne s'est jamais montré meilleur animalier que dans la représentation de cet animal humain qui date de notre peu flatteuse bifurcation. » Pour prouver qu'il n'a rien imaginé, l'artiste a pris soin de noter sur le socle, que les armes et le crâne ont été copiés sur des fragments retrouvés dans les couches géologiques de notre globe terrestre.

L'homme fossile de M. Frémiet, qui danse là devant nous, donne l'impression d'un être grossier, obtus, presque muet, ne possédant pour tout verbe qu'un sourd grognement au fond de la gorge. Sa lèvre, qui ricane, n'est pas encore dessinée pour le rire. C'est un appétit, un élan de bestialité épaisse, qui brille là dans le coin de sa bouche ouverte pour accompagner d'un cri sans mélodie, sa gigue imbécile. Sa voix n'est pas apte encore aux arabesques du chant. Et aucune pensée humaine ne se manifeste dans la masse lourde de ces muscles qui se trémoussent. Tout son être est physique; aucune vie intérieure ne luit au fond de ce regard, vague comme ceux qui errent sur les murailles des maisons de santé. Son haleine est comme une oppression, une dyspnée où s'étouffent la faim, la soif, et toutes les forces animales de l'être avant l'aube de la civilisation. Cet amas de chairs, d'une rénitence opaque et mate, danse avec vigueur et comme au bastringue, une danse lourde, pesante, la plus basse de toutes les danses, celle qui se réduit chez les êtres primitifs à une grossière imitation des mouvements et des allures du gibier habituel, la danse de la chasse.

Ce danseur de M. Frémiet est le chasseur à l'état de nature. Son excuse est qu'il est ainsi par nécessité. La chasse n'est pas son passe-temps; pour lui c'est un besoin, le besoin de vivre, le plus implacable de tous. Ce Persée de l'âge de pierre, qui fera son repas tout à l'heure du cadavre de Méduse, dont il tient la tête d'un geste de bourreau, exécute devant nous la gigue de l'estomac. Sa joie est parfaite. Il avait faim. Voici de quoi apaiser son appétit d'individu qui ne possède encore que des appétits. C'est un butor, dont la vie aboutit à la satisfaction de sa voracité. Plus tard, il aura des prétentions à l'élégance. Le besoin où il est réduit en ce moment de tuer pour vivre deviendra un jour, sous le nom de sport, un divertissement distingué.

Ce gentleman de l'âge de pierre est encore sans vêtements, aussi déshabillé dans sa personne physique que dévêtu dans sa personne morale. Son corps vide d'âme est un désert dans une forêt vierge. C'est le corps de l'homme des bois, locataire maudit des broussailles et des fourrés. Sa victoire est celle d'un fauve à face humaine sur un fauve plantigrade. Ce chef sanglant d'ours vaincu est le butin de cette victoire. Mieux que cela, c'est une dépouille opime.

L'affaire s'est passée entre des adversaires de haut rang. Il y a fête dans le ventre de ce vainqueur qui va enfin manger à sa faim. L'énigme de son rire bestial s'arrête à l'endroit précis où commence la crampe d'estomac. Plus tard, lorsque ce chasseur brutal sera entouré de chiens, de valets, de chevaux et de flatteurs, on le trouvera barbare de tremper ainsi ses mains dans le sang des bêtes sans autre besoin que celui de se divertir. Aujourd'hui pauvre chasseur sauvage, on le plaint de ne point connaître de vie meilleure que celle du chasseur affamé qui tue pour manger, et n'a pas d'autre distraction.

Lui aussi est une lugubre épave du Chaos. M. Frémiet l'a trouvé dans le monde inculte d'avant l'histoire, non loin du quadrumane son contemporain éternel, comme ces Kamtschadales dont la danse est à l'image des ébattements de l'ours ; sa gaieté est informe, sans rythme et sans mélopée, comme la voix des Bogotudos de l'Amérique du Sud, ces vivants de nos jours qui semblent dater d'avant l'humanité, d'avant l'Esprit, d'avant la Conscience, pauvres êtres dont l'effigie humaine, est comme la survie du Néant où dorment les durs châtiments de l'au-delà que nous sommes.

Déjà on aperçoit l'historien sous l'animalier. Un psychologue double ce virtuose de la glaise et de l'airain. Comme descripteur du cheval, M. Frémiet va prendre une place considérable et glorieuse dans l'art du XIXe siècle et de tous les siècles. On n'avait pas vu encore de chevaux aussi beaux et aussi vrais dans le domaine de la statuaire avant les siens. Si le cheval n'est pas son animal préféré, il est en tout cas celui dont il connaît le mieux la vie particulière, à la fois décorative, intime et sociale, de collaborateur des épopées humaines.

Ses chevaux, il aime à nous les montrer dans le cadre de la vie sociale. Personne ne connaît mieux que lui le cheval réuni à l'homme par les concessions du servage ou l'assouplissement de l'éducation. Là où les peintres peuvent s'en tirer par des à peu près, le statuaire n'a pas le loisir de tricher. La peinture se contente d'une image. La statuaire construit une bête entière, sous toutes ses faces, dans ses proportions. Il faut que cette bête soit dans son relief quelque chose comme la bête vivante.

La science de l'homme de cheval double en cet artiste éminent le grand artiste. Nous le verrons statuaire-équestre mettre en selle des cavaliers qui sont des écuyers, dont les chevaux sont des montures. On devinera les belles actions sous les muscles bien attachés à un poitrail profond où l'air circule comme au fond d'un soufflet de forge. Ces muscles sont d'une chair somptueuse et forte. Les membres sont larges, secs, élastiques et bien vidés.

Le cheval a préoccupé d'ailleurs M. Frémiet dans tous ses

Cliché Barbedienne.

CHAR DE MINERVE

rôles et dans toutes les phases de sa vie d'aventures. Il le connaît aussi bien attelé à une charrette, que caparaçonné pour le tournoi. Il l'a étudié sous le *Cavalier gaulois*, comme entre les jambes du *Romain* conquérant. S'il l'aime dans sa splendeur, il le plaint dans ses mauvais jours. Ame compatissante, esprit curieux, épris du pittoresque jusqu'à savoir le retrouver sous les décombres de la misère et de la maladie, M. Frémiet a voulu suivre le cheval jusque chez l'équarisseur, dont la voiture, comme honteuse de son métier cruel, cache sous un linceul de paille le pauvre animal mort.

A l'époque où M. Frémiet raconta les derniers jours du condamné de Montfaucon, en 1850, Montfaucon était encore le cimetière des chevaux de Paris, morts ou frappés pendant le quadrille fou des rues. Hier encore, on le voyait, ce pauvre cheval, descendre les Champs-Elysées, piaffant, orgueilleux jeune premier, la gloire d'un mylord de chez le bon faiseur qu'il traînait comme le vent emporte la plume. Ses pieds battaient de haut les sonorités du pavé. On s'arrêtait pour voir passer cette fougue où se devinait la race. Aujourd'hui, le voilà longeant ces rues dont il était l'ornement, l'oreille basse, les pieds boiteux, arrachant avec peine ses sabots du sol. Il n'est en route ni pour Longchamps, ni pour la gloire. Il est usé, fini, claqué, avili par la réalité des services rendus. Il reste admirable, grand, quand même par son silence dans l'horreur de la fin qu'il sent au travers de chaque bouffée d'air respirée. Et il nous attendrit par sa sublime résignation à tenir son emploi de martyr.

Le voilà qui gravit, d'un pas lourd, l'horrible côte de là-bas, derrière la Villette, la côte où les rats s'engraissent de la viande des morts et des mourants, depuis tant de siècles que Paris crache au bord de ses murs, ses ordures et ses hontes finales. Le *Cheval à Montfaucon* est la complainte de M. Frémiet sur la mort du cheval à Paris.

Fussent-ils étroitement liés à des destinées héroïques comme celui de *Jeanne d'Arc*, du *Chevalier errant*, du *Grand Condé*, de *Duguesclin*, d'*Etienne-le-Grand, à Iassy*, ou de *Napoléon à Grenoble*, aujourd'hui démonté, les chevaux de M. Frémiet sont des chevaux pour de vrai, des chevaux vivants, dressés, capables d'être montés, qui furent montés, et allèrent aux combats avec ceux qu'ils portent sur leur dos.

Le cheval du *Colleone*, à Venise, est un animal de convention. C'est le vieux type de cheval romain, devenu le type pompier de l'argot des ateliers. Verocchio ne l'a ni vu ni improvisé. Il l'a reproduit d'après les types convenus de la statuaire romaine. Les petits chevaux du Parthénon, ramassés et grassouillets, sont des chevaux vus. Celui du *Colleone* est un document d'école. Le monument est joli pour une foule de raisons qui ne sont pas équestres. Le socle est délicieux, la place qui l'encadre est charmante, mais le cavalier ne tient pas en selle. Et au moindre coup de reins, il serait à terre tout en restant admirable.

— Où prenez-vous vos chevaux ? disions-nous à M. Frémiet.

— A la Compagnie des Omnibus, le plus souvent. Il y en a, ou il y en avait 14.000. On me donnait à choisir. J'emmenais la bête à mon atelier de Bougival — j'ai là un petit atelier dans une maisonnette — et il m'arrivait de le garder un mois. Je le nourrissais. Et il couchait dans l'atelier. On lui faisait une litière le soir et le lendemain matin on le promenait. Naturellement il manquait son omnibus. Et cela nous occasionnait des aventures de toute espèce. J'en eus un, je me souviens, qui ne s'accommodait pas de ce régime de la stabulation à l'écurie de l'atelier. Il faisait des bonds de cerf poursuivi. On avait beau le promener, il grimpait après les murs pendant la pose, ajoutez à cela que l'homme à qui je le confiais en ayant pris peur, ce fut Mme Frémiet qui, par la douceur et la persuasion parvint à en avoir raison. Elle se campait devant lui, la tête fortement appuyée sous la ganache. Alors mon gaillard ne bougeait plus. Les femmes, vous savez, sont plus persuasives que nous quand elles s'y mettent. Et puis enfin Mme Frémiet n'en avait pas peur. Les chevaux sentent cela. Ma femme lui prenait la patte de devant et la tenait dans le mouvement. Et moi je me hâtais de travailler. Quand c'était le tour des pattes de derrière, nous faisions venir un maréchal-ferrant et Mme Frémiet restait toujours devant, tenant l'animal en respect. »

C'est de cette collaboration intime et simple que sont sortis les grands chevaux de Frémiet, dont la démarche cadencée, le pas relevé, indique si clairement la pensée de l'artiste. Il en a fait des chevaux d'armes, de véritables montures de guerre d'autrefois, soumis en raison d'une docilité réfléchie, moins vaincus par la supériorité de l'homme qu'associés en quelque sorte de plein gré à cette supériorité qui les rehausse et les embellit. Leur allure, dont le mouvement est fort et très ordonné, est celle de tous les grands chevaux français des armées d'autrefois, dont les défilés sont si glorieux dans les fastes de notre histoire. Les circonstances, la camaraderie, les habitudes, la vie en commun, l'éducation ont marqué ces nobles bêtes d'une empreinte qui ressemble à la marque de l'intelligence. Pour un rien on les croirait instruites de leur mission sociale, qui a donné son surnom de chevaleresque à la loyauté et à la bravoure.

Ces chevaux de M. Frémiet sont des destriers, et grands trottiers; ils représentent le cheval vrai, beau, utile, soumis dans sa fierté, dompté dans son orgueil, vigoureux et adroit comme nous l'aimons, et comme il importe qu'il soit pour être aimable et mériter sa place au soleil. C'est du cheval tel que l'a conçu M. Frémiet qu'un vieil auteur grand ami des chevaux, « Jacques de Solleysel, escuyer, sieur du Clapier et de la Berardière, escuyer du roy dans sa grande escurie », a écrit ceci en préface au tome second de son *Parfait Mareschal : Entre tous les Animaux, il n'en est point qui apporte tant d'utilitez et de plaisir à l'Homme que le cheval : Il est superbe dans les pompes, adroit et fier dans les combats les plus périlleux, et robuste dans le travail ; le cheval est nécessaire dans les grandes entreprises de Guerre : l'on n'a rien de plus utile dans le trafic, et dans l'agriculture, et rien de plus agréable dans les divertissements.* M. de Solleysel était un brave homme. Il connaissait les chevaux aussi bien que Xénophon, était « escuyer du Roy en sa grande Escurie », et savait distinguer les mazettes qui n'aiment pas le grand chemin, des bons chevaux, qu'il appelait « les Gentils-Hommes des chevaux ».

Les chevaux de Barye restent des montures de héros qui ne sont pas dans le type réel de leur espèce, montures de demi-dieux, chevaux de fantaisie, quadrupèdes équipés de naissance pour traîner des quadriges conventionnels ou figurer dans des carrousels fantastiques. Musclés comme des bêtes inventées, sous leurs crinières radieuses, envolées comme l'auréole de Phébus, de tels chevaux révèlent chez l'artiste qui les a construits des rêves surnaturels plus que la science du cheval. On ne voit pas le cavalier qui les montera ni le frein qui les guidera. Ces chevaux de Barye sont des coursiers de légende, des créatures mythologiques, des êtres de féerie, pris entre le symbole et l'apparition, Pégases sans ailes, hippogriffes aux pieds trop petits.

On pense à eux devant le *Char de Minerve* que M. Frémiet exposait en 1900, et que la manufacture de Sèvres lui avait commandé. On sent que ces chevaux-là viennent d'ailleurs que de la féerie, mais annoncent une plus haute origine que les omnibus. Cependant ils sont soumis, magnifiquement bien « mis », d'un dressage supérieur. Et M. Frémiet raconte ainsi l'histoire de ces chevaux d'une espèce vraiment radieuse :

— Ces chevaux-là, dit-il, ont été faits avec un pur sang arabe donné à l'Empereur par Abdel-Kader. Voici comment. Trois ans avant la chute de l'Empire, j'avais reçu la commande d'un Napoléon équestre pour Grenoble. Le cheval qui devait me servir de modèle était en résidence au haras de Tarbes. Je partis là-bas avec ma femme et ma fille. Ce cheval était d'une grande beauté. Toujours fidèle à mon principe je pris des mesures, des mesures, ces mesures qui sont tout. Quand en 1899 j'eus à exécuter mes deux chars de *Minerve* et de *Diane* pour Sèvres, comme j'avais gardé toutes mes notes de Tarbes, prises sur mon pur sang syrien d'Abdel-Kader, je pensai que pour traîner la sage Minerve, ce n'était pas trop d'atteler à son char cet étalon descendu de la jument de Mahomet. »

Ces détails explicatifs de son esthétique donnés par le maître lui-même, sont pour préciser une fois de plus sa pensée. Ses chevaux sont des chevaux d'armes, des types relevés par lui dans le monde de l'histoire ou dans le cadre de la vie le plus proche des récits qu'il voulait illustrer de son grand talent. Ses chevaux, même pris aux omnibus où la vie moderne les a conduits n'en restent pas moins de la famille ethnique et historique des chevaux élevés pour la guerre, nourris, exercés en vue des dangers de la bataille.

Ils sont par hérédité familiarisés avec le haut talus qui cache l'ennemi et qui, une fois franchi, ouvre le chemin de la victoire. Leurs oreilles sont au fait des fanfares sonores dont elles distinguent les appels. Ils sont bien la noble conquête dont parle Buffon, « ce fier et courageux animal » qui partage avec l'homme « les fatigues de la guerre et la gloire des combats. » Le cheval de M. Frémiet, qu'il conduise M. le connétable de Clisson « où il luy plest », qu'il galope dans les plaines de Rethel avec M. de Condé, est aussi intrépide que son cavalier. « Il voit le péril et l'affronte ; il se fait au bruit des armes, il l'aime, il le cherche et s'anime de la même ardeur. »

Si peu fixés que nous soyons d'ailleurs sur l'origine de cet animal dont les muscles sont pétris pour la gloire, il est certain qu'il porte la guerre en lui, que son sang charrie des hérédités héroïques. Son hennissement est un écho lointain des premières trompettes qui sonnèrent la charge dans les temps perdus qui l'engendrèrent, avant la naissance du cheval Sémélé qui erre depuis le matin du monde. C'est sans doute en souvenir de ce mystère originel que les anciens Suèves de Germanie demandaient au cheval les présages de la guerre. Des chevaux étaient nourris à frais commun dans les bois sacrés. Seuls, le grand prêtre et le chef de la nation avaient le droit d'y toucher. Ils attachaient ces chevaux aux chariots sacrés, et tiraient des augures de leurs hennissements et de leurs frémissements.

On retrouve beaucoup de ces pratiques superstitieuses dans ce qu'on nous a appris du cheval de César, ce cheval « dont les pieds étaient presque de forme humaine ». Les aruspices avaient promis l'empire du monde à son maître. Ce cheval était né dans la maison de César, qui le premier le dompta et plus tard lui fit élever une statue devant le temple de *Venus Genitrix*. Quand César passa le Rubicon, il imita ces anciennes peuplades qui se rendaient les divinités favorables, en leur dévouant des chevaux. Tantôt ces chevaux étaient précipités dans des fleuves, tantôt ils étaient simplement abandonnés en liberté dans des prairies. Avant de franchir le ruisseau qui allait renflouer sa fortune, il lui voua un grand nombre de chevaux, qu'il abandonna dans les pâturages des environs.

CHEVAUX ROMAINS

Cliché Fiorillo.

Il y a certainement quelque chose de nous dans le cheval, car on trouve en lui une des fonctions qui nous sont propres, la fonction du soldat. Le cheval qui regarde en face, hennit devant le danger plus fort que dans la joie, qui souffre comme un héros sans se plaindre jamais, est une figure d'armes. On a dit de lui qu'il est un animal noble. Il est noble d'extraction. Et sa noblesse est d'épée.

Privé de l'homme, le cheval est errant, c'est un être perdu, sans terme à ses chevauchées folles. L'homme doublé du cheval est plus grand. Le cheval est pour l'homme l'instrument indispensable d'une fonction inévitable. L'homme à cheval compte pour quatre. Il double l'intelligence de l'animal qui double la force physique du cavalier. Il m'a toujours paru que le sentiment que l'homme prend de soi, lorsqu'il est en selle, provenait de ce que le cheval le place dans les deux attitudes essentielles de la vie. Il le montre tout ensemble *assis* et *debout*.

Le cavalier qui est assis sur la selle se sent debout, par-dessus la tête des gens de pied.

Le moyen âge, qui n'avait pas les murailles pour parler à la foule, montait son crieur public sur un cheval. Le cheval de ce hérault protagoniste des décisions de l'Etat était comme un tréteau en marche. L'homme qui parle du haut d'un cheval parle comme d'un balcon. Son discours grandit de toute l'allure cavalière de sa figure. Il savait bien ce que l'homme gagne à marcher sur cette estrade, le sire Eudes de Bayeux, évêque, frère maternel de Guillaume de Normandie. Le jour de la bataille d'Hastings, armé de son haubert sous son rochet, il célébra la messe. Mais lui qui était habitué aux trônes des cathédrales, après son oraison, il se trouva trop bas, sur le terrain du champ de bataille, pour bénir l'armée qui allait prendre l'Angleterre. Il fit avancer son cheval, un cheval d'armes, caparaçonné, tel qu'on les voit sur la tapisserie de Bayeux. Quand il se sentit bien en selle, il donna ordre aux troupes de se ranger ; et, statue équestre vivante, il étendit ses mains où brillait son anneau d'améthyste ; puis, marquant d'une croix l'horizon que le sang de la conquête allait rougir, il fit descendre sa bénédiction sur les soldats agenouillés.

Le cheval est assurément le plus merveilleux socle que l'homme ait trouvé dans la création. Le cheval est le lieutenant de la gloire épique ; il est lui-même un morceau de l'épopée. L'homme ne l'avilit pas par son ignorance ou par sa misère, cet animal qui est un des êtres les plus accomplis de la création, et dont les sens sont le plus près d'être des sentiments. Buffon, qui en a écrit à peu près tout le bien qu'il mérite, croit que « le cheval semble vouloir se mettre au-dessus de son état de quadrupède en élevant sa tête ».

Il est certain que quelque secret dessein le guide et le protège, pour ne pas laisser entamer son grand cœur par la compagnie des maquignons et des job-masters alcooliques qui s'arrogent des droits sur lui. Il est vrai que ces ivrognes ne parlent pas le même langage que la noble bête qu'ils offensent à tout instant. Car on ne fera pas croire à quiconque connaît le cheval et aime la splendeur de ses lignes, qu'il ne souffre pas des brutalités par lesquelles certains hommes de chevaux croient lui affirmer leur supériorité. Les différends qui s'élèvent alors dans le huis clos de l'écurie se règlent par de mutuels coups de pieds, et le cheval, pour mieux marquer son mépris, lance son coup en tournant le dos, quand il ne piétine pas du devant l'imbécile qui le maltraite.

Le cheval est une créature délicate et sensible. Sa délicatesse est sur le chemin de l'honneur, et sa sensibilité est presque de la dignité. Il est si vaillant, si peu économe de ses forces qu'on voit Bayard, dans le roman des *Quatre fils Aymon*, qui avait la taille d'un cheval ordinaire lorsqu'il ne portait qu'un seul des frères, s'allonger soudain lorsqu'il avait à les porter tous quatre. *Lou Drapé*, cheval fabuleux qui joue les croque-mitaines parmi les enfants d'Aigues-Mortes, symbolise aussi le courage du cheval devant le travail. *Lou Drapé* ne regarde pas à l'ouvrage. Il fait son devoir. Quand les enfants ne sont pas sages ou qu'ils sont égarés, il les ramasse tous sur la route. Et sa croupe s'allonge jusqu'à en contenir cinquante, cent, qu'il emporte on ne sait où. Dans les romans du moyen âge, le cheval apparaît toujours comme le compagnon fidèle de l'homme ; son effigie est arrêtée entre le récit de la fable morale et les traits plus importants de l'allégorie ou de la légende. *Marchegai* est le héros principal du roman d'Aïol.

C'est ce cheval, au nom joyeux, qui incarne la Chevalerie, l'esprit chevaleresque. Ce n'est point une monture de féerie. C'est un être de discernement, qui représente, dans ce livre, l'honneur des autres, la dignité de soi-même et l'esprit de justice. Il éloigne à coups de pieds bien dirigés et avec des ruades très motivées, les pleutres et les coquins qui parlent mal de son maître. Des insolents avaient proposé au chevalier son maître de mettre son écu et sa lance en gage chez le tavernier. Marchegai, qui symbolise ici la probité sans équivoque et la dignité tout d'une pièce, a vite fait justice de ces paltoquets qu'il châtie comme il convient de châtier des drôles, par des coups de pieds quelque part.

Marchegai n'est pas encore un cheval de Gulliver, mais il représente, dans son vieux livre, la plus délicate des fonctions humaines, celle de protéger l'honneur contre les calomnies. Notre civilisation a créé le cheval de courses et le cheval de fiacre. Les romans de chevalerie d'antan tenaient le cheval plus en rapport avec les vertus sociales. Le cheval est devenu plus utilitaire. Il était alors plus un héros. Un poème comme ce roman d'Aïol avait créé, en Marchegai, une manière de Centaure chrétien. Ce cheval, en somme, symbolise la Chevalerie avec ses attributs moraux de la conscience et du dévouement. Marchegai, comme Lohengrin, agissait au nom de l'esprit de justice, et il venait, lui aussi, pour défendre l'innocence « que l'on attaque injustement ».

De nos jours on a bien un peu perdu ce sens des relations des créatures entre elles. Il faut étudier de très près l'œuvre de certains grands artistes comme Géricault, Barye, Frémiet, pour sentir toute la poétique et le mystère qui sont au fond de la vie, pour pénétrer jusqu'à l'Art à travers l'écorce de la réalité. La réalité est une exactitude. L'Art est une forme de la vérité. La réalité est ce qui se voit. La vérité est ce qui est.

Il est exact de dire que le cheval est une machine dans les mains de ceux qui s'en servent. Il est en outre très aisé de déclarer qu'en tant qu'instrument le cheval est inintelligent. C'est tôt dit et dispense de penser plus loin. En revanche il est beaucoup plus juste, et beaucoup plus vrai, de reconnaître au cheval une intelligence réelle, quoique d'une essence très particulière. Pour la démêler, il faut aimer le cheval, être à même de l'étudier, être surtout en mesure de le comprendre.

Le cheval n'est pas un être de demain. C'est un être d'hier. Il a été fait par le passé. Le présent le défait. Son intelligence est un mélange de retours sur soi, de reprises, d'accumulations, où il y a plus de passé que d'avenir, où le présent est de prime-saut ou de peurs subites en raison d'une sensibilité extrême. L'intelligence du cheval est ce qu'on pourrait appeler de l'intelligence en arrière. Elle ne compose pas ; elle analyse dans le souvenir. Le cheval n'espère plus, il se souvient. Sa capacité cérébrale est un champ de manœuvres pour sa mémoire, qui est la survie d'un lointain perdu.

Le cheval est peureux parce qu'il se souvient trop. Il voit, il ne prévoit plus. Il ne sait pas où il va, il ne sait plus d'où il vient. Il est venu avec nous, pour aller quelque part. Il court parce qu'il est perdu dans l'univers, chassé devant soi par des facultés qui l'actionnent comme une poussée. Il est un être de passage, un être de profil, plus long que large, que son arrière-main, comme son passé, chasse en avant, dans l'abîme ou dans la gloire.

L'ouverture de l'impossible
Luit sous ses pieds de devant.

Il est le mouvement en chair et en os. Sa silhouette est découpée dans un courant d'air. Sa voix est le refrain d'une Chanson de Geste. Il est fait de souvenirs et d'hérédités, qui s'entretiennent en se reproduisant, mais ne se renouvellent plus. Il engendre sans s'améliorer. Sa perfection est loin derrière lui. Les siècles arrivent sans la lui rapporter. Les siècles marchent et se succèdent. Lui, court sans avancer. On dirait qu'il recule. S'il avançait, où irait-il ? Il suit sa piste qui est sa fatalité. Sa destinée est envolée ; il lui reste son sort qu'il subit. Ce sort l'écrase, puisque la beauté de son type s'enfuit introuvable dans le passé, s'efface ignorée dans le présent.

Quelques rares spécimens de Syrie, conservés avec un soin jaloux par le fanatisme musulman, prolongent parmi nous un dernier reflet de sa splendeur première. Le cheval est un fantôme en relief, un lieu de métempsychose pour des âmes surmenées. Le cheval se nourrit, c'est à peine s'il mange. Sa poitrine, qui passe la première emportée par sa croupe, n'obèit pas néanmoins à son ventre. Le ventre du cheval s'appelle son flanc. Ce flanc est presque fait de sa respiration. C'est là qu'on voit battre son haleine.

Le cheval n'est pas de la famille des voraces. Il mange pour vivre. Une de ses élégances, c'est d'être un végétarien, un végétarien qui ne rumine pas ; de là sa supériorité certaine et éternelle sur les ruminants, comme le bœuf, individu subalterne, béat dans son ineptie, composé d'estomacs et de ventre, créature de chairs alimentaires, décrété d'ailleurs bête de sacrifice, en raison de la beauté de ses tissus dédiés aux joies de l'abdomen, aux besoins inséparables de la réalité.

Cependant que le chien est un carnivore insatiable, aiguisé par les charognes du fossé, le cheval ne tolère que des aliments légers, distingués, parfumés, des aromates sous la forme du foin, du blé dont il aime la paille dorée, de l'avoine qui est une magie, quelque chose comme le pain de ses nerfs, le froment de ses facultés sensitives. L'alimentation du cheval est fine et ascétique. Il ne se nourrit que de substances délicates. On ne saura jamais ce que devient en lui l'avoine qui est l'essence de sa mystérieuse puissance. Que se passe-t-il en lui quand il l'entend préparer à midi ? Il la sent à distance, il la devine, il l'écoute comme si elle frémissait dans son coffre. On dirait que le bois qui l'enferme se met à chanter à l'heure du picotin. Est-ce par gourmandise qu'il hennit quand on la lui verse dans sa mangeoire ? On devine qu'il y a moins d'appétit, moins de besoin de manger, dans cette impatience, que de besoin nerveux à satisfaire. Ce hennissement de l'heure de l'avoine, ce n'est pas de la faim, c'est du désir, de la volupté.

Car c'est à peine si ces épillets constituent une nourriture. Ils sont un aliment, mais une manière d'aliment nerveux, comme un haschich qui ne serait pas un poison, un opium d'où surgirait un rêve sans l'accablement du sommeil empoisonné. L'avoine est l'éther solide qui ouvre l'immensité de l'action devant les yeux ardents du cheval ; elle est le cordial qui brasse la force et l'haleine dans ses muscles d'acier. Elle lui cloue comme des ailes aux épaules, lance son front dans l'espace et enfonce dans le geste éolien de sa fatalité cette poitrine haletante qui ne recule jamais, et va de l'Apocalypse à l'Inconnu, en traversant l'Histoire.

C'est là que M. Frémiet le rencontre. Et le voilà, comme son étonnant *Cavalier romain*, solidement assis sur le dos de sa conquête vivante, abordant l'obstacle de l'Histoire, à la façon d'un Tacite et d'un Xénophon de l'airain, ses beaux chevaux à la main.

E. Fremiet Imp. Eudes

VELASQUEZ (Jardin de l'Infante)

LIVRE TROISIÈME

—

STATUES ÉQUESTRES

L'HISTOIRE ET LA VIE

M. Frémiet transporte ses facultés d'investigation, du domaine des sciences naturelles dans celui des sciences historiques. Tout le pittoresque de la nature est à sa portée. Il y touche avec une égale assurance, et traduit en relief son enquête, d'une main également souple et avisée. L'historien que nous voyons en M. Frémiet n'est pas un des moins grands côtés de cet esprit à rayonnement. Ceux qui avaient accoutumé de ne voir en lui qu'un animalier aimable furent étonnés, quand ils le virent s'installer un jour, avec les airs et les droits d'un maître, sur les marches du palais de l'histoire.

Et il s'y montra un peu comme un roi qui paraît au balcon dans des proportions qui ne laissaient aucun doute, sur l'étendue de ses efforts et de son savoir. Il entra dans l'histoire par la porte magique de l'évocation. Il raconta ce qu'on ne savait plus. Son récit, qui reconstituait un passé énorme, prenait du coup l'ampleur de la légende. Légende réelle qui était la vie vraie du moyen âge, sorte de conte bleu, dont M. Frémiet allait pénétrer l'authentique miracle depuis saint Louis jusqu'à Jeanne d'Arc.

M. Frémiet, entré dans la vie comme un curieux des anecdotes zoologiques qui particularisent l'esprit des bêtes, prit rang dans la reconstitution historique, comme un érudit à qui rien n'a échappé. Cette précision qui rendait si amusantes et si vivantes ses figures animales, va lui être d'un secours inouï. Son œil, soudain, s'accommode aux caractères de l'archéologie historique, avec la netteté qui est sa marque naturelle. Son attentive perspicacité a retrouvé les documents sur cet âge oublié de la féodalité chrétienne. Il en exprime le pittoresque par l'exactitude, non pour nous le montrer tel qu'on le suppose, mais tel qu'il fut en réalité. Les armes, les gantelets, les solerets, les cuissards, les flancards, les écus concaves, les bassinets sont autant de pièces de fer, dont il a interprété le jeu et l'aspect jusqu'à nous en donner l'illusion.

L'art avant lui vivait beaucoup d'hypothèses, lorsqu'il avait à reproduire ce passé de la France quelque peu englouti, sous les alluvions de la Renaissance. M. Frémiet fera mieux encore que de reconstituer sous ses doigts d'artiste la forme précise et spéciale des XIVe et XVe siècles de notre vie française. Il soulèvera la visière abaissée des armures, et sous le blindage il nous montrera l'homme d'alors, un homme réfléchi et décidé, au profil bien écrit dans les lignes de la fermeté et du vouloir, le profil de l'homme d'action.

Cet homme à qui l'artiste donnera un nom de figure historique, figure dont nous ne savons plus guère que ce nom, sera néanmoins quelque chose comme un portrait, tant le statuaire aura su graver sur un masque supposé, l'expression de l'époque et le signe visible de cette âme envolée. Un tel portrait ne saurait être regardé comme une reproduction, plus ou moins ressemblante. On devra y chercher pour le comprendre, tout le contenu de l'évocation. Telle la figure du *Louis d'Orléans* de Pierrefonds, dont la mine est d'un cavalier élégant et aimé. Tel le visage de la *Jeanne d'Arc* de la place Rivoli, attentive et reposée dans la certitude du concours céleste, soucieuse du souci des autres, qui ne sont point comme elle, lumineux de la lueur intérieure.

S'il est vrai que le nom de chrétien soit le signe de tout un état d'âme collectif, on doit dire de ces images du moyen âge sorties du ciseau de M. Frémiet, qu'elles sont bien des figures chrétiennes. Leur harnais comme leur regard peignent au naturel un système de vie commune qui n'est point celui des fils de Mahomet. On sent bien à les voir qu'elles sont de ce côté-ci des Croisades. Les soldats de Mahomet avaient d'autres figures, sur des chevaux tout autres. L'art de M. Frémiet ne permet pas qu'on se méprenne sur l'espèce d'hommes qu'il reproduit.

Comment M. Frémiet passa-t-il de la fable à l'histoire, comment ajouta-t-il un admirable bagage d'historien à sa renommée d'animalier accompli ? La genèse de cette évolution, qui est comme un agrandissement de son esprit, est simple.

Très ami de M. Penguilly l'Haridon, conservateur du musée d'artillerie, le voilà un beau jour entreprenant une excursion dans ce monde des armures. Cet artiste réfléchi et très chercheur voit se lever devant ses yeux des inquiétudes nouvelles, et le désir de recherches pleines de promesses. Il a mis les pieds sur un continent nouveau et va l'explorer en savant, en grand artiste. Ses doigts d'habile virtuose vont polir à ravir ces cuirasses d'acier. L'artiste s'est épris soudain de ces siècles blindés, pour leur grand air et la fierté de leur raideur articulée. L'armure l'attire soudain par l'impeccabilité de son tissu sonore. Déjà on l'a vu avec son *Cavalier gaulois* si pimpant et si fier, et son *Cavalier romain*, si rude, du musée de Saint Germain, exprimer en termes clairs, tout le drame de l'épopée gallo-romaine, où la Gaule confiante et noble succomba sous l'astuce des mercenaires de César. Jamais la préoccupation du sens intime de ses personnages ne l'abandonne. Ce maître imagier possède une langue à soi pour exprimer l'âme humaine. Il aura beau varier sa forme à l'infini suivant le style du sujet ou de l'être, sa préoccupation personnelle de faire valoir en relief le moule intérieur de la pensée est toujours là.

A-t-il à décrire, comme on l'a vu dans des figurines en partie détruites, l'esprit de l'armée française du second Empire, il emploie tous ses soins à le traduire, par ce qu'il a de plus caractéristique et de plus exact, l'esprit de corps. L'esprit de corps est quelque chose comme l'esprit de famille. Il grandit toujours un peu en raison de ce qui diminue l'admiration pour le voisin. Il est fait d'émulation et de sentiment de soi, deux formes de l'ambition sans lesquelles il n'y a guère de bonne armée. Le prestige de l'uniforme est pour beaucoup dans la solidité de l'esprit de corps. L'uniforme distingue celui qui en est revêtu. L'homme qu'on distingue est très près de se voir plus haut que son voisin. Le soldat couvert d'habits plus brillants qu'un troupier de corps plus simple, se considère dans la rue ou au combat au-dessus des autres.

Il se passe en lui quelque chose comme cette émotion qui exagère chez le cavalier le sentiment de sa supériorité sur le fantassin. Quand M. Frémiet résolut sous l'Empire de commencer une série de statuettes habillées de drap pareil à celui des uniformes, il ne laissa point échapper ces nuances spontanées qui différencient le *Gendarme* sévère, inflexible et digne, de l'*Artilleur* sérieux et massif. Le *Carabinier* majestueux et long gardait sa place auprès du *Guide* coquet, mondain, finement botté, chargé du service de Sa Majesté l'Impératrice. Venait le *Voltigeur*, leste et gouailleur, meilleur gymnaste encore que le *Chasseur à pied*, alerte et si vivant.

Sous le pelage changeant de l'uniforme, l'artiste aimait à retrouver cette variété d'état d'âme, qui est le fond du pittoresque humain. Nous retrouverons toutes ces précautions d'un esprit attentif, dans les études que M. Frémiet signera sur le moyen âge. Il serrera de près la nature des métaux dont il traduira la trempe et le brillant. Le grain du fer prendra, sous son pouce de maître modeleur, l'aspect qu'il trouve entre l'enclume et le marteau. Mais l'attrait de la plastique, le charme d'exprimer le fer de la cuirasse, et d'en faire chanter sous l'œil, le duvet sonore, ne fera pas dévier un instant cet esprit toujours attentif à trouver l'art sous le relief de la matière. Celle-ci est rendue sous le doigt selon qu'elle est chair, bois ou fer. Mais sous la vision métallique de cet âge d'airain, l'artiste excelle toujours à laisser transparaître la sérénité des âmes chevaleresques de ces âges de foi puissante.

Voyez ce *Chevalier errant, Saint Michel, Jeanne d'Arc, Louis d'Orléans.* Toute une vie spéciale alimente ces figures de métal. Nous entrons avec elles, dans le souvenir de tout ce qu'elles signifient. Ce *Saint Michel* est une image hiératique, dont le bras levé dans un geste qui sera éternellement celui de la victoire par les armes, attend les prières des milliers de pèlerins qui l'invoquaient à genoux, pour le salut de la France guerrière. Lui, comme toutes ces statues cuirassées, signées de Frémiet, porte sur soi l'écho retentissant des coups d'estoc et de taille qui frappaient ces corps blindés d'alors. Ces cuirasses sont mieux que des enveloppes. Elles sont elles-mêmes comme vivantes, animées. Elles sont faites en quelque sorte de la chair de l'homme qui pense au dedans pour elles, et dirige leurs coups. Battez cette enclume, frappez-la, pourvu que ce soit avec une épée ou une masse d'armes, une voix éclatera sous cette visière abaissée, et jettera le cri de ses armes : Diex aïe, Monjoie !

La victoire alors était le marteau batteur d'hommes, les gens de guerre retentissaient, sonores comme des enclumes. Le *Louis d'Orléans* équestre du château de Pierrefonds date de 1869 ; la restauration de Viollet-le-Duc eût été incomplète sans cette évocation du châtelain. La reconstitution de cette figure du frère du roi fou est des plus curieuses et des plus séduisantes. Le statuaire a fait là œuvre de maître-savant et de maître-artiste. Impassible et grave, l'effigie du jeune duc est d'une hauteur d'allure vraiment royale. Ce prince volage est prêt pour le tournoi ; nous le voyons sur le point d'accomplir un des actes essentiels, après la guerre, de la vie chevaleresque. La visière encore haute ouvre le casque, pour nous laisser voir la figure fine et jolie du Prince Charmant.

Beau, jeune, avenant, gracieux, bourreau des cœurs, dépensier jusqu'à la prodigalité, fortemenf ennemi de l'Anglais, père du Beau Dunois et fils lui-même d'une mère qu'on appelait le « Soleil du Royaume », héritier du duché de Milan par sa femme la douce Valentine Visconti, il avait tout pour lui, y compris le grain de crime de sorcellerie, qui ne fut pas le moindre argument en faveur de son assassin, le bourguignon Jean sans Peur.

Assassiné, comme on sait, rue des Francs-Bourgeois, sa mort coûta des larmes par torrents aux femmes dont il était tant aimé. Il sortait de chez Isabeau, l'impérieuse Bavaroise. Il n'empêche que son épouse, la douce Milanaise, se sentit si délaissée après cette mort, elle vit le vide devenir si grand autour d'elle et de ses enfants, qu'elle crut que le monde allait finir pour elle. Elle pleura sa vie qu'elle perdait en perdant son mari ; et avec ses larmes de veuve livrée à la haine des assassins de son bonheur, elle écrivit pour l'histoire, qui ne l'a pas oubliée, la devise de son cœur en deuil : « Rien ne m'est plus, plus ne m'est rien.»

Le brillant chevalier est ici chez soi, dans la cour du château bâti sur ses deniers. La figure est très chargée de fer. Nous sommes tout près du moment où la chevalerie française. trop pesante, ira s'embourber dans les marais d'Azincourt. Pas un détail d'oublié, à l'intention de nous charmer. Le statuaire a traité son sujet avec une sollicitude paternelle. Cette œuvre d'évocation est bien le fruit de son cerveau, et l'on peut bien dire qu'à la façon de Minerve elle en est sortie tout armée.

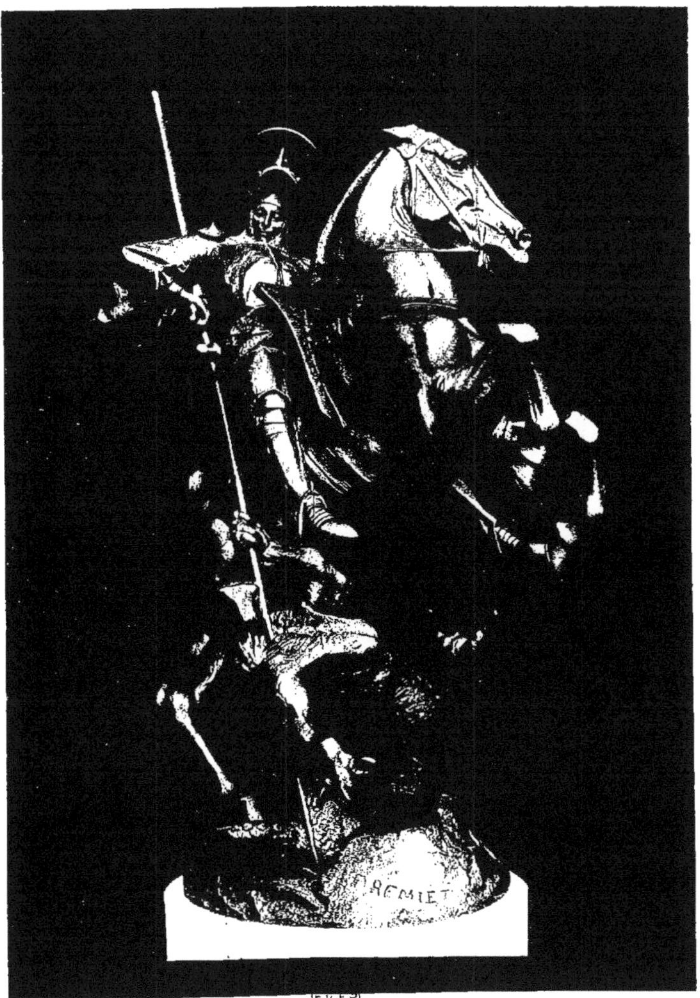

Cliché Fiorillo.

Saint-Georges (Petit Palais)

En main le duc tient une lance qui est l'élan du siècle. Ce morceau de frêne, robuste et léger tout ensemble, monte vers le ciel avec une audace homérique. D'ailleurs comme Achille, le jeune duc tient en main « la javeline de son père, arme formidable que nul parmi les Grecs ne peut brandir. Jadis pour l'illustre Pelée, Chiron choisit sur les cimes du Pélion un énorme frêne funeste à bien des héros; Achille seul le manie avec aisance ». Ce frêne qui arme le duc est d'un maniement si peu facile qu'il y a quelques années, Jean II dit le Bon fit couper par la moitié, le matin de la bataille de Poitiers-Maupertuis, des lances pareilles à celles-ci, les trouvant trop longues et peu aisées contre l'Anglais armé court et dru.

Les seigneurs, comme le prince frère du roi, l'ont conservée dans toute sa longueur, pour l'élégance de leurs tournois. Suivez-la de l'œil dans cette cour du château de Pierrefonds. Elle file comme une fusée. On ne l'oublie plus une fois qu'on l'a vu, ce fraisnin armé en manière de dague. Il emplit toute la cour, il domine le groupe équestre, nous raconte des choses hardies, un peu comme le mât de la goélette parle aux gens du quai, des tempêtes essuyées et des routes parcourues.

Lancée là-haut dans les floraisons des fenêtres ogivales, cette évocation de la bravoure d'antan s'allonge indéfinie, mince et svelte, épousant enfin dans une illusion des yeux les gracilités nerveuses de l'architecture d'alors, pour s'envoler avec elles par les épis du toit. Cette lance de frêne, pliante et ferme comme celle dont *Saint Georges* traverse le corps du Maudit, s'envole par-dessus notre siècle d'artillerie, avec l'éloquence hardie de l'ogive du temps. Cette ogive est celle du XIVe siècle finissant, déjà flamboyante, toujours variée et spirituelle. A la façon d'un oiseau, elle grimpe dans la dentelle des pierres taillées. Elle a des ailes et une chanson, qui monte, monte comme un murmure de plain-chant fleuri.

Cet âge, tout d'élégance et de solidité, vit l'apogée des combats aux armes d'hast. Il est celui des grands armuriers et des riches armures. Pour l'exprimer, il faudrait dire qu'il offrait en quelque sorte, comme une enclume de prix, son âme d'acier aux coups de la guerre. M. Frémiet a étudié en artiste ces harnais de fer, sous lesquels l'homme d'armes abritait son âme de héros, harnais de gloire et d'honneur.

Le voilà devenu historien social, cherchant à découvrir, sous le pittoresque du costume, la construction des caractères, la charpente des hommes. Son art va plus loin que la surface. Il pénètre la carapace, la traverse, et rencontre au bout de son outil l'esprit profond, marqué à l'empreinte du temps. Il évoque la vie intérieure de ce monde éteint, enterré depuis des siècles dans les armures de nos musées. Il fait revivre à fleur de peau, à fleur d'enclume pour mieux dire, les types illustres de ces âges où la chair humaine avait la trempe de l'acier des cuirasses. Des visages renaissent sous sa touche de grand maître, qui sont les types des fonctions sociales, dans une société qui vivait de gloire et de point d'honneur pour la Foi.

Ainsi entrent en scène les chevaux de M. Frémiet. Quand ils ne sont pas les êtres mystiques qui jaillissent de la fontaine du Luxembourg dont le grand Carpeaux fit les personnages, tels qu'ils sortirent du rivage jadis sous le trident du Poséidon Neptune, ils sont de la famille des grands chevaux français, vifs et pleins de cœur, maintenus par l'éducation dans une entière obéissance, et dressés à n'avoir plus d'autre volonté que celle du maître qui les monte.

Car il faut voir tout de suite qu'il ne suffit pas, pour qu'il y ait groupe équestre, de hisser une figure humaine sur celle d'un cheval. Ces deux figures rempliraient-elles, chacune pour son compte, toutes les conditions de leur perfection propre, qu'il serait encore indispensable, en vue du bien de la composition équestre, de montrer les relations de l'homme et de la bête. Si le cheval est indépendant du cavalier, vit pour soi, agit selon son gré, le cavalier sera en péril, et le groupe manquera de tenue, outre qu'il ne sera pas rassurant pour le spectateur, effrayé à bon droit, en présence d'un cheval dont les mouvements ne seraient pas liés à ceux du maître qui le mène.

Le cheval, si beau quand il s'arme contre le cavalier, est plus magnifique encore quand il obéit, se range à la volonté de son maître. Si l'on étudie bien les raisons par lesquelles le *Velasquez* du Jardin de l'Infante restera le type d'une des plus belles statues équestres qu'on pourra admirer, on comprend très vite la grande valeur des groupes équestres de M. Frémiet. En même temps cette pensée se présente à l'esprit un peu comme la définition esthétique de la statue équestre : montrer ce que vaut un homme sur le dos d'un cheval, montrer ce que devient le cheval qui s'est soumis à la volonté esthétique de l'homme. Autant dire que le sculpteur, pour associer son cavalier et le cheval de son groupe, est tenu de faire comme dans la vie ; il doit compter avec les lois de l'équitation, qui sont à la fois celles de l'équilibre du cavalier, de l'aplomb du groupe et de l'élégance de la composition.

A ses connaissances professionnelles de modelage et de mise à l'effet, le sculpteur, qui veut s'essayer dans l'art monumental du groupe équestre, doit ajouter la science complète de l'écuyer. Il est tenu de ne pas ignorer comment on monte un cheval, comment on le dresse, comment, pour l'approprier à nos besoins, on doit obtenir de lui l'obéissance, en entretenant, en développant les qualités qui lui sont propres. L'artiste, comme le cavalier, est obligé de nous présenter un cheval réduit à l'obéissance la plus passive, tout en conservant la liberté d'action nécessaire à la manifestation de ses plus brillantes qualités.

L'équitation, qui est la statue équestre en marche, est l'art de faire mouvoir le cheval en raison des sensations qu'il éprouve. Selon la manière dont ces sensations sont produites, les forces du cheval se mettent en jeu. L'art du cavalier est de provoquer ces sensations dans le sens de la plus grande élégance des forces du cheval. La statue équestre étant un beau passage fixé dans sa meilleure phrase, le spectateur doit comprendre, par l'allure de la bête, que le cavalier est au courant des effets à produire et sait comment les solliciter. Le cavalier de bronze, qui n'aurait pas l'air d'un homme de cheval à cheval, serait un pauvre spectacle, piteux à voir au même titre qu'un écuyer d'occasion dans les bois de Robinson.

Les cavaliers de M. Frémiet sont tous hommes de cheval. Ils se servent des aides pour placer la tête en gens qui s'y connaissent.

Cliché Fiorillo.

LA LEÇON D'ÉQUITATION

Entre leurs doigts, les brides logent l'encolure dans la plus belle posture dont le cheval est capable, cette posture qui fait prendre au cou par en haut, le long de la crinière, « le mesme tour qu'un col de cigne » (1), tranchant près du crin, de sorte que la gorge vienne en talus jusqu'au poitrail. Ses chevaux ont tous sous le cavalier des actions de chevaux qui savent ce qu'on leur demande, sont animés de la volonté de leur maître. Celui-ci se tient en selle comme un homme qui sait où sont les ressources de sa monture, et où trouver dans ses actions la grâce et la beauté. Il connaît à ravir toutes ces nuances où réside le charme de son art, le grand statuaire de l'*Aïeul*. Il met tant de liaison dans les mouvements réciproques de ses cavaliers et de leurs montures, qu'il est bien difficile de ne pas admirer la forte science, l'étude constante qui se dissimule sous les agréments d'une œuvre achevée et pittoresque, et qui a l'air facile.

C'est une véritable joie pour les connaisseurs de voir comment cet artiste possède à fond les séductions de l'image équestre. C'est au point qu'il ne manque jamais à cette loi d'élégance suprême de monter son cavalier sur un cheval qui lui ressemble. Si l'on sait y voir d'un peu près, il est aisé de constater que le cheval du *Connétable de Clisson* n'est point celui du petit *Louis XIII*, et encore moins est-il pareil à celui que monte le *Grand Condé*, en selle sur un cheval dont la silhouette paraît épouser le profil moutonnier de ce Bourbon de la seconde branche.

Le jour où M. Frémiet, en 1890, envoya au Salon le portrait de Velasquez à cheval, ce fut une surprise. Le radieux maître espagnol passe dans la gloire de son incontestable génie, sur son destrier andalou, en tenue de cour, coquillé de rubans en flots, cueillis aux épaules des Infantes dont il était le peintre ordinaire. M. Frémiet, qui s'élève si facilement au style historique, était seul parmi ses contemporains à pouvoir se permettre cette audace de

1. Solleysel, *loc. cit.*

nous donner un Velasquez équestre. C'est un hommage grandiose au peintre de tous les temps, le plus artiste des hommes. Velasquez en statue équestre, c'est le portrait véritable du portraitiste des rois et des cours.

Le statuaire l'a représenté en tenue de gala, comme pour nous faire assister d'un coup au défilé des élégances de la cour de Philippe IV. Aussi bien Velasquez chevauche-t-il un andalou, qui est un vrai morceau de roi. Je ne vois dans le firmament des Arts que le cheval du *Charles Ier* de Londres, pour donner à ce point l'idée de la splendeur animale. Le cheval andalou est la monture de la gloire ou des rois. Il trouve dans l'épaisseur de son encolure l'ampleur de la majesté. Sa crinière neptunienne roule sur ses chairs éclatantes comme la chevelure d'une Vénus du Titien. Il ne semble pas que cet être solennel, rebondi et rebondissant sur ses paturons souples, puisse jamais se départir de ses airs de grand d'Espagne de première classe.

On ne le voit pas s'emportant, se désunissant, jetant ses membres au hasard de la rage ou de la folie. L'andalou est maître de soi, sa mine est celle que donne la haute éducation. C'est mieux qu'un gentilhomme, c'est un courtisan, un être à rubans et à banderolles, dont tous les gestes sont pondérés par un sentiment inné de la mesure et du bon ton. Il est par lui-même comme une enseigne de gloire ou de grandeur. Celui qui le monte, du fait qu'il est son cavalier, prend du même coup l'allure d'un personnage de premier plan.

Ce cheval épais, mais bien étoffé, quoique courtjointé et bas de terre, grandit beaucoup la figure qui le surmonte. Pour un peu, on dirait qu'il ajoute à la renommée de son cavalier, si celui-ci est illustre. Citons comme exemple le *Prim* de Regnault. Il est fort probable que sans ce portrait équestre du célèbre républicain espagnol, Prim fût resté pour nous, indifférents, une manière de survivant des condottieri, un capitaine des rues, un général de barricades.

L'admirable andalou noir que Prim chevauche dans ce tableau nous invite à voir dans cette révolution espagnole, plus qu'une émeute, presque une guerre sainte. Prim devient énorme, un homme d'un caractère supérieur, vu du haut de ce cheval qui a lui-même l'air de la Guerre en effigie. Même en plein champ de bataille, cet andalou reste un cheval obéissant, bien élevé, trop bien élevé pour jamais donner à penser que celui qui le monte ne ne peut le faire obéir. On comprend très bien qu'il ait été très à la mode aux XVIIe et XVIIIe siècles pour les rois ou les grands princes. En montant son *Velasquez* sur un andalou. M. Frémiet asseyait son portrait historique sur son socle naturel, le socle de sa famille espagnole et le socle de sa gloire.

D'ordinaire M. Frémiet s'attache à modeler ses chevaux tels que les fait l'éducation, lorsqu'ils sont parfaitement ajustés, faisant quelque belle posade ou un beau passage, qui les rend fiers et superbes sans jamais se démentir de la parfaite obéissance qu'ils doivent rendre à celui qui les monte. Il a fallu le duel terrible de saint Georges avec le Dragon pour décider le statuaire à nous présenter un groupe équestre terrifiant. Le cheval, saisi d'effroi à la vue du monstre, ramasse ses membres sous son corps renversé. De sa bouche ouverte sort le souffle de l'épouvante. Il faut avoir vu ou tenu en main un cheval emporté ou furieux pour bien sentir toute l'horreur d'un pareil spectacle. La vue du cheval fou ou désespéré est une vision sinistre qui donne l'impression de la mort en délire. Aussi bien la peur chez le cheval est-elle quelque chose qui paraît sorti de la nature. L'extrême sensibilité de cet animal le porte aux dernières limites de l'affollement et du danger. Le calme magnifique du *Saint-Georges* nous rassure et annonce un pouvoir surhumain, tellement paraît aisé l'effort de ce cavalier, effort concentré en pyramide qui se tasse, la pyramide d'un picador aérien dont la lance victorieuse a déjà traversé le Malin tordu sur sa queue.

Le voici d'ailleurs le beau cheval de dressage. C'est celui du jeune dauphin. Il sort du manège, et Louis XIII enfant vient de s'en servir pour prendre sa leçon. M. Frémiet intitule son groupe équestre, *Sortie du Manège*. C'est le roi sortant de cette leçon que M. de Pluvinel, qui est grand écuyer, a rédigée pour lui, et dont le texte constitue un livre vraiment délicieux. La Bibliothèque Nationale le tient en réserve, avec le souci dû aux belles choses, comme un spécimen de ce que pouvait déjà au XVIIe siècle la librairie française. Le livre est illustré. Les gravures sont de Crispian de Pas. Cet artiste explique ainsi comment il fut chargé de ce soin :

« Feu M. de Pluvinel m'ayant fait l'honneur de me choisir parmi plusieurs excellents ouvriers, pour faire revivre dans des tableaux aux yeux de Votre Majesté, de toute la France, les leçons que de vive voix il vous avait si dignement enseignées... »

Ces gravures de Crispian de Pas sont l'enseignement par l'image. Et quelles images ! C'est toute la science de l'équitation, du dressage, avec des portraits, celui de Louis XIII, ceux de MM. de Pluvinel, de Bellegarde, de Soissons, d'Harcours, tous écuyers servant à la démonstration. Le roi parfois assis, tantôt debout, avec à la main, cette petite baguette que M. Frémiet lui a remis dans les doigts, tantôt écoute, tantôt interroge. C'est tout ensemble intime et de grand air. Ce prince est chez lui et en sûreté. Tous ces gentilshommes qui l'entourent sont bien de la cour et de son amitié. Ils ont des airs heureux et élégants, de personnes à qui la vie est douce et la France bonne.

Ils sont à l'empreinte d'une société organisée pour leur bonheur. On voit à leur belle mine qu'ils sont très soucieux de faire honneur à leur destinée de privilégiés. Leur mise est soignée. Et on a bien devant soi des hommes qui ont des loisirs pour la culture du moi extérieur. Leurs cheveux, leurs barbes sont loin d'être incultes. Le barbier, et un barbier artiste, y passe tous les jours, avec les ciseaux, le fer et tout ce qui avère le soin d'un visage harmonieux. Car tous ces gens-là sont de beaux hommes. On comprend en les voyant ce qu'en sa *Princesse de Clèves*, Mme de Lafayette dit par exemple de M. de Nemours : « Ce prince était un chef-d'œuvre de la nature ; ce qu'il avait de moins admirable, c'était d'être l'homme du monde le mieux fait et le plus beau. »

Le livre est écrit dans une langue vraiment exquise, la langue correspondant à l'élégance des costumes. La courtoisie parfumée des mots y égale la délicatesse des intentions. Même familier, même appliqué à des choses d'ordre familier, comme les instructions relatives aux œuvres d'écurie, le langage est empreint d'un respect réciproque dont le charme a bien son prix. Une politesse aisée et habituelle fait le fond de ce langage. Tallemant des Réaux aura bien ses reprises de potins, et montrera les dessous fâcheux parfois de cette élégance décorative. Mais restons-en-là, puisque nous en sommes aujourd'hui aux exercices de manège, qui aboutissaient aux triomphes des carrousels, et mettaient en selle le jeune prince destiné à devenir le Roi de France.

Ces messieurs-là sont des cavaliers. Ils représentent la pompe et le luxe liés à une belle existence. Confidents du Roi, ils vivent dans le rayon de sa gloire. Champions du cheval, ils incarnent l'esprit chevaleresque, par les beaux côtés qui survivent toujours en l'homme de grande maison, monté sur une bête de grande origine. Et quand leurs montures de choix traversent la vie, à la cadence de leur allure savante, tout ce qui est la gloire et l'orgueil de leur pays les environne.

Ce livre porta d'abord un titre abondant et précis : *Manège Royal où l'on peut remarquer les défauts et les perfections du cheval en tous les exercices de cet art digne des Princes*. En 1625 il fut réimprimé sous ce titre plus simple : *Instructions pour le Roi en l'exercice de monter à cheval*. Les leçons y sont données par demandes et réponses. Au début le roi demande « ce qu'il faut observer pour se rendre un parfait cavalier, par où commencer », M. de Pluvinel répond :

— « Sire, par la bienséance et la commodité de son habit quand il sera à cheval.

— Et de quelle façon ? dit le Roi.

— Je désire que son chapeau ne soit point trop fort et de belle forme, retroussé d'un côté avec une plume de bonne grâce ; qu'il ait une fraise plus séante que le rabat, que toute la beauté de la cuisse se voye, et qu'il fasse paraître une belle taille menue à la ceinture. »

A des gens si soucieux de leur tenue, si préoccupés de ce qui est nécessaire pour avoir belle mine une fois montés sur le piédestal vivant du cheval, il faut des chevaux bien mis, dressés, sûrs, ayant de l'allure et du cachet comme disent les hommes de cheval actuels. Le secret du dressage de M. de Pluvinel est « d'inspirer de la raison et de la docilité aux chevaux les moins traitables ».

C'est tout cela que M. Frémiet nous met devant les yeux avec sa *Sortie du Manège*. Ce qu'on peut écrire du livre de M. de Pluvinel, est ce qu'on doit savoir pour apprécier dans toute sa saveur ce joyau de bronze, par où le maître s'est plu à nous montrer un jeune roi de France prenant sa leçon d'équitation.

Ce n'est plus seulement Louis XIII qui est là ; c'est toute une époque, avec son élégance, sa distinction, ses délicatesses, ses subtilités, ses grâces de tenue et d'éducation.

D'où vient ce si beau cheval en pose de courbette, dont l'effet est si joli sur un meuble de l'époque ou sur une cheminée de bois sculpté, où les fleurs vivantes ajoutent leur arome aux acanthes d'un vieux chêne patiné ? « C'est un cheval espagnol, m'écrit M. Frémiet, ayant bien le caractère de la cavalerie Pluvinel. Il

Le Grand Condé (musée de Chantilly)

était marqué au fer de la marque d'un haras de son pays ».

Alors nous le reconnaissons. Du reste son chanfrein busqué l'avait dénoncé. Nous l'avons vu déjà entre les jambes fines du *Grand Condé*. Et nous tenons son histoire de M. Frémiet, son histoire parisienne.

Un jour se promenant aux Champs-Elysées avec un ami, homme de chevaux, il voit passer un magnifique cheval blanc, tout blanc, couleur fâcheuse au point de vue commercial. Mais les formes étaient admirables.

— Voyez, le cheval de mon Grand Condé, dit M. Frémiet. Si je pouvais le faire poser !

On y réussit. Des pourparlers furent engagés avec le propriétaire de ce bel animal. On sut que c'était un pur espagnol, qui sortait des haras royaux, dont il portait d'ailleurs la marque au fer.

Si vous l'avez vu au musée Condé à Chantilly, sur le meuble dont il est le glorieux ornement, vous savez maintenant comment M. Frémiet arrive à l'expression et au caractère. Au manège, sous la cravache de Louis XIII il est royalement calme, et puissamment assoupli dans sa docilité. C'est bien le même cheval que celui du *Grand Condé*, mais il est dans une autre fonction. On dit que les chevaux sentent ce qu'on leur demande. Sous le bâton de maréchal que le Grand Condé lancera dans les retranchements pour qu'on l'y aille chercher, il a pris la mine de sa fonction, une mine inouïe de fierté et de bravoure.

Il a des airs de grand oiseau de proie et ses oreilles pointent comme celles d'un grand duc. Le cheval de Richard Cœur de Lion, dont parle Joinville, et resté proverbial dans les rangs des Sarrasins où il servait à faire peur aux petits enfants, devait avoir de ces airs-là. Ce n'est plus un cheval. C'est un aigle. Il a du griffon héraldique, un griffon qui aurait perdu ses ailes en touchant terre.

Quelqu'un qui s'y connaît et apprit les chevaux dans l'entourage du Comte de Chambord qui en avait de beaux pour les atteler à cinq, regardant un jour avec moi ce petit bronze mordoré du musée Condé, disait :

« Ce cheval-là ne peut pas être le cheval de tout le monde ; il faut en avoir le droit pour le monter, être le Grand Turc, Charles-Quint, ou prince du sang de France. C'est le cheval d'un considérable gentilhomme, d'un Roi ou d'un rebelle de haute lignée. Il est le cheval du *Grand Condé*. C'est bien. »

Quand le duc d'Aumale le vit au Salon il dit : « Ç'a été fait pour moi, ce groupe-là. » Et il l'acheta pour Chantilly.

Duguesclin « la meilleure chose que j'aie faite », dit le maître. C'est en effet un monument d'une grande beauté, élégant, fier, décoratif à la fois et expressif. Ce groupe s'élève aujourd'hui sur la place de Dinan, en Bretagne, les pieds sur le sol même qui fut le terroir de l'illustre homme de guerre. Comme toujours le cavalier est en selle pour de vrai, et c'est le portrait d'un homme qui montait à cheval. Et le cheval est vraiment le cheval de son cavalier. Deux frères d'armes. Musclés tous deux, rablés, on les sent forts et d'accord pour la même besogne. Ce sont des êtres faits pour s'entendre, habitués et décidés à la bataille. La victoire leur met de l'air dans les narines et du brio dans le regard.

Ce cheval est de la famille de celui que peint Shakespeare dans *Vénus et Adonis*, et que Vénus eut le tort d'attacher à une branche d'arbre par la bride, oublieuse que le cheval, attaché par la bride, casse sa bride, « tire au renard » et s'échappe, fût sa bride ornée des plus beaux clous :

> The studded briddle on a ragged bough
> Nimbly she fastens ; ...

Ses oreilles se dressent en s'agitant, ses naseaux boivent l'air. Il trotte comme s'il comptait ses pas avec une aimable majesté et un modeste orgueil.

Sometimes he trots as if he told the steps,
With gentle majesty and modest pride ;

« Sabots ronds, jointures courtes, fanons longs et velus, poitrail large, œil grand, tête petite, naseaux ouverts, col élevé, courtes oreilles, jambes droites et dépassant la force commune, crinière épaisse, queue épaisse, dos large, peau tendre, rien de ce qu'un cheval doit avoir ne manque à celui-là », pas même le fier cavalier que réclament des reins si fiers. Le cheval est comme son maître, de l'espèce des seigneurs fiers et librement soumis. Le terroir breton tient dans ces deux fonctions nobles de la dignité individuelle.

Le chef de partisans persiste sous le Connétable. Le grand dignitaire d'une hiérarchie laisse percer le grand seigneur indépendant. Le roi a ses droits. Ce breton conserve les siens, et fera la moue le jour où le Roi de France lui demandera de combattre pour soumettre la Bretagne à la France.

La mine haute et gaillarde, l'œil hardi, le menton proéminent aux forts maxillaires en tréteau, la lèvre inférieure en bénitier, le cavalier est un luron, fort et léger comme son cheval, dont les oreilles pointent dans le vent, avec un sens exact de l'obstacle et de son métier. De la main droite Bertrand tient une belle épée, sa glorieuse pointe au ciel, dans le geste de rendre l'hommage au roi, son chef plus que son maître. Cet hommage est surtout le salut d'un homme brave à une chose grande, la France.

Le masque du Connétable est prodigieusement vivant. Il est de ceux dont on dit même si on ne connaît pas l'original : comme cela doit être ressemblant. En effet, il l'est. Et on le sent aussitôt qu'on le compare au profil du *Clisson* que M. Frémiet sculpta en bas-relief pour le château de Josselin. Evidemment le *Clisson* est de fantaisie. La documentation a manqué pour lui rendre son authentique effigie. Du Guesclin est un portrait, d'après l'histoire, d'après une pièce du temps, et presque d'après nature. Voyons d'abord comment il est historique. La tradition est plus ferme quant à cette ressemblance.

« J'ai trouvé son portrait à la Bibliothèque, raconte l'artiste, dans un manuscrit du temps. Du Guesclin y est mêlé aux personnages d'une cérémonie où le roi figure. On y voit très bien le Breton, bretonnant, le petit Breton, court et large, carré, tassé, de fortes épaules et d'abdomen bien en point, et ce nez camus, qui donne tant de jovialité au visage ».

Du Guesclin était du reste un bon vivant. Il avait table ouverte, et chez lui les Bretons qu'il aimait bien, trouvaient toujours une place pour s'asseoir, entre le pain et le sel de l'amitié. Appuyé sur cette pièce graphique, M. Frémiet se croyait d'autant mieux muni pour commencer son travail, que son ami Penguilhy l'Haridon, lui-même Breton, est de type breton très prononcé et rappelle beaucoup ce qu'on sait de Bertrand Du Guesclin, et qu'il avait son ami sous les yeux.

Quand un jour, survient une de ces bonnes fortunes comme il n'en arrive qu'aux observateurs de la rue, tel M. Frémiet. L'artiste se trouvait à la Porte Maillot. Un cocher de fiacre découvert, longeant le trottoir, passe auprès de lui, et lui offre sa voiture. « Merci, mon ami, je n'en ai pas besoin. » Et le cocher tournant bride, remontait vers l'avenue de la Grande-Armée. Une idée traversa l'esprit du maître, comme un éclair. « Mais ce cocher, c'est mon Du Guesclin. La tête, le corps, le nez camus, tout y est. » Et le voilà courant après cette victoria, qui regagnait Paris, au pas de maraude. « Cocher ! cocher » !

Et le cocher s'arrête. «Ah ! c'est vous, patron, alors on a changé d'avis. » — « En effet. J'ai besoin de vous. Conduisez-moi donc à l'Institut. » Et tout le long du chemin, le maître, ravi de son aubaine, contemplait son cocher qui ne se doutait pas de combien d'échelons il était en train de monter dans l'histoire de son pays. On

Cliché Fiorillo.

Bertrand Duguesclin (Dinan)

arrive à l'Institut. Là, l'artiste engage la conversation avec son Du Guesclin cocher de fiacre.

— Je suis peintre, mon brave, et j'aurais besoin de vous pour un tableau.

Peintre vaut mieux. Sculpteur, cela ne dit rien au peuple qui ne sait pas ce que c'est qu'un statuaire. Il voit tout de suite, un mouleur, un ouvrier comme lui. Peintre a du prestige, à cause des tableaux, ou à cause des devantures. Et le maître continue:

— Voudriez-vous poser chez moi. Nous avons l'habitude de donner cinq francs pour la demi-journée, afin de rétribuer le temps que nous prenons.

Le brave homme hésitait. En vérité, cela ne lui disait pas grand'-chose. Ces propositions-là déconcertent ceux qui ne savent pas ou croient trop deviner. Cependant la bonne mine de l'artiste, son âge, sa boutonnière ornée, l'Institut, « — vous viendrez poser ici — » le rassurèrent un peu. Réflexion faite, il dit : « Donnez-moi toujours votre adresse », comme nous lui aurions demandé : « Donnez-moi votre numéro », et ajouta : « Je reviendrai dans trois jours. »

M. Frémiet donna son adresse, à l'Institut. C'est malgré tout une honorable adresse. Il vécut inquiet ces trois jours. Il tenait à son Du Guesclin de fiacre. Et le cocher revint, poussé sans doute par sa tradition professionnelle de cocher fidèle au rendez-vous. La première séance eut lieu. Le maître, toujours obéissant à la méthode qu'il s'était imposée, prit des mesures, des mesures. Le corps de son cocher était tellement le corps de Du Guesclin vu à la Bibliothèque. Ah ! pour mettre un bonhomme à cheval, bien dans l'assiette de la selle, il faut avoir ses proportions. Et puis là, il fallait faire ressemblant, donc exact. Car il n'y avait pas que le nez camus, il y avait la corpulence. Le cocher revint trois fois. Entre temps M. Frémiet s'était informé, en causant amicalement. Le brave cocher avait une femme, des enfants. M. Frémiet alla voir la femme, porta des joujoux aux enfants. Il était si content.

C'est ainsi qu'aujourd'hui nous retrouvons à Dinan le cocher de fiacre devenu Du Guesclin monté sur un beau cheval de guerre. Comment cela advint-il ? Le plus simplement du monde. Un jour M. Frémiet était allé rue de Valois, à l'Administration des Beaux-Arts, pour une affaire en train. M. Roujon était alors directeur des Beaux-Arts. M. Roujon dit : « Etes-vous un homme à me faire un Du Guesclin ? » M. Frémiet répond : « Peut-être ». M. Roujon savait bien à qui il s'adressait. Et séance tenante, le prix fut débattu, la commande faite. C'est toujours la simple histoire qui nimbe comme une auréole les travaux de M. Frémiet.

Le *Colonel Howard* est un héros américain de la guerre d'Indépendance, un contemporain, un collaborateur de Washington. On lui retrouve sur son cheval de bronze la mine résolue qui est le trait marquant de sa biographie. Il naquit à Baltimore en 1752. En 1776, il était nommé capitaine du Maryland, cette terre où les premiers Européens abordèrent pour jeter les bases de ce qu'est devenue l'Amérique sous la formule Etats-Unis. Il entrait de plein cœur dans la lutte engagée pour créer cette patrie nouvelle. Le 17 juin 1771 il conduisait ses Marylandais à une charge à la baïonnette qui décidait de la victoire.

Par la suite, Washington lui offrit le secrétariat de la Guerre. Howard refusait. Il mourut simple sénateur du Maryland. Aujourd'hui ses compatriotes ont demandé la consécration de ce héros de leur vie nationale à un des maîtres de l'art français. C'est un hommage à notre art. Est-il nécessaire de redire les mérites et les charmes de cette composition équestre, qui sont toujours l'exactitude, l'expression, l'entrain, la hardiesse, le joli air de bravoure qui chante sur ces têtes de soldats bien-aimés des dieux et des hommes ?

Du reste, les Américains ne sont pas insensibles à l'art de M. Frémiet. Ils ne lui demandent pas seulement leurs héros pour décorer leurs villes, ils accueillent aussi les nôtres en hommage à l'art français. Jeanne d'Arc, qui existe cinq fois, à Paris, Nancy, Mirecourt, Melbourne, est aussi à Philadelphie.

C'est aussi un cavalier surprenant que ce *saint Hubert*. Il monte à cheval comme un centaure. Il n'est pas le saint Hubert de la légende. Il est plus jeune. C'est un adepte fervent. Il tient de l'histoire et de la hiérarchie sociale. Sa mine glorieuse est celle de la chasse faite homme. Personnage vigoureux et trempé d'air vif, le soleil a bronzé sa peau. Ce n'est pas un intellectuel, mais un instinctif. Vissé sur sa selle, il tient son cheval en main comme un fils des Scythes. C'est d'ailleurs ce qu'il sait le mieux, en admettant qu'il sache autre chose. Son éducation est peut-être bien à peu de chose près celle de sa monture. L'un et l'autre ont l'hallali dans les oreilles. Tous deux sont aux écoutes. Le cheval gagne du prix à donner de telles preuves d'attention et d'assiduité dans son métier. L'homme perd peut-être un peu à ne plus voir de la vie que ce qui s'encadre entre les deux oreilles de sa bête.

La corne au dos, le couteau pendu au flanc, c'est le chasseur au dur visage, que sa passion de veneur a vaguement changé en fauve humain. Il est près d'oublier les devoirs de l'existence pour courre le cerf dans les bois. Du temps de l'*âge de pierre* nous l'avons vu tuer pour vivre. Aujourd'hui il vit pour chasser. La chasse est à ses yeux plus qu'un sport. C'est une passion et un genre. Sa mine sèche est celle d'un gendarme promu grand seigneur. C'est l'écorce d'une âme peut-être dure, qui s'admire dans l'épanouissement d'une inutilité. Il est sans pitié pour les bêtes innocentes dont les dépouilles cornues ornent les murs de sa salle de festin.

Monté sur ce cheval à tête de salamandre c'est *François Ier*. C'est un cavalier antérieur à l'école de M. de Pluvinel. Il est du temps où les seigneurs florentins en maillot raillaient les chevaliers français dont les jambes cerclées de fer devenaient un peu torses à force de serrer leurs grands chevaux. Suivez-le tel que le statuaire nous le présente. Il est rieur et spirituel. Un rire rabelaisien éclaire le dessous de sa moustache. Il créera d'ailleurs le Collège de France, organisera les recettes générales des finances tout en coûtant cher au pays, et rétablira les Grands Jours. On pense en le voyant, à ce mercenaire espagnol, qui le soir de Pavie, quoique mal payé par Charles-Quint, avait trouvé le moyen de faire fondre une balle en or, et la montrant au roi de France pris : « C'était pour vous tuer. » Il est digne d'une matière précieuse qui lui aurait troué cette peau abritée sous la cuirasse de Marignan.

Ce François Ier est l'homme de la jolie parole : « Tout est perdu fors de l'honneur », lancée comme un javelot gaulois dans l'azur de la patrie inquiète, un jour de cataclysme. Ce cavalier-là ne descendra de cheval que pour être l'otage d'un Empire, après avoir été pris les armes à la main. Et quand il sortira de prison, ce sera à reculons pour n'avoir pas à saluer ses geôliers, qui comptaient sur sa grande taille et la porte basse pour recueillir une révérence royale, qui leur échappa.

C'était un roi très français, entouré de gens très français, attachés au terroir par leurs grandes possessions territoriales, et par leur dévouement aux diverses causes françaises. Il était beaucoup plus français que son fils Henri II, le roi du coup de Jarnac, contaminé par le venin des ruses italiennes, et qui osa, pour plaire aux importés florentins, faire le procès des grands favoris de son père, les grands soldats et les grands maréchaux du terroir.

Dans une collection historique, M. Frémiet ne pouvait pas oublier le roi protecteur des Lettres et des Arts, qui tint dans ses

Cliché Fiorillo

LE COLONEL HOWARD (Baltimore)

bras le Vinci mourant, bâtit des châteaux qui sont des écrins, aima les femmes comme on les aime en France, incarna de notre pays avec éclat les défauts et les vertus essentiels.

L'ATHLÈTE DU DANUBE

En septembre 1886, j'arrivais sur cette place de Iassy, en Moldavie, où s'élève, gracieuse et noble comme toutes ses pareilles, une statue équestre d'Etienne le Grand, *Stefan cel Mare*, que M. Frémiet avait exposée quelques années auparavant, au Salon des Champs-Elysées. J'étais venu là par ces chemins qui traversent l'Europe, de Paris à Constantinople, et qu'on pouvait définir le Chemin des Croisades. Aussi bien, sur ces routes lointaines, où tant de sang de nos pères est devenu un vol de poussière blonde quand le vent souffle, je ne me promenais point en touriste.

Mon voyage n'était point une partie de plaisir, ni une distraction d'oisif. Pour les gens qui me voyaient passer et dont quelques-uns quittaient leurs demeures pour me suivre aussi loin qu'ils pouvaient, je n'étais ni un passant, ni un curieux, ni un indifférent. J'étais venu appelé par des hommes qui avaient besoin de moi, pour accomplir un devoir dicté par une pensée commune entre nous. Ce devoir était très différent de celui d'un acteur en tournée. Ma mission se bornait à travailler de mon état de terrien, menacé dans son âme et dans sa patrie, par des hommes de proie qui travaillent à bouleverser nos facultés morales, s'emploient à nous fermer l'azur de nos espérances pour mieux ouvrir leurs banques de désolation.

Les gens qui me faisaient escorte étaient des Roumains ardents, dont le cœur bat à fleur de poitrine. Nous avions ensemble parlé aux populations du Danube de ce qu'elles aiment le plus, de ce qu'elles comprennent le mieux, la patrie, le sol dont le blé passe en nous pour se transmuer en sang humain. Nous avions résumé les motifs qui donnent à un peuple le droit de se croire chez lui sur une terre dont il porte le nom depuis des siècles, et pour laquelle il a de tout temps versé le meilleur de son sang.

J'avais admiré l'extraordinaire robustesse de ces paysans du Danube, qui portent au fond d'eux-mêmes, comme une incarnation, le sublime mystère de la terre faite homme. Ce que leur esprit comprenaità demi-mot, leur âme le sentait avec une intensité de lumière vraiment inouïe. Physiquement les paysans des rives « que lave le Danube » sont superbes, la taille élevée, le buste droit, les épaules nobles, la tête belle, le visage dessiné avec force, le regard clair et le nez bien en place. Le portrait très fidèle de Marc Aurèle est resté fidèle de nos jours, malgré l'élan du progrès et la civilisation. L'âme du Danubien de la fable n'a pas diminué. Elle est toujours d'une trempe altière.

Le paysan du Danube est demeuré l'orateur hardi, qui plaide avec son cœur, la cause de la terre et du travail de l'homme. Il est resté l'être de grande âme, de bons sens et d'éloquence, dont La Fontaine rapporte l'interpellation. Sa voix, quand il parle de la patrie est ample comme la voix du vent. Ce colosse, ceinturé de cuir, dans sa blouse, brodée comme un étendard, est fils de l'espace. Il vit tout haut, en plein air, à charge de garder l'horizon de son pays. Ses cheveux longs frissonnent à son discours comme les feuilles des chênes grifaines tremblent sous la tempête. La silhouette de ce paysan appartient à l'étendue de ses fertiles plaines où se cultivent d'heureux champs. Ce laboureur obéit à une âme de héros.

Son dévouement à sa terre est la frontière de son existence. Ses préoccupations personnelles n'iront jamais plus loin que le soin du pays. Tous les efforts de son intelligence tendent à en accroître le prestige et la grandeur. On les a vus pendant cette guerre de 1877, d'où leur terre roumaine allait sortir autonome, fondre toutes leurs facultés, tous leurs efforts et tous leurs intérêts, comme on fond du bronze pour en fabriquer des canons.

Ces hommes jetèrent leur âme dans le creuset d'une guerre sainte, pour en retirer le chef d'œuvre de leur indépendance. Rien ne leur coûta pour donner à leur pays une signature personnelle, pour lui conquérir les droits supérieurs de la responsabilité dans la raison sociale des Etats Européens. En face d'une telle idée, le paysan du Danube consentira toujours l'abnégation de son être entier. Il s'engloutira corps et âme, et la joie au cœur, dans ce complet sacrifice de soi-même, si sa terre doit y trouver la liberté et le renom.

Un tel homme, un individu qui comprend de telle sorte les liens qui unissent l'être humain à la terre d'où il est né, est un individu taillé en plein lyrisme et en pleine atmosphère. C'est un individu d'épopée. Il est d'une taille au-dessus de la moyenne. Et l'on voit rayonner autour de sa personne radieuse une poésie propre à inspirer des poèmes de trente mille vers. Il est un monde à lui tout seul, une histoire, un passé et un avenir. Ce laboureur qui ne perd jamais de vue la beauté du poème, tout en creusant le sillon de son champ, m'est apparu comme un être d'exception, un être de réserve, gardien prédestiné pour faire la preuve malgré le siècle et ses profanations, de ce qu'il y a d'éternel et d'inéluctable, dans le mystère sacré de la patrie.

Le jour où il monta sur les chevaux de sa métairie, pour aller conquérir l'indépendance dans le cirque de Plewna, il fut un poète étrange, un poète en action, dont les gestes deviennent des chansons de victoire. Sa poésie s'appuie sur le rythme puissant du Destin qui conclut toujours. Elle lui vient de sa terre qu'il protège de son corps. Il la doit à sa façon de concevoir la protection de son sol. Elle lui arrive aussi du ciel transparent de sa Roumanie, ce ciel qu'il montre, en parlant, de son doigt levé. La gorge de cet Antée du Danube, qui a une encolure de grand oiseau, chante comme une lyre, quand il se raconte prêt à offrir sa vie sans réserve, pour sa terre bien-aimée, aussi pour sauvegarder les qualités de cœur, les facultés de sacrifice, qui poussent dans ses sillons avec les hommes qui en naissent.

Il parle de sa patrie comme d'un patrimoine réel, qu'il ne se laissera pas arracher sans le défendre. C'est sa fortune, sa terre, son bien, sa vie. Il en parle aussi comme d'un patrimoine moral, qu'il est irrité de voir aux prises avec ce que l'office du Vendredi Saint appelle la perfidie juive. Il a des gestes d'apôtre, une voix de missionnaire, pour s'expliquer là-dessus, et donner cours, par ses lèvres frémissantes, au rêve puissant qui le hante. On dirait à le voir une statue d'épopée vivante, taillée pour faire la preuve, que l'homme qui a reçu du Destin une terre à garder doit la garder, et est chargé de maintenir, par son exemple, la communication entre les fluides nourrisseurs de la terre et les consolantes électricités du firmament.

Pour ces hommes de la terre roumaine, le pays est tout, disons, afin de parler juste, la terre est tout. Ils prononcent surtout la terre roumaine. Le pays tout court est trop court. La patrie réside surtout dans la terre. Un paysan, là-bas, ne s'appelle pas un paysan. Il s'appelle comme sa terre natale. Il est un Roumain. Ce paysan reste Roumain, même en Autriche, où il habite une portion de la terre roumaine que la politique a donnée à la couronne autrichienne. Ce Roumain, sujet de l'Autriche, n'abdique pas sa qualité de Roumain. Il est Roumain de Transylvanie. La terre a conservé pour ces Daces, ces Gallo-Scythes, qui sont l'œuf de nos cloisonnements gallo-celtes, le caractère qui lui vient de leur Providence. Les relations sacrées établies entre l'homme et le territoire dont il porte le nom, et dont le limon constitue la trame de sa chair, ont gardé chez eux toutes leurs vertus providentielles.

La terre est à leurs yeux le berceau, la nourrice, l'asile, le temple, le lieu de prière et de sacrifice. C'est elle qui est noble, et sanctifie le dévouement de celui qui la vénère. Le paysan du Danube persiste à voir dans le culte de ses vallées l'origine de tous ses droits à la vie. Je n'ai pas remarqué que la question de propriété fût pour beaucoup dans son amour pour son sol. Il est surtout identifié avec ce sol natal, à ce point que sa terre est le signe de sa personnalité. On l'appelle comme elle s'appelle : Roumain. Mais Roumain est à peine un nom, c'est plutôt un titre. Interpellez un laboureur, occupé au travail de sa terre, féconde comme une grâce du ciel. Si vous ne savez pas son nom, appelez-le : Roumain ! Il comprendra que c'est pour lui, et il vous répondra avec douceur et politesse. Eternel soldat de l'idée de patrie, il a l'abord poli et doux, et viendra vers vous, après vous avoir salué, vu qu'un salut en vaut un autre, comme il est dit dans le *Mystère* de Sainte Triphyne. Il s'avancera du pas mesuré de l'homme qui est chez soi, sur sa terre natale, sa terre roumaine, haut dans ce titre par lequel vous l'avez appelé, comme un duc dans son apanage, ce titre de Roumain, qui est son nom collectif, le titre de sa race.

Ces hommes savaient que j'étais d'une autre terre que la leur, la terre de France. Ils m'appelaient : Français, sans plus. Cela suffisait. Car nous étions d'accord sur cette idée qui nous unissait, l'idée qu'un peuple a le droit et le devoir de défendre, contre des appétits sans patrie, cette terre dont sa chair est faite, qu'il a charge de conserver intacte, vu qu'elle est comme le tabernacle de la vie humaine. Ils s'attachèrent à moi, car je pensais comme eux sur ce qui les touche le plus près du cœur, l'amour de la terre natale. Nous avions couru ensemble maints périls, de ces périls ordinaires quand on est au premier rang sur cette terre roumaine, éternel glacis de l'Occident, pour refouler l'assaut des gens du Bas-Orient.

J'entends encore leur voix savoureuse comme une chanson de bravoure, fière comme le danger, quand nous arrivâmes sur cette place de Iassy, devant la statue de M. Frémiet : « C'est un Français qui a fait cela ; et il a fait cela pour nous ! » C'était d'une

Cliché Fiorillo.

FRANÇOIS Ier

voix sonore, qu'ils martelaient cette présentation d'un monument dont ils sont glorieux. « Étienne le Grand, c'est notre Étienne le Grand », disaient-ils, « le plus grand des Roumains avec Michel le Brave. » Et l'œil plein de fougue, ils me montraient ce grand soldat, dont le nom emplit toute la Roumanie comme l'auréole même de la Patrie. Cet Étienne le Grand fut presque un contemporain de Jeanne d'Arc. Notre héroïne parlait d'aller un jour régler leur compte aux Sarrasins. Étienne le Grand prit pour lui cette besogne lointaine et compliquée.

Le 17 janvier 1475, avec quarante mille hommes comme on en trouvera toujours sur cette terre de guerriers, comme on en trouva pour affranchir la patrie à Plewna, Étienne le Grand mit en déroute toute l'armée de Mahomet II, dont les boulets de marbre voulaient obscurcir le ciel de l'Europe chrétienne. Ce fut la journée de Rahova. Ce fait de guerre inouï avait sauvé l'Occident. Nous savions bien que les musulmans de Mahomet II, de Bajazet et de Soliman avaient été arrêtés un jour qu'ils voulaient envahir notre terre de la Croix au nom de leur Croissant. Mais on ne nous a pas appris d'où venait le bras puissant qui avait opposé à l'invasion de l'Islam la barrière de sa force. C'était un fils des plaines du Danube, Étienne le grand Moldave, qui avait accompli cet acte capital. Le pape Sixte IV, qui avait compris le premier l'importance du service, avait surnommé Étienne : l'Athlète du Christ. Ce fut la seule récompense qui lui échut des Chrétiens, sauvés par lui. L'ingratitude fut la gratification qu'il reçut pour sa peine, de ses voisins les Catholiques de Hongrie et de Pologne. Ceux-ci voulaient avant tout se partager son pays. La merveilleuse fécondité de cette terre roumaine excitait la cupidité des rois d'alentour, désireux d'accroître leurs richesses et leur puissance.

L'Islam, vaincu une première fois, revenait à la charge. Bajazet voulant venger Mahomet, remit ses multitudes en marche contre le grand Roumain Étienne, qui fermait en maître les portes de l'Europe. Le voyant occupé contre Bajazet, les Hongrois de Mathias Corvin croient le moment venu pour partager, avec les Polonais, le pays de Stefane. Ils entrent en Moldavie avec quatre-vingt mille hommes armés. Etienne le Grand les bat à Kotnar, le pays des beaux vins, sur la route de Iassy à Botosani. Alors la fureur envahit ce grand soldat qui ne se bat que pour défendre sa terre et la liberté des siens. La rapacité rendait félons à la cause du Christ ces Chrétiens dont Étienne avait été proclamé l'athlète. La trahison de ceux qu'il protégeait le rendit farouche. A Kotnar, il a fait vingt mille prisonniers. Il enchaîne sous le joug ces soldats traîtres à son Dieu, et leur fait traîner la charrue, pour creuser des sillons, où des glands semés sont devenus la Forêt Rouge, sortie du sang.

Trahi de son vivant par ceux qui devaient le plus chanter sa vaillance, il fut oublié après sa mort. L'Europe connaît le nom de Mathias Corvin qui fut traître à l'athlète du Christ, mais elle ignore le nom de cet athlète que ses compatriotes appellent *Stefan cel Mare*. Enfoui dans l'ingratitude oublieuse des peuples voisins, ce nom survivait lumineux dans le cœur des siens. Lors de ces guerres d'antan avec l'Islam ambitieux, la terre roumaine avait été la terre d'avant-garde. Elle avait fourni ses athlètes pour les avant-postes, elle manqua longtemps d'historiens pour consigner ses services au grand livre des peuples.

Désormais tout ce passé revit. La terre d'Étienne le Moldave s'est ouverte pour livrer son passé, sa gloire et ses sacrifices, dont seule jusqu'ici elle n'avait pas eu le renom. Ses paysans, armés depuis les bords du Sireth jusqu'aux rives du Danube, avaient sauvé le monde chrétien, en lui faisant un rempart de leur corps. Le monde chrétien en avait retenu le bénéfice. La terre roumaine n'en n'avait même pas conservé sa part. C'était comme une victoire où l'on ne saurait pas le nom du vainqueur. L'amour du sol est tel chez ces Danubiens héroïques, qu'ils ont ressuscité tous leurs morts d'antan, dont Étienne le Grand, pour asseoir la preuve de leurs mérites anciens.

Étienne, lui aussi, était perdu dans la nuit muette d'un peuple, qui attend le jour de la liberté, pour prouver son existence et faire déchiffrer ses parchemins. Maintenant que ce peuple voit clair autour de lui, il s'est reconnu et s'est fait reconnaître comme collaborateur de la vie roumaine. Il a proclamé ses grands noms en plein ciel de l'histoire. Étienne le Grand et Michel le Brave ont repris la tête de leurs milices triomphantes. Étienne a été retrouvé dans sa double physionomie d'Athlète du Christ et de premier apôtre de l'Indépendance roumaine. L'idée de cette indépendance servit de ressort à ces populations, parmi les épreuves des siècles.

La volonté de la conquérir fut le secret de leur résignation durant les générations de vie tributaire. Survint l'occasion de 1877 qui fut la détente du ressort. Alors ces fils des soldats d'Étienne le Grand se retrouvèrent, comme au temps d'Étienne, dans les plaines de Rahova en face des musulmans du Grand Turc. Cette fois encore, c'était pour l'Indépendance. Il y eut comme jadis des prodiges inattendus. Les Musulmans repassèrent le Danube à peine franchi. Et l'on vit ces paysans du Danube, en bonnet de fourrure, les pieds calfatés de laine de mouton, traverser le fleuve géant, sous le feu des Turcs, en petites barques comme pour des régates, cueillant une par une, avec des crochets, les torpilles comme des fleurs au fond de l'eau bleue.

De Plewna, ils revinrent peuple libre, peuple autonome, peuple indépendant, ainsi que du vivant d'Etienne le Grand. Et comme au temps d'Étienne, il fallut compter avec les appétits ordinaires de la politique, compter avec les chrétiens d'alentour et de partout, qui exigeaient un droit de péage, pour reconnaître cette indépendance conquise à la pointe de l'épée. On avait eu sa part de victoire sur les Turcs. Cela revenait à dire que les peuples environnants exigeraient leur part de rançon, pour reconnaître le nouveau peuple. Celui-ci paya comptant avec la Bessarabie et l'article 44 du traité de Berlin.

Dès lors, la terre roumaine se savait désormais responsable. Son passé lui appartenait comme son avenir. La statue d'Étienne le Grand surgit de cet état de l'esprit public. La Roumanie avait le droit de parler d'elle-même chez elle, de se raconter à ses enfants. On alla à Étienne le Grand des premiers. Son nom était quelque chose comme le surnom de l'Indépendance. Ce soldat, qui ne remportait jamais une victoire sans la consacrer par l'édification d'une église, avait sauvé la vie historique de son peuple, par le seul procédé qui permît à la Roumanie de se ressaisir, au jour venu. Étienne s'est montré, dans son testament, un barbare d'une extraordinaire sagesse. Il plaça, en mourant, sa patrie qu'il avait libérée sous la protection de l'Islam qu'il avait vaincu. Les Polonais de Jean Albert, les vaincus de Kotnar, et les Hongrois de Mathias Corvin, auraient supprimé ce peuple, effacé son nom en se partageant sa terre. Étienne savait par expérience ce qu'il pouvait attendre du pharisaïsme incurable des Chrétiens corrompus qui l'environnaient. Il se tourna vers l'Islam de Soliman, pour lui donner la suzeraineté sur sa terre, impuissante à rester libre après lui. Sous cette protection, au moins la Roumanie aurait la vie sauve.

La vie, c'était tout, c'était le ressort pour atteindre au but, un jour. Ce jour est venu. Il mit longtemps pour arriver. Enfin l'Indépendance est un fait accompli. Le testament d'Etienne le Grand est entré dans sa réalisation pleine et entière. La terre roumaine est vivante et elle est autonome. Aussi la statue du grand Moldave dans la ville de Iassy est plus qu'un monument public. C'est une image de la Patrie reconstituée, ressuscitée. Je le regardais, écoutant ces hommes d'enthousiasme, qui se disaient si fiers de devoir ce témoignage de leur piété traditionnelle à un artiste français.

Une pensée venait toute naturelle à l'esprit. Je l'exprimai devant ces Roumains dont la ferveur était touchante par sa grandeur toute simple : « Chez nous, en France, il y a aussi dans la rue, comme ici, une effigie de la Patrie personnifiée, elle s'appelle Jeanne d'Arc. Elle est comme celle-ci l'œuvre de M. Frémiet. Il n'est pas douteux que cet artiste, qui est un grand artiste, beaucoup plus grand qu'on ne le dit, sait mieux que tous les autres par où pénétrer dans l'âme des peuples. »

Sur cette place de Iassy, où circulent des hommes de tout visage et de races si différentes, au pied d'une statue équestre qui est l'œuvre d'un grand maître français et l'image du passé de la terre locale, on se sent pris dans une atmosphère très précise et très nette. Un vent souffle là, un vent général pour tout le pays, qu'on ne peut pas éviter une fois qu'on a mis le pied en cet endroit. C'est le vent du patriotisme roumain, une sorte de vent alizé dont on connaît la marche, quand on connaît le peuple de cette terre du Bas-Danube, et qui prend possession de votre être aussitôt que vous entrez dans son courant.

Au vrai, c'est l'âme du pays qui est là, s'exprime et parle avec l'animation et l'intensité d'une personne qu'on verrait devant soi, debout et très vivante. Depuis que la Moldavie et la Valachie sont soudées comme les deux moitiés du cœur, pour constituer le centre de l'organisme roumain, il n'y a plus ni Moldaves, ni Valaques, ni principautés danubiennes. Il reste des Roumains qui pensent à l'unisson, et qui, riches ou pauvres, gens de la ville ou Roumains des campagnes, sont tous égaux par leur façon de comprendre la vie de cette terre où ils voient les fibres de la patrie. Les principautés jadis devaient l'hommage au suzerain de Turquie. Désormais à leur place vit la Roumanie. C'est le nom collectif adopté par la terre des principautés englouties dans l'oubli des douleurs finies, fusionnées dans le creuset de l'Indépendance conquise.

La statue de M. Frémiet est comme la pierre milliaire de ce

triomphe ; elle est là pour faire la preuve que la terre de Roumanie avait des droits anciens à la liberté de porter son nom à elle. Combien de paysans roumains, qui labourent aujourd'hui leur petit champ, étaient parmi les chevaliers combattant avec Etienne le Grand ? Si j'insiste ainsi sur ces paysans du Danube, au point qu'on pourrait croire que j'englobe tous les Roumains dans cette appellation, c'est pour ce motif historique très important, qu'on retrouve beaucoup des anciens boyards d'Etienne le Grand parmi ces paysans appelés aujourd'hui Roumains.

La terre a repris ses anciens défenseurs et maîtres. C'est à eux qu'elle a confié le souci de sa conservation, pendant que la domination étrangère envoyait ses hommes de proie. La vraie noblesse de ce pays est tout près du sillon, j'entends la noblesse de race roumaine, celle dont les noms de famille sont contemporains de ce qu'on sait de ce pays, que les troupes de Trajan appelaient *Dacia felix*. Il existe entre ces gens et leur terre roumaine, qu'ils qualifient d'un titre quasi-impérial, *tsara roumaneasca*, une communion directe, comme-fluidique. Ils vivent de la même vie, l'un de l'autre et l'un par l'autre.

Si l'on écoute, si l'on regarde les Roumains pendant qu'ils parlent de leur patrie, qu'ils nous racontent les prouesses d'Etienne le Grand, on comprend que leur âme est l'âme d'un pays qui possède une âme. Pour eux, la patrie n'est ni un mot, ni un argument de rhétorique, ni un moyen de gouvernement. Elle est plus que tout cela ; elle est autre chose qu'un terme de politique ; elle est en dehors de la courante phraséologie ; elle réside au-dessus des ambitions de l'esprit de conquête. Chez les Roumains qui ont souffert durant des siècles, pour leur pays, tout ce que des hommes peuvent endurer, brutalités, ingratitudes et humiliations renouvelées, la patrie a pris la forme intense, profonde, presque surnaturelle d'un sentiment que rien ne détruit ou n'atténue, parce qu'il doit sa vitalité à la grandeur qui naît de l'épreuve. Ce sentiment est un composé de patience et de résignation, les deux termes suprêmes de la vigueur morale, les deux vertus qui sont comme les pilotis de l'Espérance, inébranlable devant le cataclysme.

Nous autres, en Occident, des siècles de gloire et de bien-être nous ont gâtés. Nous sommes familiarisés avec l'idée de patrie, l'idée du chez nous dans notre pays. C'est au point que nous n'avons plus de pensers très nets sur ce sujet. Pour un peu, la définition nous ferait défaut, devant le besoin d'expliquer ce que nous entendons par la patrie. Le sentiment est bien là, mais très large, rendu élastique par l'invasion des idées universalistes. Nous tenons à cœur une hospitalité pleine de pièges et de surprises, et nous nous croyons très bien gardés par une loi de naturalisation qui ressemble à un tunnel ouvert aux deux bouts. Nous laissons passer qui veut passer. Nous n'avons plus le mot de passe. Aussi nous sommes incapables de le reconnaître, même dans la bouche de ceux qui ont de l'accent en le prononçant.

Chez nous, l'idée de patrie s'est développée en largeur, et la trame en se distendant s'est amincie. Là-bas, chez ce peuple roumain oublié, renié, répudié, trahi ou méconnu par ceux dont il servait la cause ou réclamait la parenté, l'idée s'est développée en profondeur, s'entaillant en un creux profond, comme une goutte d'acide qui aurait gravé le nom de cette terre, dans le cœur de ceux qui l'habitaient. Refoulé sur lui-même, ce peuple malheureux s'est tassé, s'est assis en réserve sur sa conscience individuelle, prête à faire ressort au jour marqué par le destin. Pris entre le ciel et sa terre, comme un navire au large, avec sa seule espérance pour boussole, ce peuple a vu sa patrie, entre le ciel qui l'éclairait et cette terre qui le nourrissait. Son patriotisme germa dans cet état de constriction séculaire. Comme une fleur de serre il poussa sous l'action de cette culture intensive. Et aujourd'hui, cette fleur est d'un éclat inexprimable, d'une intensité de parfum où il faut reconnaître la vitalité de plusieurs siècles d'emprisonnement. Tous les Roumains ont au cœur l'amour puissant de cette fleur vitale, dont les feux allument les yeux de tous ces hommes, séculaires martyrs de l'Idée de patrie.

C'est cela l'étrange vent alizé, le vent général qui souffle autour de la statue de Stefan cel Mare, à Iassy, et il n'est pas de puissance humaine ou politique qui puisse en éteindre le foyer, serti en plein cœur de tout homme de ce pays. On pourra en atténuer les effets, pallier les conséquences de cette tempête généreuse et fière, on n'empêchera jamais cet alizé de suivre son courant, partout où il y aura des Roumains pour lui servir de condensateurs. On raconte qu'à l'inauguration de cette statue de M. Frémiet, le 5/17 juin 1882, un discours fut prononcé devant le roi Carol, d'où jaillit un incident diplomatique, épreuve de douleur pour l'âme du pays. C'était un toast aux absents. Il y était dit, qu'eux comme les autres voyaient dans le Roi, « non pas le Roi de la Roumanie, mais le Roi des Roumains ».

L'orateur parlait comme particulier, et il ajouta qu'avec le concours de ces Roumains absents, il pourrait reconquérir les pierres précieuses qui manquent à la couronne d'Etienne le Grand. En face du Roi, c'était la patrie tout entière, hardie, qui se délivrait en aspiration. L'Autriche-Hongrie prit de l'ombrage devant cette qualification de Roi des Roumains. Elle montra la grosse dent, pour rappeler qu'elle n'était pas disposée à rendre à la Roumanie ses Roumains de Bukovine, de Transylvanie et du Banat. Des pourparlers officieux réglèrent cette question d'intérêts par des procédés attristants pour le cœur.

Comment faire autrement ? Au-dessus de la vérité des traditions pèsera toujours le joug des exigences politiques. Les voisins de la Roumanie trouvent que c'est déjà beaucoup qu'elle soit devenue indépendante. Ils ne sont pas disposés à laisser la Roumanie entière s'émanciper. Il n'empêche que le discours du

Saint Hubert

Cliché Fiorillo.

banquet d'inauguration de la statue d'Étienne le Grand est le cri de tous les cœurs de ce pays. C'est même parce qu'il est le cri de tous que ce cri est réprimé si vite, étouffé, bâillonné par ceux qui ont besoin de ne pas l'entendre. Ces paroles d'audace et d'ardeur sont inscrites en lettres de feu sur toutes les pierres du monument d'Étienne le Grand. On peut les lire en relief, en creux, en telle forme qu'on voudra, sur tous les cailloux des chemins de ce pays. Il n'y a pas un paysan, si pauvre d'esprit qu'il soit, qui ne lèvera les bras pour applaudir à toutes mains aux paroles du banquet de Iassy qui n'étaient que la réalisation en un langage ardent, de tout l'Idéal de l'atmosphère publique. Ces gens-là seraient capables d'assiéger les nues dans leur joie, si leurs absents de Bukovine, de Transylvanie et du Banat leur étaient rendus.

Mais ils ont appris la résignation à l'école des épreuves interminables. Ils aimeront leurs frères absents comme s'ils étaient là, plus encore en raison du joug étranger. Ils y penseront constamment, et en parleront sans relâche, car personne ne saurait les empêcher d'en parler. Ils ont créé un parti d'irredentisme, sans lequel les Roumains indépendants ne se croiraient pas au complet. C'est le point extrême de ce sentiment poétique. Au moins cette protestation leur donne l'illusion d'être tous ensemble. Ils voient dans cette situation des absents, l'image de ce qu'ils furent jadis. Et, de temps à autre, ils se rendent en pèlerinages, sans fracas, comme le jour où ils m'y conduisirent, pour parler de la patrie, pour invoquer la gloire douloureuse de leur terre martyre, devant la statue d'Étienne le Grand, comme on prie devant une icône pieuse.

Alors c'est une évocation épique de tout ce qui vit de la vie de l'Espoir et de la vie du Souvenir. La patrie, dans la bouche de ces hommes qui furent privés pendant des siècles du droit de se dire patriotes, devient une idée générale dont l'ampleur dépasse tout ce que nous pouvons concevoir là-dessus. La terre est comme soulevée à pleins bras, et l'air qu'on respire passe dans les paroles articulées, avec la nervosité magique d'un ouragan qui soufflerait depuis cinq siècles. La patrie évoque l'idée d'un édifice construit dans une cervelle infinie, et qui condenserait tout ce qu'il y a dans tous ces mots et fait la force de toutes ces choses réunies. Il y a autant de lumière à la base qu'au sommet. Cela éclate sans se rompre, cela brûle sans s'enflammer. On a devant soi l'image d'un rêve réalisé en paroles et en gestes, où les hommes et la terre symbolisent, comme en une apothéose de féerie, la suprême signification de cette réalité idéale, la patrie. C'est une chanson qui serait comme un chant de l'espace, où l'esprit donne tout entier tout ce qu'il peut et tout ce qu'il a de mieux, afin de réaliser cette chose pleine, totale et absolue, une idée pour laquelle on meurt.

Ces Occidentaux d'Orient sont instruments de complète poésie. Comme des harpes éoliennes, devant l'amour de leur Roumanie, le lyrisme des choses les envahit. Leur âme d'aurore, qui frissonne sur une terre plus voisine que la nôtre du soleil levant, se mêle aux bruissements des fleuves et aux frissons des vallées roumaines, pour entonner l'hymne en commun.

Étienne le Grand célébrait sa terre moldave en la défendant contre l'ennemi, avec le Sereth sur son front et les Karpathes pour adosser sa ligne de défense. Le patriotisme roumain exalte la poésie en action de cette stratégie du grand soldat. Cette crête des Karpathes, les eaux bleues de ces affluents du Danube, ces vallées, ces montagnes, tout cela vit, chante et pleure dans l'esprit de ces Roumains dont l'âme est l'âme de cette terre descendue des Karpathes, baignée par ces fleuves qu'ils aiment, et dont ils parlent comme d'êtres vivants et chéris? « Dimbovitza, Dimbovitza, chantent les Roumains du Sud, onde douce, qui en a bu une fois, ne te quitte plus jamais. »

Nous n'avons pas dans le répertoire de notre cœur français un refrain de cette envolée sur la Seine, ni sur la Loire, ni sur le Rhône, et la Garonne lanturlu, de M. Nadaud, est un mince document à opposer à ces *doïnas* des rives de la Moldau et du Sereth. Là-bas, au pays des paysans du Danube, l'âme du sol électrise le pays, vivifie les fleuves et sème les montagnes d'échos humains, échos de douleur ou de fête. Longtemps privés de patrie, ces hommes ont capté le charme magique de leur terre natale, comme on capte une source. C'est par là qu'ils sont restés des soldats pleins de poésie.

Une littérature assez récente a retrouvé dans les villages ces chants et ces plaintes où survivaient les larmes anciennes. Les guerres, les invasions, rien ne fut plus fort que l'amour du sol au cœur de ces Roumains. Rien ne réussit à effacer l'histoire de leur terre roumaine, que la politique effaçait de l'histoire. Leur patrie n'était qu'un rêve, un souvenir ou un espoir. Mais elle était vivante dans leur pensée de tous les jours, vivante dans leurs chants du foyer qui étaient comme inscrits sur le blanc de leur épée. Ils n'ont jamais vu autre chose que la douleur ou les joies de la terre natale. Aujourd'hui encore ce qu'ils voient, avant tout, par-dessus tout, c'est leur terre vivante, de qui l'on parle comme d'un être bien-aimé, à qui l'on s'adresse, qui s'invoque et que l'on évoque.

Il n'y avait pas autre chose dans la voix des hommes qui me racontaient l'histoire d'Etienne le Grand. Il n'y a pas autre chose dans la musique faite de larmes et d'étincelles, dont les Lautari ont conservé le rythme ardent. On les a vus à Paris, ces musiciens au teint bistré et dont les doigts crépitent. Ils amusaient le Paris luxurieux du sabbat international, en lui chantant les échos de leurs vallées lointaines, où le rêve flotte et s'accroche aux arbres comme la poudre dorée du matin. Paris s'est épris du ton étrange de ces mélopées, récitant des histoires qu'il ne connaissait pas et ne comprenait pas. Mais ce Paris d'une Exposition venait là pour chercher des sensations, non pour comprendre. La cadence des instruments l'intéressait surtout. Et la flûte de roseau l'enchantait. Cette flûte dit tout sur l'état d'âme des paysans roumains. Les tziganes hongrois sont restés chaudronniers, et leur musique est un poème de bronze. Les Lautari ont retrouvé parmi les forêts de Roumanie la douce flüte pastorale. Les voilà les échos de la terre bien-aimée, de la terre fertile et martyre. Le roseau soupire, respire pour chanter la complainte du peuple envahi, refoulé dans la montagne, loin de son blé qui ne poussera plus pour lui et ses enfants.

Le Parisien n'avait pas le temps, rue du Caire, de s'arrêter à ces détails. Il voyait dans la mélopée de ce roseau enchanté une invite du dieu Pan, et il s'éloignait bien en point, énervé par une musique toute d'héroïsme, de larmes et de cris de douleur. Paris transposait pour ses besoins privés de citadin corrompu une poésie traditionnelle, où tout un peuple jeune et malheureux, depuis six siècles, avait retrouvé les éléments de sa vie publique et la source de sa régénération.

Parmi les légendes contées par le roseau des Lautari, Paris entendit aussi cette histoire de Stefan le Grand, que sa mère refuse de reconnaître et de recevoir. Stefan, épuisé, n'en peut plus. Il va être écrasé. Il arrive chez sa mère, la nuit, demandant asile. Mais on le laisse à la porte. Sa mère ne le reconnaîtra que mort ou victorieux. Elle ignore un fils en fuite. Stefan reprend courage, part et triomphe.

Cette légende retrouvée parmi les rayons de ce bazar de luxure qui fonctionnait rue du Caire pendant l'Exposition de 1889 me rappela le pays d'Etienne le Grand, où les champs de blé sont infinis, où les cœurs simples espèrent et se souviennent. Je revoyais les événements qui m'avaient conduit là-bas, pour parler de la terre de France à des milliers d'êtres assemblés devant le portrait de Michel le Brave à Bucarest. Chacun puisait, dans cette musique des Lautari, les sensations conformes à ses instincts. Je ne pouvais pas me méprendre sur le sens intime et héréditaire de cette flûte de roseau. J'y retrouvais la patrie roumaine, je la reconnaissais vibrante, endolorie encore, mais rebondissante et lumineuse d'espoir, telle que je l'avais vue à Iassy charger d'éloquence les lèvres des Roumains qui me montraient la statue du grand Voïvode Etienne, œuvre du statuaire Frémiet.

En 1886, devant ce monument équestre qui est comme une image de la patrie roumaine dans la rue, il m'a semblé comprendre ce que vaut un artiste comme M. Frémiet, en raison de ce qu'il donne aux gens qui lui demandent quelque chose. Cette statue d'Etienne le Grand, commandée à M. Frémiet, est le fruit d'une souscription nationale (1). Pendant que nos compagnons me disaient : « C'est à un Français que nous devons cela », j'ai pensé qu'il faudrait un jour écrire sur un artiste dont l'œuvre correspond à des sentiments comme ceux que je voyais exprimer sous mes yeux.

Un instant, il m'a semblé que ces Roumains, qui sont braves et généreux avant tout, comprenaient peut-être mieux que nous ce qu'il y a dans un homme comme M. Frémiet. Comprenaient n'est peut-être pas le mot juste ; c'est sentaient qu'il faut dire. Il y avait entre ces patriotes, dont l'indépendance actuelle est un des problèmes les plus curieux de l'histoire contemporaine, et le rôle de ce statuaire chargé de réaliser la plus intense de leurs aspirations, comme une secrète harmonie, comme un mystère de liens visibles seulement par l'esprit. M. Frémiet m'apparut alors comme

1. Une femme est à l'origine de cette collaboration de M. Frémiet à un vœu national des Roumains, Mme Catargi, femme du ministre de Roumanie alors. Mme Catargi aimait beaucoup les chats, et avait acheté un petit chat en bronze de M. Frémiet, véritable bijou d'or ciselé. Mme Catargi aimait beaucoup ce petit chat de bronze. Un jour son mari lui confie qu'ayant à choisir parmi les artistes français pour faire la statue d'Etienne le Grand, il était embarrassé. Sa femme dit : « M. Frémiet n'a pas fait que des chats. Il a fait aussi Jeanne d'Arc. Prenez M. Frémiet. » Et la décision fut prise. La culture supérieure des femmes dans ce pays, est un élément précieux d'avenir pour ce peuple.

un de ces artistes de premier rang, qui sont de leur temps parce qu'ils sont de tous les temps, en ceci qu'ils paraissent prédestinés à fournir aux peuples qui s'adressent à eux les témoignages absolus de leur vie historique. Les peuples ont besoin de ces grands créateurs d'images solennelles, afin d'établir leurs droits à l'existence, devant l'aéropage des autres peuples. Pour un paysan roumain qui ne connaît pas Jeanne d'Arc, le jour où il entend parler d'elle comme d'une personnification de la patrie, Etienne le Grand est une figure du même ordre. Il y apparaît comme une humaine réalisation de l'idée de sa patrie, avec son cortège de dévouements, de douleurs subies en commun, d'espérances retrouvées ensemble, de respects et de larmes pour des morts qui sont siens, en un mot avec son cortège de sacrements qui constituent la patrie intégrale.

Etienne le Grand fut baptisé l'athlète du Christ, Jeanne d'Arc en fut la messagère. Le nom de M. Frémiet est lié à ces deux évocations de la patrie comme le nom du missionnaire est lié au pèlerinage dont il est le fondateur. En outre, M. Frémiet est l'auteur du *Credo*. Nous sommes là dans un monde d'idées tout à fait élevées Ce n'est ni du vaudeville, ni du drame, ni même de la tragédie. C'est de l'art humain, social, et du très grand art, car on n'y voit pas de place pour l'artifice ou la convention. Les personnes en cause sont surtout grandes par l'idée qui les anime. Cette idée commence au foyer pour finir à la frontière que l'étranger viole. Ce n'est pas une plaisanterie puisque la vie est en cause. La mort est une sanction finale. Il faut bien qu'un ressort puissant anime les êtres constitués représentants de cette idée de la Patrie. Ce ressort c'est la foi, qui est tout ensemble la force et la dédicace de soi-même, c'est le *Credo*.

Le talent de M. Frémiet étant si souvent employé à donner une forme humaine à des idées de cette envergure, j'ai pensé qu'il y avait là matière à réflexion. Les yeux de mes Roumains regardant

Étienne-le-Grand (Iassy)

cette statue d'Etienne le Grand, qui traversa Paris un peu comme un produit d'exportation, m'ont éclairé, ce jour-là, sur la distance entre des gens vivant trop vite, comme les gens de Paris, et des hommes qui ont conservé, comme ces Danubiens, le temps de vivre simplement, et à qui il suffit d'un certain nombre d'idées, celles réputées les meilleures, les essentielles.

Leur admiration bonne enfant, naïve et fraîche, pour le monument de M. Frémiet, précisait en moi un projet. Cette statue équestre, qui est parmi les plus belles pages de l'histoire du peuple de Roumanie, éveillant chez ce peuple tout ce qu'il y a de plus simple et de plus dégagé dans l'homme, j'ai compris que la vie de ce grand artiste restera dans notre époque comme une étrange preuve que l'homme a tout de même quelque chose de bien à faire, ici-bas, malgré tout. J'al vu dans ce statuaire un artiste complet, armé pour la vraie gloire, d'essence trop réfléchie pour répondre aux exigences de la moderne réclame. M. Frémiet s'adresse aux délicats comme à la foule. Celle-ci ne l'a pas encore vu à son point. Il a tout le talent voulu d'un morceau de sculpture bien étudié, su, compris, clair et juste.

Il arrive à la masse par l'intensité de l'inspiration, par l'énergie de ce qu'il affirme, par l'ampleur de ce qu'il voit, par la hauteur de ce qu'il évoque. Le génie calme et résolu de cet homme reste en réserve pour une admiration future et certaine. Il parle aux hommes le langage de l'humanité, d'où il advient qu'il a parlé aussi clair pour les compatriotes d'Etienne le Grand, de Moldavie, que pour les dévots de la France, rue de Rivoli. Il émet dans son art des idées qui sont la preuve que l'homme est un être prédestiné, subordonné, malgré ses révoltes et ses blasphèmes, à l'idée du Devoir dont la Patrie est une forme tangible et nécessaire.

C'est là-bas, entre le Dniester et le Danube, qu'on voit bien ce que vaut un artiste comme M. Frémiet, si merveilleusement doué pour atteindre les hommes, tous les hommes susceptibles d'émotion grande et simple, à l'endroit le plus élevé et le plus désintéressé. C'est là, parmi des gens d'un autre pays, des étrangers en somme à nos mœurs et à la plupart de nos goûts modernes, qu'on reconnaît combien un artiste, dont l'œuvre marche à son but d'un pas si assuré, est un homme fort. On comprend la nature de son mérite, en raison de la nature des émotions qu'on reçoit de lui, et qu'on est en droit d'attendre, puisqu'on les lui demande (1). Somme toute, la critique a bien le droit d'introduire en compte la valeur morale d'une œuvre pittoresque, surtout lorsqu'elle voit que ce pittoresque, n'est là que comme fil conducteur d'une activité de l'esprit et du cœur. Les joies qui se dégagent de l'œuvre de M. Frémiet n'ont rien de brutal, rien de matériel ni de passionnel. Cette œuvre évolue dans la pure atmosphère de l'esprit appliqué à l'intelligence de la mission humaine sur la terre.

1. La statue équestre de Bolivar, que la Colombie attend ces jours-ci de M. Frémiet, émane du même groupe d'idées et de sentiments.

LIVRE QUATRIÈME

—

JEANNE D'ARC

L'EX-VOTO DE LA PLACE RIVOLI

Sur le socle, ces deux noms : Jeanne d'Arc, Frémiet. C'est tout ensemble un fait d'histoire de France et un fait d'histoire de l'art chez nous. Au lendemain de Sedan, au lendemain de Metz, après les deux sièges de Paris, M. Frémiet, l'animalier Frémiet, érigeant dans la rue affolée d'une ville deux fois bombardée, une statue équestre de Jeanne d'Arc, c'est l'Art français prenant sa part des responsabilités passées et futures ; c'est un artiste, homme de grand cœur et d'esprit lucide, apportant à ses compatriotes désunis par l'invasion, la pensée commune, la branche d'olivier qui reliera les cœurs entre eux, les apaisera, les soudera de rechef aux destinées de la patrie qui ressuscite.

Dans le remue-ménage d'une politique qui s'installe, chacun dit son mot, chacun présente sa solution. Ici, des efforts en pure perte. Là, des paroles pour ne rien dire, des actes pour ne rien faire. C'est une poussée dans les esprits ; on va devant soi, sans voir très clair. Parmi ce tumulte des ambitions nouvelles et des indécisions, un artiste, un statuaire, un homme, pour tout dire, qu'on ne s'attendait pas à voir dans cette bagarre de restauration officielle, un citoyen qu'on pouvait croire confiné dans ses rêves de sculpteur, rêves bons à publier dans les temps de paix et de prospérité, sans bruit, sans esclandre, comme un brave homme fait l'aumône, apporte lui aussi son idée.

Le sort du pays l'intéresse, ce tailleur d'images qui porte en lui une pensée. Si les jours heureux lui sont profitables, pourquoi ne réclamerait-il pas sa part d'ouvrage dans les temps difficiles ! Enfin, devant la nécessité de relever le pays, il a eu une idée. Pendant que Paris s'effondrait sous les flammes mystérieuses de la Commune, il la ruminait, cette idée. Dans sa maison de Bouvigal, à la lueur du ciel allumé par la flambée des incendies de la guerre des rues, il y travaillait, la développait, lui donnait une forme. La voici ; elle vaut ce qu'elle vaut. L'artiste a fait son œuvre. Le citoyen a fait son devoir. L'avenir les jugera tous les deux.

Comme les autres. M. Frémiet a entendu les grands mots qui ont salué la libération du territoire. Comme les autres, il apprécie les efforts des tribuns dépositaires de la parole publique qui persuade, gagne les causes et réalise les souscriptions qui ont soldé la rançon exigée par le vainqueur. Il entend et voit ce qui se passe. Il sait faire la différence entre les braves gens et ceux qui organisent la défaite de l'âme populaire, après la déroute des armées de la France. Il est temps de parler aux âmes pour leur faire entendre les paroles qui seront leur sauvegarde, toujours. La rhétorique des intérêts, l'éloquence utilitaire a ses devoirs incontestés. Puis vient le tour des apôtres de la pensée supérieure, celle qui résume et prévoit.

Un artiste comme M. Frémiet, dont l'âme est un écho des activités morales d'un peuple, sent que le peuple français, hier abattu, conserve encore au fond de soi, malgré le désordre des circonstances, des trésors de vaillance. Aussi n'a-t-il aucune crainte de manifester très haut son opinion de grand artiste, de maître dans l'ordre des expressions extérieures. Il accepte de tenir sa partie dans ce concert d'idées qui se font jour sur la place publique, en vue du sort de la France. Son idée est un peu ancienne peut-être. Parler de Jeanne d'Arc à ces gens hantés par le souvenir du casque à pointe ; certes, il va sembler un peu vieux jeu aux esprits avancés qui montent à l'assaut des affaires, ce statuaire qui vient faire l'histoire dans la rue, et choisit son argument dans ce lointain XVe siècle. N'importe! L'artiste a le courage de son opinion. Il fera son évocation sans fausse honte. Et, quitte à n'être point goûté d'emblée, il ira jusqu'au bout de sa pensée, certain qu'un jour ou l'autre il sera compris des bons.

Artiste qui voit les choses sous l'angle de la parfaite harmonie, M. Frémiet tiendra, pour exposer son rêve réalisé, un langage d'artiste. Il ne sait point la langue violente et barbare qu'on avait, en ces temps-là, accoutumé d'entendre dans les clubs. Sa façon de s'exprimer est discrète et imagée. Son thème est une métaphore. Son exposé de principes est une image, et quelle image! L'image de Jeanne d'Arc, celle qui contient tout ce qui a trait aux destinées de la patrie. Sa démonstration est par comparaison. C'est braver un écueil, car la foule est pressée et veut comprendre du coup.

Or, M. Frémiet veut que le public, pour l'admettre, prenne la peine de réfléchir. Il n'enfonce point son raisonnement par les moyens violents. Il sait qu'il a raison, qu'il aura toujours raison, que son idée est la bonne. Mais, pour avoir tout à fait raison, comme il pense que cela se doit, il exige la collaboration de l'esprit public. Il met la France en face de sa conscience. Et comme il est patient, parce qu'il est fort, il est disposé à attendre que la conscience publique lui accorde son assentiment. Cela devait arriver, mais cela n'arriva point d'emblée.

Sa *Jeanne d'Arc* ne fut pas comprise au début ; c'est à peine si elle est vue. On la regarda comme une curiosité quelque peu archaïque. Dans le Paris de Voltaire, M. Frémiet édifiait une relique de la Pucelle. Cela signifiait que la France ne rit pas toujours, qu'elle sait être grave aussi. L'histoire n'est-elle point là avec ses preuves dont celle-ci, Jeanne d'Arc, est parmi les plus éclatantes? Sans doute cette période de l'Année terrible a été cruelle. Mais la France en a connu d'aussi dures. Elle s'en est bien tirée jadis. Pourquoi ne s'en souviendrait-elle pas cette fois encore ? L'idée était hardie autant que haute. C'était le vrai *Sursum corda*. On ne le vit pas. On passa outre.

Il faut l'avoir vu, ce Paris de 1874, tout plein encore d'odeur de sang et de feu, pour s'expliquer l'indifférence qui accueillit l'œuvre de M. Frémiet. Cela sentait trop le sang et le brûlé. La poussière des ruines aveuglait les yeux et encombrait les cerveaux. Les idées étaient enfouies, elles aussi, sous les plâtras des murs écroulés. C'était un cimetière qu'on avait devant soi, le cimetière de tout ce qui fait la vie, le cimetière des souvenirs, le cimetière des parents, le cimetière de l'orgueil national, le cimetière de l'espérance. Et le cimetière lui-même est ravagé. Le peuple en ressent de l'effroi, et il n'a pas l'esprit assez libre pour comprendre tout ce qu'il y a d'avenir pour lui dans ce culte de Jeanne d'Arc, dont M. Frémiet pose la première pierre. L'angoisse sur le visage, la foule stationne, encore stupéfiée devant ce squelette calciné du Palais des Tuileries, qui lui rappelle ces fondrières de chaux vive où la Révolution avait jeté les corps royaux décapités, avec la tête entre les jambes. Après les rois, le palais des rois. Bientôt, on installera un champ de foire sur le sol même où Philibert Delorme avait dessiné dans la pierre, la féerie de la salle du Trône. Pour l'instant, après ce qu'elle vient de voir, la foule se demande où l'on s'arrêtera.

On rebâtit, il est vrai. Paris est aux maçons. Les échafaudages succèdent aux échelles de faux pompiers versant des seaux de pétrole sur les murailles en feu. Peu à peu la vie matérielle s'installe. Les rumeurs de la rue ne sont plus des clameurs de guerre. Les marchands vont et viennent. Les affiches électorales annon-

Cliché Barbedienne

Bolivar (Bogota, Colombie).

cent que le bulletin de vote a commencé la lutte pour décider à qui sera le pouvoir. Les partis sont aux prises. La République postule et la Monarchie réclame. Néanmoins la vie est serrée, très à l'étroit entre les avaries d'hier et l'orage d'aujourd'hui.

Les affaires vont-elles reprendre ? se demandent les hommes d'affaires, pendant que les financiers évoluent dans les emprunts d'État. Pourra-t-on revivre bientôt, et comment vivra-t-on? est la question que chacun se pose. C'est encore l'anxiété un peu partout. Il reste de la terreur dans l'air, pour les Français de moyenne vue, ignorants de ce que les meneurs de choses leur réservent pour demain. C'est tout juste, d'ailleurs, si l'on n'entend plus rouler les canons aux roues bleues de l'ennemi. On a peur de tout, peur les uns des autres. Il traîne dans la ville des traces de dénonciation, qui rampent le long des maisons, dans les ruisseaux, depuis les conseils de guerre qui fusillèrent la Commune. On est égaré. Les cerveaux sont en émoi et les cœurs en bouillie. On est timide et menaçant, ombrageux et pourtant arrogant. Chacun veut se taire et tout le monde parle. Et peu à peu se canalise la vie matérielle, la vie du pain quotidien. On s'en tire comme on peut, les uns par égoïsme, les autres par charité.

L'ordinaire de l'existence n'est pas encore revenu. Chacun fait pour soi son possible. Il ne reste pas grand loisir pour s'arrêter aux efforts d'un grand artiste qui se mêle, lui aussi, à la foule anxieuse, dit son mot, comme les autres, sur la place publique, et parle de choses qui sont loin de l'esprit du moment.

Jeanne d'Arc, ah ! oui, comme cela tombe bien ! Et puis l'on continue sa route. Jeanne d'Arc, M. Frémiet l'a mise là, sur la rue, parmi les voitures, entre les promeneurs oisifs et les galériens du travail, à l'endroit même où jadis elle aussi assiégeait Paris, pour le compte de la France ; il l'a mise là, comme la pierre d'espérance sur le chemin du peuple français. Ce pauvre peuple ne sait plus au juste ce qu'il est, s'il est français ou simplement vaincu, et il se tâte aux quatre membres pour s'assurer qu'il est vivant. Il en a tant vu, ces temps derniers !

Le grand artiste, lui aussi, en a vu. Il a vu les misères publiques, les calamités. Il les a vues d'un œil sagace, et cependant qu'il avait le mal sous les yeux, dans son esprit clair, grandissait la vision du remède à apporter. Thérapeute clairvoyant, il a pénétré les secrets du désordre. Il a vu que c'était l'âme surtout qui souffrait chez cette population dont les plaies physiques déjà se cicatrisent dans le bien-être qui revient. Le souvenir de Jeanne d'Arc qui l'a consolé, lui le puissant travailleur, peut-être donnera-t-il le calme à tous ces Français effarés.

Et M. Frémiet, un beau matin, apporte sur la place publique son secret de guérison. A ces esprits déconcertés par la déroute implacable, qui a remué jusqu'aux entrailles le pauvre pays qui se croyait voué à la victoire éternelle, et qui avait vu massacrer sous Metz les brisquards de Solférino, il offrait sa recette magique. Aux vaincus d'hier, il proposait en exemple la blessée du siège de Paris Anglo-Bourguignon. C'était la besogne du Bon Samaritain. M. Frémiet donnait à boire à ce peuple qui avait soif de repos et de consolation.

Jeanne d'Arc, sur la rue des Pyramides, sur le lieu même où jadis une flèche ennemie avait atteint cette autre libératrice du territoire, c'était la France meurtrie qui renaît, c'était la France quand même. M. Frémiet commentait à sa façon l'admirable définition donnée autrefois par l'historien normand, Guillaume Postel, d'Avranches : « C'est attenter à la patrie que de suspecter Jeanne d'Arc. Ses faits et gestes sont nécessaires à maintenir autant que l'Évangile. » L'œuvre du statuaire prenait dans les circonstances actuelles l'ampleur extraordinaire d'une parabole. La statue de la place de Rivoli était comme un bénitier que M. Frémiet avait apporté spontanément en pleine place publique, dans la pensée que les passants y viendraient puiser l'eau lustrale du réconfort.

Un jour viendrait où l'on apprécierait, comme il était juste, la sublime inspiration de M. Frémiet, offrant à la France vaincue l'image de Jeanne d'Arc, en manière de cordial qui remet du cœur au ventre. Hier personne ne songeait à elle. Demain, tout le monde, tous les partis se réclameront d'elle. Evêques et ministres de la République seront des dévots de Jeanne d'Arc.

Rome étudiera le procès de sanctification. La République laïque envisagera la possibilité d'une fête nationale qui serait la fête de Jeanne d'Arc. Les harangues du radical Joseph Fabre succèderont aux sermons du père Montsabré. Un évêque, l'évêque de Verdun, ira jusqu'à l'Hippodrome chercher des souscriptions pour son monument de Vaucouleurs, dressé en concurrence à celui de Domrémy. Chacun prônera sa Jeanne d'Arc, avec la persuasion intime que celle qu'il défend est la meilleure. Des statues s'élèveront un peu partout, à Domrémy, à Rouen, à Chinon. Orléans commandera des verrières pour sa cathédrale. A Nancy, on prie M. Frémiet de se recommencer. On lui demande une nouvelle édition de son œuvre de la place Rivoli.

N'est-ce pas lui qui avait posé le premier jalon de cette piété nationale qui honore un peuple comme le nôtre ? La guerre finie, la rançon payée, il s'était trouvé quelqu'un pour dire à ce peuple désorienté et sans union, que les Mai d'antan, les Mai sanctifiés par le martyre de Jeanne d'Arc, avaient porté en eux le germe des avenirs qui reposent et consolent. Désormais le culte de Jeanne d'Arc n'avait qu'à fleurir comme une haie d'aubépines à la saison nouvelle. La statue équestre de la rue parisienne aura été la première pousse de ce printemps charmant. En la plantant, au lendemain du traité de Francfort qui démembrait le pays, l'artiste pensait bien que la floraison serait somptueuse. Au temps où il sema cette graine en notre terre de France, il n'y avait, pour l'arroser, que les larmes d'un peuple pleurant sur les siens vaincus et massacrés par centaines de mille, pendant les récentes batailles.

Comme La Hire, M. Frémiet avait pensé à Jeanne d'Arc au moment où elle était à peu près abandonnée.

Cette *Jeanne d'Arc* en pleine rue fut mise là un peu comme la borne milliaire d'où les routes seront mesurées. Elle est devenue le point d'attache des espoirs communs. C'est de son côté que se tourna un jour le peuple français, rentré dans la paix, comme rentre au port un navire désemparé. L'idée de Jeanne d'Arc fut arborée par la France vaincue, comme on arbore un passeport, comme on montre des références, des états de service. M. Frémiet sous les ruines de la guerre et de la Commune avait retrouvé le signalement de l'âme française, avec son signe particulier, ce signe qu'elle est seule à porter, Jeanne d'Arc. Il mit ces états de service sous les yeux de tous, pour que chacun y reconnût ce qui lui était personnel. Son œuvre d'artiste était plus qu'une œuvre d'art. C'était une évocation, l'appel suprême à un état d'âme qu'on croyait perdu à jamais, celui où naissent les heures d'espoir. C'était la vision claire et haute d'un esprit lumineux et réfléchi, qui en appelait à l'âme de l'histoire de France, pour sauver le corps meurtri de la patrie.

Cette *Jeanne d'Arc*, sur la place de Rivoli, ne pouvait pas être une simple idée d'artiste. Le lieu et le temps choisis élevaient la conception à la hauteur d'un geste significatif, d'un réveil du présent par l'exemple du passé, d'un cri du cœur en faveur de l'avenir mis en danger par la déroute d'hier. Ce groupe de bronze faisait de la rue même, cette rue vivante et affairée, un foyer de résurrection. Qui pourrait passer désormais sans la voir cette *Jeanne d'Arc* ressuscitée, et qui passerait sans se demander ce qu'elle signifiait, là, à cette place, à cette date? Chacun en s'interrogeant sentirait au fond de soi retentir une onde sonore d'ardeur et de reviviscence.

La France n'était pas morte puisque Jeanne d'Arc venait de renaître. Winchester, le cardinal anglais, féroce exécuteur de la haine d'alors, avait fait jeter dans les eaux profondes de la Seine, à Rouen, les cendres du bûcher de Jeanne. C'était bien pour en finir, et que jamais plus on n'entendît parler de cette étrange missionnaire, victorieuse des armées d'Albion. Il comptait bien que la magie des eaux rapides, emporterait pour toujours les poussières éteintes de ce corps de vierge livré au hard du bûcher en flammes. Or, la vierge renaît des eaux mêmes qui devaient l'engloutir. Par un précieux retour des choses, la voici soudain qui surgit sur les rives mêmes de la Seine, où jadis ses cendres furent plongées. Comme une vision, Jeanne d'Arc remontait à la surface du fleuve, et ses cendres, en fusion d'airain, réalisaient à tous les yeux, en plein Paris, l'image triomphante de cette fille armée, effigie sereine de la France qui ne veut pas mourir.

Monument à l'adresse du passé, elle prit, par la date même de son inauguration, l'ampleur d'un vœu pour l'avenir. En un pays où la terre paraissait pour longtemps désolée, elle apparut consolante et pleine de promesses comme le premier épi de blé qui célèbre la moisson certaine.

Un culte précieux était fondé. Et c'est là, désormais, sur cette placette où aboutit la rue des Pyramides, à l'endroit même où Jeanne fut blessée sous le Paris des Anglo-Bourguignons, qu'on voit déposer des fleurs et des couronnes, par des mains pieuses qui n'obéissent pas toujours à des préoccupations politiques.

Des fleurs, il en fut apporté là, dès le premier jour. Mais comme ils étaient rares les passants qui se retournaient pour se demander ce que leur voulait cette statue équestre, installée dans la rue de Rivoli, avec sa couronne de lauriers posée en auréole ! « *Jeanne d'Arc*, disait-on, tiens, c'est drôle, une *Jeanne d'Arc !* » Les plus renseignés, à la lecture du nom de l'artiste, ajoutaient : « Mais, Frémiet, nous croyions qu'il ne s'occupait que d'animaux. » Et l'indifférence continuait son chemin, sans plus se soucier du mystère coulé dans ce tarot de bronze. Peu de gens, oh ! bien peu, furent même informés qu'on venait de placer une image de Jeanne d'Arc. Ceux qui ne passaient jamais par là, ceux qui ne lisaient pas les faits divers dans leur journal, n'en eurent connaissance que bien des années après le jour d'inauguration. Car la fête avait été plus qu'intime. Les feuilles d'alors racontent qu'on y voyait en tout une cinquantaine de personnes. Encore ce n'était pas un article que les journaux avaient consacré à cet événement, qui fut à peine un incident. Un filet, quelques lignes, presque rien.

L'inauguration eut lieu le jeudi 20 février 1874, à dix heures du matin. « Cette inauguration a été faite sans aucune solennité, dit le *Figaro*, et en présence d'une cinquantaine de curieux. » Le *Journal des Débats* semble regretter ce peu d'apparat dans une circonstance qui méritait mieux : « Il n'y a eu aucune cérémonie à cette occasion. C'est sans doute pour réparer cet oubli que des mains pieuses ont placé à la partie saillante du piédestal une immense couronne de roses blanches et de violettes, et sur la grille une autre couronne des mêmes violettes, entremêlées de lauriers ».

Le *Gaulois* nous dit que la statue a été érigée en présence de M. Frémiet, de M. Thiébaut fils et d'un ingénieur délégué par la Ville. Il constate que cette « cérémonie n'avait du reste rien d'officiel », et comme il s'est glissé dans la foule, qu'il chiffre à 150 personnes environ, il ajoute que ces curieux ont eu dessein de profiter de la circonstance pour « ébaucher une petite manifestation ». Suit le récit de cette manifestation : « Il n'était question dans les groupes que de la défaite d'Orléans pendant la dernière guerre. Les généraux du 4 Septembre, qui commandaient à cette époque, n'ont pas été épargnés, et Garibaldi principalement a été vivement attaqué par la foule, où il ne devait pas exister un communard. Les gardiens de la paix ont dû disperser la foule qui encombrait la place des Pyramides. L'incident n'a eu aucune suite. »

La statue, recouverte d'une toile, avait été apportée le matin par un camion attelé de deux chevaux. Elle fut montée sur son socle, à l'aide d'un plan incliné, muni de rouleaux, qui partait du chariot pour aboutir au sommet du socle. On le voit, c'était très modeste et de bien petit équipage; une installation plutôt qu'une inauguration. Deux chevaux et un camion, pas de personnages officiels, un ingénieur délégué, dont on ne nous dit pas le nom, venu là, non comme haut fonctionnaire, mais comme utilité, comme technicien, une manière de gardien de l'équilibre comme un sergent de ville est gardien de la paix.

Il y eut bien des fleurs et des vers. Les *Débats* ont remarqué les fleurs. Ce journal académique y a vu une compensation à cette présentation d'une statue votive à un public absent. A côté des roses et des violettes, Banville, Déroulède, Coppée ont apporté quelques vers, de jolis vers, tendres, harmonieux et sonores. Ceux qui pensaient à Jeanne d'Arc en 1874 avec M. Frémiet étaient des artistes, rien de plus, des gens que Mirabeau eût appelés des faiseurs de vers. M. Frémiet a t-il pu jamais demander une consolation plus touchante que cette collaboration des poètes?

Cinquante curieux s'étaient arrêtés dans la rue pour voir installer son œuvre, une œuvre où il avait mis beaucoup de son âme, sinon toute son âme. Il y avait de quoi souffrir. Mais voici que les poètes accourent et disent au statuaire: «Nous sommes avec vous. Salut à votre œuvre, généreuse et brillante de promesses. Nous allons vers votre *Jeanne d'Arc* comme les mages suivaient l'étoile. Et dans le ciel sombre des douleurs publiques, merci à vous qui avez allumé la première lueur d'espoir. » M. Frémiet avait gagné sa bataille. Ce n'était plus qu'une affaire de temps. Le public n'était pas venu. Il ne savait pas encore. Mais les artistes avaient compris. Ils étaient avec le statuaire, eux, les bons, les poètes, les rêveurs ceux qui sentent le prix d'une belle idée, ceux qui rêvent la vie meilleure et chantent leur rêve avec des rimes et des espérances.

Comme des fleurs naturelles, les statues de Jeanne d'Arc, un jour, pousseront sur le sol de France ; autant de boutures cueillies au petit square de la rue de Rivoli. L'idée aura pris tant de force, qu'elle portera seule les œuvres destinées à la célébrer. On oubliera l'œuvre devant le prestige de l'intention. Et comme il arriva pour le monument de Chinon, on s'enthousiasmera pour une statue de Jeanne d'Arc, parce que c'est une *Jeanne d'Arc*, et les municipalités n'y regardent plus de si près. Les cinquante curieux d'il y a vingt ans vont devenir des foules enthousiastes. Les poètes, il est vrai, ne sont plus de la partie, les libres poètes. L'impulsion a été donnée. L'idée est entrée dans le domaine public, à ce point qu'on aperçoit, dans les fêtes de Chinon, un petit coin des ardeurs des luttes électorales.

Ce n'est plus deux chevaux qui traînent *Jeanne d'Arc* sur la route de Paris à Chinon. On en compte jusqu'à quinze très gros. Des ingénieurs sont postés sur le trajet avec mission de surveiller, d'abaisser au besoin des ponts où passera le volumineux travail de M. Roulleau. Tout ce que les journaux n'ont pas raconté, il y a vingt ans, après l'installation de la statue de M. Frémiet, rue des Pyramides, ils nous le disent aujourd'hui à propos de l'inauguration officielle de Chinon, et nous le disent avant la fête. Au jour dit, ce ne fut que discours, déclarations et professions de foi patriotiques. Aussi bien ce n'est pas seulement à Chinon que les choses vont ainsi. Toutes les villes qui figurent sur l'itinéraire prestigieux de la vie de Jeanne d'Arc, réclament un monument commémoratif de leur participation à l'épopée du salut. Des fonds sont votés, des souscriptions sont ouvertes, des concours sont organisés. Domrémy, Vaucouleurs, Nancy, Orléans, Chinon, Rouen. C'est partout un effort qui aboutit à chanter la Pucelle avec la collaboration de l'art, partout sauf à Poitiers, où le crédit voté pour élever une statue de Jeanne d'Arc fut à la dernière heure détourné de son objet. Un concours avait eu lieu. Les maquettes

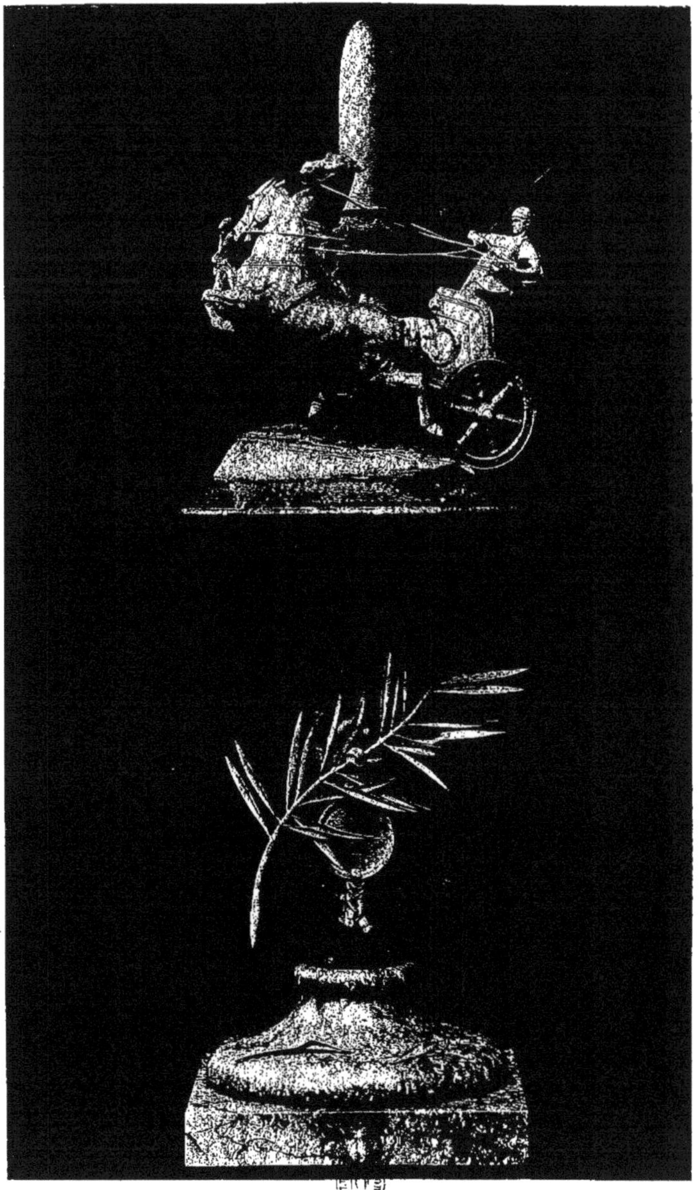

CHAR ROMAIN DOUBLANT LA BORNE — ARGENT —
Prix de Courses pour Buenos-Ayres (1889).

furent renvoyées, sans solution, à leurs auteurs, et les fonds votés furent affectés à un service plus terre-à-terre que le culte d'un noble souvenir. Les cinquante curieux de la place des Pyramides sont devenus quelque chose comme la France entière.

Décrire cette statue de la place des Pyramides serait découvrir l'Amérique. Depuis vingt ans qu'elle est exposée à la vue de tous, elle a conquis, sur la mémoire des foules, l'autorité absolue d'un axiome. Elle est évidente par elle-même. Ou qu'elle paraisse en image, ou qu'elle soit reproduite, quelle que soit la matière employée pour en consacrer le souvenir, bronze argenté, bronze ordinaire, plâtre, gravure, photographie, ou or pur du médaillon, toute inscription est superflue. La voir suffit pour la reconnaître. Les plus simples ne s'y trompent point. On dit : « La *Jeanne d'Arc* de Frémiet. » Elle est comme la dominante de l'œuvre de cet artiste. D'autres *Jeanne d'Arc* sont sorties de son ciseau anxieux de mettre au clair la vision qu'il interprète. C'est celle de la rue de Rivoli qui donne la tonique. Elle a été consacrée par la foule, par le plein air de la rue ; elle est entrée par là dans les habitudes. Elle appartient à la vie de Paris au même titre que Henri IV, le Louvre ou les Invalides.

Elle est une des astérisques de notre ciel opalin, et il n'est pas un *Cook's tourist* qui n'en retrouve sur son Bædeker la place et la sommaire description. D'où qu'on vienne, personne ne s'y méprend. On sait ce qu'on trouvera à l'embouchure de la rue des Pyramides. On trouvera Napoléon aux Invalides, Henri IV sur le Pont-Neuf, Jeanne d'Arc sur la place de Rivoli. C'est plus qu'un fait acquis, c'est un fait inévitable. La *Jeanne d'Arc* de M. Frémiet est devenue une célébrité de la rue. Elle est classée comme un monument de la vie publique.

Et, si demain elle venait à disparaître, cela creuserait comme un trou. Il faudrait une nouvelle édition à tous les *Guides Joanne*, à tous les *Bædekers* en vente, pour aviser les touristes de ce chan-

10

gement survenu sur les bords de la Seine, tant cette *Jeanne d'Arc* de M. Frémiet est liée désormais à l'ensemble de la physionomie de Paris, dont elle raconte en même temps l'histoire.

Ce qui lui valut le plus de critiques, dans les premiers temps de son installation, ce fut de n'être pas attendue. Paris ne pensait pas à Jeanne d'Arc, et il était encore plus loin d'y penser comme M. Frémiet voulait qu'on y pensât. Ce fut une surprise de voir une statue de Jeanne d'Arc, une surprise plus grande encore de la voir en armure, montée sur un cheval d'armes du temps. Et puis il se dégageait de cette œuvre inattendue un air de vérité renseignée, un reflet de vision précise, qui déconcerta par sa netteté, par son caractère d'authenticité, les gens pressés d'avoir raison contre des maîtres comme M. Frémiet, qui sont de trop grand travailleurs, somme toute, pour avoir tort, comme cela, d'emblée, sur des appréciations oisives et sans assiette.

Evidemment à l'époque où ce monument fut édifié, Jeanne d'Arc figurait dans les cerveaux français un peu comme un personnage de fantaisie, quelque chose comme ces statuettes du quartier de Saint-Sulpice, d'intention très pieuse sans doute, mais par trop conventionnelle, d'une formule de commerce, qui plaît à l'acheteur, et qu'on reproduit parce que dans le commerce, c'est le goût de l'acheteur qui donne le ton. Le jour où cet acheteur sans goût, est appelé à juger une œuvre considérable comme la statue de M. Frémiet, il juge avec ses petits moyens, avec le peu de choses qu'il sent, le peu de choses qu'il sait, c'est-à-dire avec l'estampille religioso-artificielle dont il a frappé les produits de l'imagerie dévote. La vérité artistique l'épouvante, en raison de l'idée fausse qu'il a de la vérité. Il prendra un détail sûr pour une concession à la matière. Aussi l'à-peu-près est le camp retranché de son esthétique. Il aura une préférence marquée pour la *Jeanne d'Arc* de la princesse d'Orléans, non pas précisément parce que cette statue dénote un effort louable encore qu'incomplet ; mais elle est l'œuvre d'une princesse.

Les gens qui conçoivent Jeanne d'Arc avec des plumes sur la tête, comme un cacique d'opéra-comique, ont haussé les épaules devant la *Jeanne d'Arc* de M. Frémiet, ils les lèvent encore, les lèveront toujours. Dressés à l'école de ces plâtres badigeonnés dont la détresse artistique assure la fortune du marchand de chapelets, ils sont insensibles à l'œuvre d'émotion, et impatients de ce qui dénonce la médiocrité. Ces gens-là ont été les pires détracteurs de l'effort de M. Frémiet. Ils auraient accepté une Jeanne d'Arc de convention, une poupée semblable à celles qu'ils achètent dans les bazars de pieusetés, rue Bonaparte. Ils auraient acclamé une Pucelle d'Orléans en page des Huguenots. Ils ont lardé de critiques enfantines le monument de M. Frémiet, simple et exact comme un trait d'histoire. Cette exactitude même des détails très étudiés, cette érudition sûre, qui avaient présidé au choix des accessoires, exaspérèrent ce public élégant, qui a peur de l'exactitude. Il en sortit une critique venimeuse que je copie dans les journaux du temps, ceux que les feuilles avancées appellent les journaux bien pensants : « M. Frémiet a suivi ses habitudes de réalisme dans le choix et dans l'exécution des accessoires. »

La rue Saint-Sulpice défendait ses produits contre un art qui lui serait funeste si son public venait à l'adopter. Le dénoncer comme réaliste, c'était invoquer l'excommunication majeure. Et le mot d'ordre une fois donné, la *Jeanne d'Arc* de M. Frémiet fut qualifiée d'abomination réaliste, par les personnes qui n'eurent jamais l'habitude de penser par elles-mêmes.

« J'ai pour moi la tapisserie d'Orléans, tapisserie allemande qui date de soixante ans après la mort de Jeanne d'Arc, à Rouen », aurait pu riposter l'artiste pour faire la preuve de la sûreté de ses renseignements. En même temps il établissait l'authenticité de ses accessoires. Il affirmait que s'il les avait choisis tels, c'était par goût de l'exactitude, et non pour le plaisir d'offenser par un monument réaliste. Somme toute, M. Frémiet avait procédé en artiste qui voulait mettre au jour une statue de Jeanne d'Arc qui fût un monument digne du sujet.

Apporter un peu de vérité à cette figure d'histoire traitée jusqu'ici avec abus de la convention, était le droit d'un artiste dont le ciseau est sûr, l'œil précis, et qui obéit à un esprit, dont la portée, est très supérieure à ce qu'on en pense parmi les gens dont le privilège est de ne rien admettre que de convenu. On oubliait l'historien qui double le statuaire en M. Frémiet. On était unanime à ne pas remarquer que, le jour où cet animalier s'est adonné à l'histoire, il a produit des œuvres qui sont des monuments d'art français, destinés à ranimer par le souffle d'un art puissant des reliques par trop dépouillées des accessoires de leur vie d'antan.

Parmi l'incessant inédit de l'histoire de France, M. Frémiet retrouve ces accessoires qui étaient le signe du temps et des mœurs des êtres que son outil exhume et rend à la vue de tous. Il y eut mauvaise grâce à l'en blâmer. La vérité reconstituée, le document retrouvé, précis, authentique, comme cela se voit pour cette armure de Jeanne d'Arc et pour les harnais de sa monture, sont autre chose qu'une concession systématique à la brutalité du réalisme tout cru. Ces pièces vraies expriment la vérité artistique au profit de la vérité de l'histoire. C'est bien quelque chose. La vérité ainsi utilisée est un hommage.

M. Frémiet nous a donné de l'inédit. Avons-nous le droit de lui en vouloir? Il me semble qu'il serait mieux de lui en savoir gré. Jeanne d'Arc ne peut pas être diminuée parce qu'elle nous sera montrée telle qu'elle était, dans un équipage, avec une armure, en tout semblables à son armure et à son équipage propres. Pendant longtemps nous l'avons vue, en de petites images, montée sur un cheval de carton. La décence et le respect furent-ils offensés, le jour où nous avons appris que Jeanne d'Arc ne montait pas un cheval exclusivement de carton blanc ? Elle avait aussi un cheval noir. Bien mieux, son train était celui d'une grande dame, et son écurie était de quinze chevaux. Dans le nombre il y en avait de noirs. C'est ce qu'assurent les frères Guy et André de Laval dans une lettre à leur mère : « Et la vis monter à cheval armée tout en blanc sauf la tête, une petite hache en sa main sur un grand coursier noir. » Ce grand cheval noir devant la porte se démenait très fort, paraît-il, et ne voulait pas se laisser monter. Ceci se passait le lundi 6 juin. Alors Jeanne dit à ses gens de mener son cheval à la croix qui était devant l'église tout près au bord du chemin : « Et lors elle monta sans qu'il se mût comme s'il fût lié. »

Ce grand coursier noir, décrit par les frères de Laval, cousins de La Tremoïlle, pourrait être appelé le cheval noir du miracle. C'est aussi le cheval de la querelle. Car c'est contre lui que la critique s'exerçait le plus fort. Or, ce qui intéresse surtout ici, c'est de savoir qu'il était grand. Car les gens qui ont critiqué la statue de M. Frémiet, ont prétendu que sa *Jeanne-d'Arc* péchait par les proportions.

Cela était vrai tout en ne l'étant pas. C'était vrai relativement. En soi le groupe équestre était de proportions justes. Par rapport aux maisons d'alentour il ne l'était plus. La figure paraissait trop petite, non parce que le cheval était trop gros, mais parce que les maisons sont hautes. Le cadre écrasait le motif. Il eût fallu tricher. Le public ne songea pas au cadre. Il reprochait au maître une figure de femme que le cadre rendait trop petite, sans songer au cadre. L'artiste avait exécuté une figure juste. Le cadre la déformait. Les critiques furent injustes parce que la Jeanne d'Arc de Frémiet était un joyau, par l'exaltation sereine du visage, par l'orfèvrerie des détails, par le charme mystérieux qui auréolise le monument dans son entier.

En place le cadre produisit un déclanchement de l'ensemble. On ne pensa pas aux maisons. On critiqua le cheval. En cela la critique était fausse. Qui a vu cela? Le public? Nenni. L'artiste. Et le jour où il le vit, il refit sa statue tout entière, cheval et figure. Et voilà cette « commande qu'il se fit un jour lui-même, par goût de la statue équestre ».

C'est une des plus belles actions qu'on puisse citer de cet homme qui est une conscience. Cet artiste, dont le labeur assidu est d'un homme réfléchi, se demanda un jour si par hasard cette critique ressassée n'avait pas quelque part sa raison d'être. Il oublia que les gens qui criaient le plus fort n'avaient jamais vu ce qui s'appelle esthétiquement vu, une femme sur un cheval, surtout une femme en costume d'homme. Peut-être avaient-ils dans les yeux les amazones du bois, dont les robes longues qui changent les proportions, ont précisément pour but de tromper l'œil sur l'effet d'une stature féminine, fine et légère, une fois perchée sur le socle élevé d'un cheval. De plus le cheval usité au XVe siècle, le grand trottier vu par les frères Laval, était grand et fort. Il paraîtra toujours trop grand aux gens qui ne voient plus jamais personne, encore moins une femme, chevaucher des animaux de ce volume. Il fallait trouver ailleurs les raisons des critiques formulées. A ce moment, l'artiste vit le cadre de maisons.

Alors il s'imposa l'effort énorme de recommencer son groupe. Il le recommencerait tout entier. Car si la figure de Jeanne d'Arc était trop petite, le cheval avait aussi l'encolure un peu forte. Ces scrupules de conscience honorent à un degré infini l'artiste qui en souffre et se fait leur très obéissant serviteur. L'homme que tourmente à ce degré la perfection, porte la marque d'un maître et d'un homme d'élite. Il faut l'entendre d'ailleurs, raconter lui-même le combat intérieur livré en lui, par ce souci de se recommencer, dans une œuvre de cette importance et de ce prix, s'entend prix coûtant :

« Je ne pouvais plus regarder mon groupe, dit-il. Depuis que j'avais reconnu le défaut, quand je passais devant je tournais la tête de l'autre côté. Et j'entrepris de le recommencer sans en parler à personne, pas même chez moi, pas même à Mme Frémiet. Notez qu'au point de vue argent, ce n'était pas une petite affaire. Je devais compter vingt mille francs. Où les trouver ? Le travail marchait. Le groupe était monté. Mais l'exécution en bronze, comment faire ? Je songeais à aller trouver M. de Rothschild et à lui exposer mon cas, quand il m'arriva ce que j'appelle une bonne aubaine. Une commande d'un Américain me donna l'argent dont j'avais besoin.

« L'histoire de cette commande vous amusera. Un Américain de Chicago, très riche bien entendu, élégant de mise, très yankee, des souliers très ronds et de parler très bref, vient en Europe, avec l'idée d'acheter, il ne sait pas au juste quoi, mais un tas de choses. A Londres, il essaie d'accaparer toutes les lignes d'omnibus. Cela rate. Il se rabat sur Paris. Son carnet de courses et de chèques le conduit chez moi :

— Monsieur, me dit-il, vous avez fait deux groupes : 1° un gorille femelle qui emporte une femme ; 2° Un ours qui étouffe un homme. Cela me convient. J'ai reçu mon instruction dans un collège aux environs de Chicago. J'ai conservé de la reconnaissance pour cette maison d'éducation. Il y a dans ce collège, un très bel escalier à double révolution avec deux piédestaux sur lesquels je voudrais placer chacun de vos deux groupes. Je suis ici pour vous les acheter.

« Les deux groupes lui sont vendus, expédiés à Chicago, et de là dirigés sur le collège dont mon mécène voulait orner l'escalier à double révolution, en témoignage de sa gratitude. C'est avec l'argent de cette commande que j'ai fait fondre mon groupe de la Jeanne d'Arc, nouvelle, toujours sans en parler à personne, au lieu de mettre cet argent dans ma caisse. Mais avant de finir mon histoire, écoutez la fin de l'anecdote de mon curieux Américain.

« Environ dix-huit mois après, je le vois revenir à mon atelier.

— Vous savez, monsieur, vos deux groupes, la Gorille et l'Ours destinés à l'escalier de mon collège. Ils sont arrivés en bon état,

Cliché Fiorillo

JEANNE D'ARC

et font très bien en place. Je m'étais seulement un peu trompé. Il n'y avait pas d'escalier... J'en ai fait faire un.

« Tout est d'ailleurs imprévu dans l'aventure de ma nouvelle *Jeanne d'Arc*. Voici donc mon groupe désormais fondu. Mais je ne savais qu'en faire, ni comment faire. Lorsqu'un matin je reçus un petit bleu du préfet de police, M. Lépine, qui m'écrit : — « Le socle « de votre Jeanne d'Arc de la rue de Rivoli baisse. Que faut-il « faire? »

« Je réponds immédiatement :

« — C'est bien simple. Il n'y a qu'à enlever la statue.

« J'étais sauvé, Vous pensez combien je me sentais fort. Après la bonne aubaine de la commande américaine, il m'arrivait cette chance inouïe. Ma statue est immédiatement descendue de son socle et envoyée chez Barbedienne, rue de Lancry.

« L'accident du socle était peu de chose. Quatre ou cinq jours après, le préfet de police me fait savoir qu'il n'y a plus rien à craindre. Les pompiers en ouvrant un robinet de prise d'eau avaient provoqué une infiltration. C'était fini. Le tassement s'était accompli. Il n'y avait plus qu'à remettre ma statue. Je l'ai remise. Seulement ce n'était plus la même. L'opération se fit à six heures du matin le 16 mai 1899.

« Et les passants ont revu leur Jeanne d'Arc rue de Rivoli comme par le passé. Ils remarquaient bien qu'il y avait quelque chose de changé. Elle était dorée. On s'en aperçut bien. Le lendemain quelques journaux mentionnèrent le fait. Les *Débats* s'étonnèrent : « On dirait que c'est une autre statue. » Je répondis gentiment qu'en effet c'en était une autre, et que dix jours m'avaient apparemment suffi pour reprendre mon groupe en entier. Vous avez vu que j'ai allégé l'encolure de mon cheval. Et ma figure, qui auparavant avait 1 m. 70, est haute maintenant de 1 m. 96. J'étais désolé, vraiment, d'avoir eu l'honneur d'un emplacement si beau et de m'être trompé de proportions. Aujourd'hui je suis content. Mon groupe me plaît. Je ne détourne plus la tête pour ne pas le voir quand je passe par là. Ça m'a coûté vingt mille francs. Mais j'ai de la satisfaction pour mon argent.

« Je commets une petite erreur quand je vous dis que je n'avais fait mes confidences à personne. J'en avais parlé à Jules Ferry. Il m'a écrit à ce propos une gentille lettre, bien de lui, où il me félicite de mon courage. Il dit que j'appartiens à la bonne famille des artistes français qui savent encore donner l'exemple du désintéressement. C'est très flatteur. Et cela m'a fait plaisir. »

ADIEUX A CELLE QUI N'EST PLUS

Si la nouvelle Jeanne d'Arc de la place Rivoli avait son histoire à raconter, l'ancienne a droit à un mot d'adieu. Car elle n'est plus. Il n'en reste rien, que la couronne de lauriers. En vain la petite vipère de la calomnie a voulu s'attacher aux débris de ce bronze sacré, qui toucha de si près à l'airain des canons du siège et de la Commune. En vain on a voulu diminuer les mérites de l'artiste en répandant le mauvais bruit que M. Frémiet l'avait vendue. Un inspecteur des Beaux-Arts, aujourd'hui mort, qui fut député boulangiste de Seine-et-Oise, M. Roger Ballu, dont le père avait été l'ami de M. Frémiet, raconta en pure perte qu'il ne croyait rien du désintéressement de M. Frémiet.

L'ancienne Jeanne d'Arc a été détruite, devant les deux cents ouvriers de la maison Barbedienne, sur l'ordre formel de l'artiste. Une ville de l'Est avait demandé à l'acheter. Un monsieur était mort laissant à cette ville une somme de vingt mille francs pour orner la place publique d'une statue de Jeanne d'Arc. La ville s'adressa à la maison Barbedienne. Celle-ci proposa à M. Frémiet d'utiliser celle qu'on venait de retirer de la rue de Rivoli.

— Non, dit l'artiste, elle ne me plaît plus. J'en ai fait une autre pour la remplacer. C'est pour qu'elle n'existe plus. Détruisons-la. Mettons-la au creuset.

On la mit au creuset. On en retira neuf cents francs. Et M. Roger Ballu savait cela très bien. Le directeur le lui avait raconté garantissant le fait. La vérité est une pierre précieuse qu'on aime à tenir dans les doigts pour en admirer de plus près l'éclat. Disons-lui donc adieu à cette statue que nous aimions tant — oh ! pas plus que sa sœur en or actuelle — mais enfin nous l'aimions. Nous l'aimions parce que, si un peu petite, elle n'en était que plus près de nous. Et puis c'est elle qui avait essuyé le feu des critiques, en même temps que les premières fleurs du printemps de la France réveillée avaient été pour elle.

C'est son arrivée au milieu de notre cher Paris, un matin de mai, au temps où ceux de notre génération avaient vingt ans, qui nous rassura sur les ressources de notre cœur, et de notre courage. Nous avions devant les yeux l'inquiétant spectacle de la France à remettre debout. Nous étions attelés au char de la déroute. Et la bonne Jeanne de M. Frémiet nous prêtait son bon cheval pour nous aider à monter la côte où Sisyphe est côtier de profession.

Malgré sa forte encolure, nous l'aimions bien ce cheval-là. On le voulait cheval de ferme. C'était un cheval de guerre, puissant et somptueux serviteur, qui conduit aujourd'hui les soldats du feu à l'incendie, et jadis menait à travers l'Europe les gens de la Croisade, les chevaliers *Credo* à la délivrance du tombeau du Christ, où il ne reste rien que le linceul de l'Idéal.

Il était bien le cadet du grand coursier qu'avaient vu les deux frères Laval, se démenant très fort devant l'huis de son logis. La jeune fille le maniait avec sûreté, comme le domptant par la magie d'un pouvoir supérieur. Il était serviable et brave, faisait de la route et marchait droit contre l'épieu ferré de l'Anglais. Il avait des muscles pour suivre les durs chemins de la victoire. Sa tête était celle d'un cygne d'épopée. Il était d'un modèle grandiose, proclamant un triomphe de la nature.

Il restera dans nos mémoires comme un de ces chevaux dont l'histoire est pareille à une légende. On la dirait écrite pour lui cette page où Commines, racontant la bataille de Fornoue, nous montre le roi Charles VIII, en armes, monté sur le beau cheval noir qui lui venait du duc de Savoie. Ce cheval était borgne, et néanmoins donnait de la grandeur à ce jeune roi, d'allure craintive, au point qu'il en paraissait tout autre, tant ce cheval « le montrait grand ».

Notre ami défunt de la place Rivoli soulignait vraiment très bien la fermeté de cette figure humaine, qu'il portait sur ses reins d'acier, enveloppée dans l'airain de son armure masculine. Jeanne d'Arc sur son dos, nous arrivait très allégée de matière réelle. On sentait son souvenir survivre comme un souffle céleste, plus lumineux que charnel. N'est-elle pas quelque chose comme une sœur mystique de la terre de France, un reflet céleste sur cette terre comblée de douleurs ? La réalité de cette vie merveilleuse est devenue la vérité d'une légende authentique. Elle est plus une âme qu'un corps, et moins une des forces physiques de la victoire qu'une respiration de l'âme française. Il fallait asseoir tout cet intangible sur un cheval.

Et notre bon cheval savait bien qu'il n'amenait ni une paysanne hallucinée, ni une fille exclusivement de jarrets solides, porteuse de pain ou de bannière, mais cette « jeune fille d'une remarquable élégance » dont parle Perceval de Boulainvilliers dans sa lettre en latin à Etienne Visconti, duc de Milan.

« Jeanne était de petite taille », dit aussi Guillaume du Guast, seigneur italien attaché à la cour de Charles VII. Elle avait les cheveux noirs, était robuste, et « son parler, comme c'est l'usage chez les femmes de France, était plein de douceur ».

Alors on pense que M. Frémiet se soucie toujours de monter ses personnages sur le cheval qui leur sied, leur ressemble, les complète et leur conserve leur physionomie. Il ne recourt pas à un type uniforme de monture, qui sortirait comme d'un moule à gaufres, et serait le même pour tout le monde. Il n'a pas assis Vélasquez sur le cheval de *Du Guesclin*, ni le *Grand Condé* sur celui d'*Etienne Marcel*.

De même Jeanne d'Arc ne chevauche pas une haquenée de châtelaine. Elle en eut bien une, dans son écurie, une seule, encore elle ne la garda pas longtemps. Elle l'avait acquise de l'évêque de Senlis, et payée deux cents saluts. Mais elle écrivit à l'évêque qu'il pouvait ravoir sa haquenée « vu qu'elle ne valait rien pour peiner ».

Nous qui l'aimions cet étalon de la place Rivoli, et qui aimons autant que lui son remplaçant, son frère, d'encolure moins puissante, nous sentions bien en le défendant contre ceux qui le voulaient cheval de ferme, tout le sacrilège du mot. Nous le défendions, parce que lui aussi appelle un cavalier hors pair, quelqu'un de rare et de très supérieur.

Ce cheval-là était un très grand monsieur, un héros. Il lui fallait un cavalier dont la mine cadrât avec la sienne. Fera-t-on figure sur la selle qu'il porte avec le chapeau de soie en tête ? Il exigeait un casque ou une auréole. M. Frémiet tressa l'auréole des lauriers de la martyre Jeanne d'Arc. Son cheval qui fut à Patay, à Orléans, à Reims, noir en Berry, il sera blanc à Reims pour le sacre. Sa beauté le destinait à être armé chevalier lui-même sous l'armure des chevaliers. Issu des fortes races de France, il était venu de Terre Sainte avant le monde chrétien. Ses ancêtres étaient les chevaux de la chevalerie gauloise, vieille noblesse du sol montée depuis des siècles, au temps où les Francs étaient encore gens de pied.

Malgré tout, nous lui trouvions la grande mine de son emploi. L'artiste en avait fait le collaborateur d'une œuvre extraordinaire, une manière de Pégase chrétien, un être de choix, destiné à une besogne d'élite, une délivrance. Pégase sort d'un berceau caché dans les nuages des apocalypses lointaines et oubliées. D'un coup de pied il engendre la fontaine des muses. Agent de l'Esprit il vole par les airs et porte la Poésie qui plane sur ses ailes. Le voilà figure pure, instrument de conquête pour les dieux. Apollon l'attelle au char du Soleil. Monté par Jeanne d'Arc, Persée ou saint Georges, il est le soldat de la délivrance.

Sur son socle de la rue de Rivoli, le voici nature, tel qu'il descendit de son berceau mystérieux. Le vent de ses ailes effacées frissonne dans ses jambes rebondissantes. Il n'est pas fringant, mais magnifique. Il ne piaffe pas, il porte beau, par destin et par instinct. Sa beauté lui vient de la merveilleuse répartition de ses forces. Son élégance est le geste de sa souplesse.

M. Frémiet en avait fait dès la première heure une reconstitution précieuse, en définissant par la majesté de son image, le rôle du cheval dans le monde de la chevalerie. A côté de l'héroïsme du cavalier, il montrait la splendeur physique du cheval. Il risquait en somme une belle partie. Il jouait gros jeu, et les critiques plus ou moins incompétentes le lui firent bien voir. En le modifiant pour une partie, l'encolure, il lui a laissé la marque nécessaire de son signe originel, la pureté de la force dans la beauté. Il est resté le maître de la situation qu'il avait créée dans l'art de son temps. Il a imposé au public un cheval conforme à l'histoire, à la tradition, à la vérité des faits. Il a monté Jeanne d'Arc sur un animal d'une somptueuse magnificence de formes, qui justifie la mythologie de lui attribuer une origine céleste. En un mot, il a montré au peuple de France que l'histoire de Jeanne d'Arc, pour être totale, avait besoin d'être écrite du haut d'un vrai cheval, un beau cheval, un cheval comme en produisent nos pâturages de l'Ouest et nos avoines de l'Ile-de-France.

La formule esthétique de Jeanne d'Arc est une formule équestre. Effigie guerrière, martyre de la guerre, victorieuse et vaincue de la guerre, elle est une effigie à cheval. Sans son cheval elle est épisodique. Complète, il lui faut son cheval, sa bannière et son auréole de lauriers. A cheval elle suit le chemin des croisades. A pied, elle est sur la route du bûcher, avec des étapes pour la prière et des souvenirs pour la bergère. Le calvaire du bûcher se monte à pied. Le cheval et le bûcher l'auront conduite aux deux termes de sa fonction sociale, la victoire et la mort des représailles.

La quenouille de la bergère ne serait rien si elle n'était devenue l'épée de la guerrière. Et Jeanne d'Arc que nous avons vue arriver un matin de mai, après la guerre, était bien la même, qui jadis était entrée dans l'histoire française à cheval pour sauver la France en passe de mourir. Nous la saluions avec joie, en selle, non comme une écuyère, mais comme une missionnaire dont la mission va s'épanouir sur le terrain où les comptes se règlent avec l'envahisseur.

Oh ! elle est bien à cheval, allez ! Cousinot raconte qu'à Orléans, le matin du grand jour : « Si dist qu'on l'armast hastivement et lui aydast à s'armer. Et quand elle fut preste, monta à cheval et courut tellement sur le pavé que le feu en saillait. » A Patay elle demandera au duc d'Alençon : « Avez-vous de bons éperons, gentil duc ? » Les siens sont bien assurés, et on chargera : « En nom Dieu, chevauchons ferme contre les Anglais ; quand ils seraient pendus aux nues, nous les aurons. » C'est une personne qui tient bon en selle, et parle à Gladsdale du haut de son troussequin.

A cheval elle est dans la plénitude de son action héroïque. Elle a une portée générale qui eût toujours manqué à une statue pédestre. Nous devons à M. Frémiet une Jeanne d'Arc en prières, une autre en bergère, du temps où elle en était encore au balbutiement de son destin. Rue de Rivoli l'artiste nous la donna telle qu'elle survit dans l'esprit populaire, le plus sûr gardien de la tradition, telle qu'il la fallait, en image dépassant les particularités de sa vie, devenue comme une dédicace à l'esprit du peuple entier.

Le pittoresque de sa vie et la terreur de sa mort ont sauvé la douce héroïne de l'oubli des hommes, en implantant cet axiome que Jeanne d'Arc a créé la patrie française. En effet, elle incarnait le peuple en marche, et dédiant les siens aux hasards de la guerre. Fille du peuple elle était fille du sol. Sa mission fut le heurt de sa conscience avec la réalité, qui est la preuve dans l'épreuve.

Elle a prouvé au nom du peuple dont elle était, que le territoire

Cliché Fiorillo.

Jeanne d'Arc de la place Rivoli

est un bien qui lui appartient, pour la garde duquel il doit donner sa vie en témoignage et comme valeur d'échange. Par sa vie et sa mort elle a fondé ou plutôt précédé l'idée de la France pour tous les Français. Elle n'a pu atteindre le terme de son œuvre. Mais elle en a jeté les bases définitives dans la réalité. Elle a dessiné le projet d'une patrie effective, celle du sol, celle des droits, celle du sang. C'était la patrie vraie, dont les limites sont le théorème du cœur de chacun de nous.

Par son martyre pour cette cause, elle jetait les assises du grand problème de la patrie morale, de l'esprit, de la conscience, celle des signes profonds de la race, celle des qualités de l'âme et des vertus du cœur. Elle mourut victime des égoïsmes ou des haines opposés à ce principe. Elle apportait du haut de son cheval l'esprit de bienfaisance et de fraternité, comme corollaire à ses victoires militaires, afin d'assainir l'âme française, une fois le terrain déblayé.

Comme telle, Jeanne d'Arc est une figure totale et indécomposable, à accepter telle que le bûcher et son procès nous la donnent. Une œuvre comme celle de M. Frémiet rend un immense service à une population par sa clarté et sa simplicité. Son groupe équestre pose une question décisive, qui porte en soi la sanction morale du martyre et du sacrifice, à l'occasion de la France.

Ce monument édifié de toutes pièces sur l'empreinte d'une fonction traditionnelle de notre race, la tradition du sacrifice de soi au bien d'autrui, la tradition du Devoir pour la vie, relève par cela même d'une hermétique supérieure, très claire pour ceux qui ont conservé le sens du génie de ce pays, sens désormais obscur, pour la masse des gens égarés dans l'égoïste désert de la lutte pour le triomphe des instincts.

Il faudrait pour nous expliquer les motifs secrets de cette œuvre de si haute portée, un homme en quelque sorte exceptionnel, dont l'âme trempée de souvenirs et d'espérances, taillée sur le modèle type des purs produits de ce terroir, serait assez en possession de la poésie de l'esprit des choses, pour s'autoriser d'une volonté libre doublée d'une conviction rigoureuse. Pour demeurer fort et calme nous supposons, cela va sans dire, que cet homme aura souffert beaucoup, sous le joug d'une destinée volontaire qu'il se serait imposée, par respect de soi, par culte de sa conscience, et par besoin de la soustraire aux engageantes invites de l'envie et de l'égoïsme.

Cet homme figurerait au premier rang parmi les êtres de pure élite, les êtres dégagés qui ne tiennent plus à terre que par les liens du dévouement, du devoir et du sacrifice. On le conçoit ainsi tout à fait en dehors du commun des heureux de ce monde, s'étant retrouvé, s'étant ressaisi lui-même en pleine droiture, calme, vigoureux et modeste malgré le siècle, ayant pris une bonne fois le dégoût de l'orgueil et de ses sinistres appendices. On imagine de la sorte un esprit rare, en route pour la perfection déduite, voulue, raisonnée, réfléchie. Le hasard n'est pour rien dans son amélioration. Il a su simplement utiliser la réalité des circonstances de sa vie, pour atteindre à ce degré de culture du meilleur de soi-même, à force de sang-froid combiné d'enthousiasme. Il serait sans haine, indulgent aux fatales malfaisances des inconscients, doux aux faibles qui défaillent. On le devine si intelligent, si averti de toutes les causes des erreurs humaines, si prompt à réconforter, si rapide dans le sens de la voie généreuse, si soucieux de l'harmonie à rétablir, qu'on le voit en quelque sorte assis dans son irréalité d'être à réaliser, face à face avec l'Esprit de Justice, dont il serait devenu comme l'hôte et le commensal quotidien.

Sa vie est devenue une fonction de la douceur, de la vérité, loin, très loin de l'arrogant contrôle de l'esprit de coteries et des gens d'intrigue. Ceux-ci assurent le succès à leurs pareils, s'unissent au nom d'une identique envie, pour rejeter de leur amour de la gloire, quiconque ne leur est pas similaire. Ils choisissent leurs favoris, dans le genre de mérites ou de caractères les plus rapprochés de leurs vices, et dont le triomphe ne constituera point contre eux une vivante accusation. L'être, dont nous avons besoin pour nous expliquer le sens profond de la Jeanne d'Arc de la rue des Pyramides, est la négation d'un temps de réclame, par son culte envers la Vérité. La ruse ni l'ambition ne forment point son bagage de route ici-bas. Il sait à quoi s'en tenir sur les mensonges rendus nécessaires par l'usage du mensonge. Il n'accuse personne et ne blâme jamais. Il ne réprouve ni ne maudit. Il agit, il travaille, il examine et réfléchit ; il regarde et sait voir.

S'il apprécie son prochain, ce n'est jamais de façon à lui infliger l'offense directe du reproche ou de l'invective. Il se contente de faire par ses propres actes, qu'il établit en opposition avec ceux qu'il réprouve, la contre-partie de ce qu'il croit répréhensible. Mais il n'injurie personne et ne redresse point les torts. Il désire seulement que les hommes, avec lesquels il est aux prises, ne le contraignent point de subir le contre-coup de leurs torts ou de leur désordre. Sa vie s'accomplit comme une mission d'épreuve et d'exemple. Il l'offre en modèle à ceux qui se sentent la capacité et le courage d'en subir les épreuves.

Cet homme-là pourrait seul nous édifier par un efficace commentaire de la Jeanne d'Arc de M. Frémiet. Car ce monument est d'une envergure très large, et vient de loin, pour raviver parmi nous des sentiments qui ne sont plus le commun patrimoine. Ce groupe équestre de la pucelle d'Orléans s'impose comme autre chose qu'une œuvre de simple décoration. Un sens profond l'anime, et le désigne à l'attention des gens de calme et de libre esprit. Si cette formule d'art, tout ensemble abstraite et concrète, idéale et réelle, n'a pas été appréciée au taux de sa grandeur, c'est qu'elle relève d'un ordre d'éloquence concentrée, assez pareil à l'idéal de notre commentateur imaginaire, et à laquelle il est bon d'avoir beaucoup réfléchi avant d'oser en extraire la moelle d'énergie et de vérité qu'elle contient.

La Jeanne d'Arc de M. Frémiet est l'effigie d'un être qui a vécu, qui a pensé, qui a souffert, que ses contemporains ont vue, aimée ou haïe. Elle a parlé, on lui a parlé. On sent très bien en la regardant, qu'elle regarde, qu'elle nous voit, comme elle a vu ceux qui la regardaient de son temps. Elle entend, elle écoute, elle comprend, se fait comprendre. Et si l'on se reporte aux interrogatoires du procès de condamnation, on ne peut pas ne pas admettre qu'elle a été vaincue par le formel d'une judiciaire perfide. Mais elle s'est défendue comme un être humain de bonne espèce et de grande lumière se défend, par la logique des faits, par l'enchaînement des circonstances, en proclamant la Vérité, comme la lumière qui était en elle. Tout cela, c'est de la réalité, c'est le concret de l'épreuve et de la souffrance. Jeanne d'Arc, la vraie, celle qui revit rue de Rivoli, était un être humain qui songe à son ciel, mais n'oublie pas la question préalable des devoirs d'ici-bas.

C'est même ce qui ajoute tant d'éloquence à cette œuvre que vivifie un charme où la puissance de la réalité vécue, ressentie, éprouvée, s'enveloppe de l'attrait mystérieux de la vérité intérieure.

Elle n'avance rien qu'elle ne soit à même d'en faire jaillir la preuve, de la réalité même de la discussion des choses de la vie ou de la guerre. Elle ne prophétise pas. Elle déclare seulement qu'elle est prête à accomplir ce qui est en son pouvoir. Ce pouvoir n'est un secret ni un mystère pour personne. Elle le met à la disposition de la France et de tous les gens du sang de France, comme l'unique moyen de salut, pour ce peuple en péril. Toute sa sorcellerie tient dans la forme simple de sa foi, qu'elle proclame comme l'offrande de soi-même. Elle invite ceux qui l'écoutent à comprendre la foi comme elle la comprend. Ce n'est ni du sortilège ni de la sorcellerie. Elle est une croyante qui n'exige pas que les gens soient crédules.

Les gens comme elle savent ce qu'ils veulent, leur âme comme une flèche sur un arc tendu, n'est livrée à elle-même qu'en vue d'un but sûr et déterminé. Jeanne n'est pas non plus une voyante à la façon des somnambules et des tireuses de cartes, habiles à servir la bonne aventure à la confrérie des superstitieux. Une grande lumière brille en elle. Elle prévoit à force de voir clair. Et un des traits de son génie fut de savoir éclairer, de sa propre lumière, des gens qui ne voyaient pas devant eux. Quand elle demande qu'on la conduise à Orléans, elle saura ajouter la réalité des faits accomplis à l'hypothèse idéale de sa proposition.

A Orléans, elle prouve qu'elle n'a rien avancé d'excessif. La preuve éclate au bout de son dire merveilleux. Elle agit sur la volonté d'un peuple hardi, mais qui ne savait plus vouloir. Elle opère en faisant mouvoir des gens qui ne savaient plus se mouvoir. Ceci est un miracle pour de vrai, de voir comment cette jeune fille a compris le parti qu'elle pourrait tirer de l'âme française réveillée. Ceux qui vinrent à elle lui ressemblaient, obéissaient aux secrètes injonctions d'une âme pareille Ils la comprennent; ils admettent les conséquences du devoir qu'elle leur prêche et dont elle leur donne l'exemple. Une lumière immense se répand dans la France, celle de tous ces esprits qui ressuscitent. Tous comprennent désormais que le pays est rempli de gens qui ne pensaient pas avec les gens du sang de France, qui sont pour l'Anglais, et qui applaudiront au bûcher de Rouen. Ces idées-là sont le lieu commun du moment. L'âme française se reconnaît et se sépare des étrangers de l'intérieur. La France des devoirs est en guerre ouverte avec la patrie de l'orgueil et des rapacités.

Les gens du sang de France se lèvent de toutes parts pour défendre la patrie de l'enthousiasme et de la générosité, contre l'invasion de l'intolérance et des appétits. Ils agissent, Jeanne porte en soi le Verbe. Elle formule, en son langage précis et clair, cette idée commune à tout le peuple du sang de France. Elle n'est ni une figure de sorcière, ni une figure d'hystérique, mais une figure humaine qui incarne, à un moment précis, toutes les espérances d'un peuple prêt à faire son témoignage devant la mort pour défendre ses espérances et les confesser.

Avec quel admirable sens de la vie et de la vérité des faits elle sait formuler sa pensée! Son verbe est clair et imagé. Dans sa bouche la métaphore prend le charme d'une prophétie. Sa pensée pleine, totale, toujours aboutit à une conclusion efficace. Il s'établit une union parfaite entre l'idée qu'elle expose et les mots qui lui servent à l'exprimer. Elle déclare ce qu'il importe de déclarer, pour être comprise de ceux qui savent comprendre, savent voir les choses comme elles sont et apprécier les sens qu'on leur donne. Elle s'est posée en champion des idées les plus chères aux âmes d'élite, mais qui coûtent aussi le plus cher à défendre. Ces idées représentent ce qu'il y a de meilleur dans l'homme, de plus élevé aussi : le Devoir pour la vie.

Par sa netteté, par sa fermeté, par l'harmonie de son ensemble, son image ici donne l'idée de quelque chose d'unique. La physionomie grave de cette femme à cheval n'est pas celle d'un être maussade, mais d'un être réfléchi, capable d'une réflexion sans bornes. Le signe d'une grande décision intérieure, en parfaite harmonie avec son destin, se dégage de cette figure hiératiquement immobile. Cet être que nous voyons là, devant tous, ne réside point aux extrémités instables de la vie. Ce n'est ni une ribaude, ni une exaltée, ni une pervertie, ni une figure de rêve irréalisable. Nous ne sommes point offensés par l'excès de matière ou par l'excès de rêverie.

Cette statue nous met en présence d'un être très réel, qui attend et reçoit de son rêve une incontestable supériorité. Le ciel aide cet être humain si disposé à s'aider soi-même. Cette femme,

Cliché Fiorillo.

Le Connétable de Clisson (château de Josselin)

à tournure de héros, attend le secours du ciel, mais elle est toute prête aussi à accepter les décrets de la réalité. C'est le devoir parmi les outrages et les horreurs de la vie, en vue de rallier et de sauver un peuple, par le dévouement d'un être affectueux et désintéressé. Et sur tout cela plane la grandeur calme de la résignation et de la modestie.

Cette Jeanne d'Arc de la place Rivoli, telle qu'elle fut et telle qu'elle est restée, avec sa physionomie de réalité authentique, envisagée au point de vue de la date de son élévation, surmontée d'une couronne de lauriers posée en auréole, est un signe complet de ce que représente Jeanne d'Arc comprise dans la totalité de sa carrière parmi nous. Elle symbolise la patrie des sentiments opposée à la patrie des intérêts et des ambitions. Ceux qui l'ont combattue, ruinée et brûlée vive, protégeaient contre elle l'avenir de leurs appétits de domination. C'étaient tous des gens en place, des gens aux honneurs et honorés. Jeanne marchait contre les passions de ces hommes de proie, avec les humbles du terroir, désireux de replacer comme elle, dans leurs cœurs de France, l'idée et l'image du Devoir, dont personne ne leur offrait plus l'exemple. Il serait très aisé de démontrer comment Jeanne d'Arc incarnait des revendications et un esprit de liberté, qui seront toujours odieux aux gens qui se dressèrent en face d'elle. Les Anglais portent la responsabilité historique du crime de sa mort. Mais ils n'auraient jamais brûlé la Pucelle, si les grands de la France ne la leur avaient pas livrée. Il est très bien de penser que Jeanne d'Arc a sauvé la France de la domination de l'étranger « d'une frontière à l'autre ». Mais cela n'est pas suffisant. En même temps que les frontières, il y a l'âme du pays à sauvegarder dans son intégrité. Il y a le signe de la conscience et de la race à garantir contre la conquête de l'esprit du vainqueur, qui prendra les places et les positions, pour diriger l'esprit public et assurer sa prise dans le présent, en évitant les réclamations dans l'avenir. Or, c'était déjà la patrie de l'argent, de la spéculation et des affaires, qui s'avançait en armes contre la patrie de l'enthousiasme et de la conscience responsable. Il y avait tout un monde impatient, le monde froid et cruel des oiseaux de proie, caché derrière les grandes compagnies. C'était l'avènement de la patrie de la force et de la domination par l'audace et l'injustice.

La patrie de la mission de Jeanne d'Arc a passé comme un rêve dans le cours de cette carrière de miracle. C'était quelque chose comme la patrie de la conscience, quelque chose de très près de l'âme, de très désintéressé, composé de tout ce qu'il y a de plus noble dans le dévouement, le sacrifice de soi-même et la bonté des cœurs. La réalité nous a laissé une patrie, que nous trouvons cruelle pour ceux qui ont faim, dure pour les humbles, et arrogante à l'endroit de ceux qui n'osent pas. Le peuple français manquerait à sa grandeur, s'il oubliait que la mission de Jeanne d'Arc est liée à la destinée morale, à la mission apostolique de la France idéale. Sans le secours de Jeanne d'Arc, dont le culte contient la totalité de l'âme française, le peuple français transformerait sa terre privilégiée en un pays d'égoïsme et d'orgueil. Il changerait sa destinée propre, et sortirait de sa route, sans espoir de retour, s'il persistait longtemps dans la voie où il s'est avancé depuis quelque temps, en créant la patrie de la sélection des instincts, aux lieu et place de la patrie des devoirs de la Conscience.

Jeanne d'Arc est venue fonder la patrie de la miséricorde. Elle a donné à cette terre idéale, par l'exemple de sa vie et de sa mort, une existence, une consécration historiques au nom même du sol de la France. Cette patrie de Jeanne d'Arc n'a pas été fondée. Mais la tradition de cette patrie existe, depuis le jour où le martyre de la Pucelle mit une tache de sang au beau ciel bleu de France. La grandeur de notre pays est de perpétuer cette tradition, de représenter à jamais parmi les autres peuples cette patrie idéale de l'affection et du dévouement, dont Jeanne avait préparé l'avènement par sa mort, soufferte pour le salut de la France.

L'égoïsme perd les hommes. La bonté peut les sauver. Le miracle de la vie de Jeanne d'Arc fut de prêcher parmi des populations livrées à la prévarication et à la simonie, la réalité de la bonté, du dévouement, à l'ombre de la bannière de messire Roi du Ciel. Sa vie entière, sa conduite, sa tenue, son langage, prouvaient à ceux qui la voyaient agir, que l'être humain a pour premier devoir de retrouver l'harmonie qui doit unir le ciel et la terre, l'espérance et l'épreuve, l'idéal et le réel, dans l'éternité des desseins suprêmes.

Ceux qui portaient en eux le sens de cette harmonie comprirent la mission de Jeanne d'Arc, et lui offrirent le concours de leur foi simple d'âmes simples. Ils y virent l'évident signe d'un être d'élite qui réunit en soi, à un moment de grand péril pour la conscience humaine, toutes les énergies dont est capable cette conscience.

Jeanne d'Arc leur apparut comme un être accompli. La renommée l'appelait un ange. A sa mort les Anglais la reconnurent sainte. Et selon une observation très judicieuse de M. de Beaurepaire, archiviste à Rouen, sa réputation de sainteté était tellement établie, qu'après sa mort, il ne fut fondé ni messes ni obits pour le repos de son âme. On la priait directement. Le miracle frappa les yeux de tous ceux qui étaient aptes à en recevoir les bienfaits, et dont l'intelligence ne se laissait pas aveugler par l'égoïsme ou la jalousie.

La mission de Jeanne d'Arc ne fut point la mission d'une thaumaturge. La pieuse jeune fille tint le langage et la conduite d'un être humain très pur, mais très humain. Elle était humble, charitable, et ne se posa jamais en personne apte à accomplir des miracles ou des merveilles. A Troyes, les habitants osent à peine l'approcher, la croyant un être surnaturel. Elle leur dit de venir, qu'elle ne s'envolera point. A Bourges, les femmes lui demandent de toucher des chapelets. Elle réplique par un appel à la propre conscience de ces femmes, par un hommage à leurs propres vertus, à la dignité de leur vie : « Touchez-les vous-mêmes, mes braves gens, ils en vaudront autant. » C'est le témoignage de l'égalité évangélique devant la probité des âmes.

Pendant que Jeanne d'Arc parle sur ce ton, et ne consent pas à toucher des chapelets, vu que toutes les piétés se valent, l'évêque Cauchon se drape majestueux dans sa robe violette, donne son anneau à baiser et bénit les chapelets des fidèles de son diocèse. A chacun son rôle, à chacun sa mission. Celui de l'évêque Cauchon est d'un hypocrite abritant son crime sous le prestige de son sacerdoce. La mission de Jeanne d'Arc a pour but de ramener les hommes dans la voie du dévouement, du sacrifice et de la résignation devant l'inévitable. C'est la guerre entre le ciel et la terre, entre l'humilité et l'orgueil. Cauchon est un monstre d'orgueil comme tous ceux dont il est l'agent salarié.

Jeanne d'Arc fut un ange de pureté, d'humilité et de foi. Le peuple qui comprit le message de cette messagère, la vit et la déclara sainte, en raison de la sainte vie dont elle donna l'infatigable exemple. Le peuple la considéra telle, en raison même de son humilité, de sa modestie et de cette force de résignation, sans laquelle il n'existe pas de réelle beauté de l'âme humaine. Placée entre le devoir et la vie, elle opère le seul miracle de son existence. Elle l'opère sur elle-même, en conciliant ces deux termes de l'épreuve — le devoir pour la vie — par l'esprit de charité dont le sacrifice de sa vie proclame la suprême expression. C'est ainsi qu'elle laisse à la France, pour preuve de sa mission salutaire, le signe de la vraie grandeur des peuples et des individus, le signe de la vérité absolue, par le sacrifice de sa vie au triomphe du désintéressement et de l'affection.

M. Frémiet en face d'une effigie de Jeanne d'Arc a passé outre à l'idée du portrait authentique qui n'existe pas, pour animer ce visage d'une expression qui fût celle de son âme. Privé du portrait extérieur, l'artiste sut concentrer ses efforts sur le portrait intérieur de l'apôtre, de la missionnaire. Ne pouvant nous représenter Jeanne la Pucelle, telle qu'elle fut, M. Frémiet nous l'offre telle qu'on peut la supposer, étant donné qu'on sait au juste à quel ordre de sentiments élevés obéissait cette pieuse fille. Sa figure est une empreinte, une extériorisation de sa conscience. Il ne s'agit plus d'un portrait, mais d'une expression. Cette statue n'est plus une image, mais un signe. Alors la préoccupation de la ressemblance disparaît devant une affirmation, celle-ci : le portrait de Jeanne d'Arc étant perdu, il est superflu de chercher à la faire voir; l'important est de s'employer à la faire comprendre. Dans ces conditions, une effigie n'a plus pour rôle de satisfaire la curiosité; elle devient un appel à des sentiments, encore sont-ils d'un ordre très déterminé, ceux qui se rattachent à la réalité de la vie, par les liens qui rattachent l'âme aux sources de l'Idéal suprême.

La ressemblance, d'ailleurs, dans ce cas ne prouve pas grand'-chose. Les frères de la vraie Pucelle n'ont-ils pas cru retrouver les traits de leur sœur, sur le visage de la dame des Armoises? Des êtres élus comme Jeanne d'Arc peuvent se survivre, sans que leur visage vrai soit vulgarisé dans le commerce des marchands de chapelets. Le témoignage de leurs vertus et de leur martyre suffit à leur garder le rang qui leur revient dans la piété des gens vraiment pieux. Le but à atteindre est atteint, quand des artistes comme M. Frémiet réussissent à émouvoir tout un peuple, sans présenter à ce peuple la preuve d'un portrait authentique.

Il y a donc autre chose que le visage dans une figure monumentale de Jeanne d'Arc. La figure vraie a disparu dans les flammes du bûcher. Mais, en revanche, une chose persiste, ineffaçable, inoubliable et visible pour tous ceux qui veulent voir, c'est l'atmosphère que ce bûcher lui-même illumine. Nous retrouvons aujourd'hui Jeanne la Pucelle, vivante et survivante, en tant que personnification de ce qu'il y a désormais de plus pur dans l'idée de patrie, le cœur de la tradition, l'haleine d'une race, qui reçut le sacrement du martyre, le jour où Jeanne d'Arc fut brûlée pour confesser les intimes sentiments, les secrètes espérances de cette race gallo-celtique dont elle proclama la foi. Cela doit nous suffire. Le reste rentre dans le superflu. Brûlé, réduit en poussière, son corps a disparu sans laisser de traces visibles. Il ne nous reste d'elle que ce que le feu n'en pouvait pas atteindre, la vérité de sa mission, la pureté de sa vie, la gloire de son martyre.

Si l'on veut absolument prendre une idée de ce que fut le visage de Jeanne d'Arc, on peut toujours en chercher la forme et l'aspect dans les traits les plus conformes à ce que l'on sait de sa grandeur d'âme, de son extraordinaire clairvoyance et de sa valeur morale. Le regard doit frapper par son étendue et sa profondeur. Il est bleu, pers comme le ciel de France, aux couleurs de messire Roi du Ciel. Le nez est d'une finesse et d'une perspicacité très hautes. Tout ce qui entoure la bouche et la bouche elle-même révèlera une éloquence inexprimable. Un moment on s'arrêtera devant la fermeté des lèvres, et l'on se demandera ce que signifie ce bas de visage tout ensemble solide et puissant. La volonté évolue dans ces contrées, et pour un rien, on serait tenté d'y découvrir autre chose que de la féminine grâce. La grâce ici a nom grandeur d'âme, et s'appelle comme le geste dont cette figure exprimera l'empreinte intérieure. La bouche, l'idée qu'on en peut prendre, devra être puissante par le dessin et les arêtes. Les lèvres, sans être épaisses, devront nécessairement être écrites en pleine chair. C'est l'orifice d'un verbe impatient de vérité et de résistance.

Il importe que cette bouche soit celle de quelqu'un qui a vécu, et ne rappelle en rien la mièvrerie des figurines en plâtre, qui se débitent sur les comptoirs où vient échouer la piété confiante du troupeau des fidèles. Nous l'imaginons humaine et vivante, mobile, expressive et radieuse par son parfum de chasteté très supérieure. Cette bouche-là sera d'or comme celle des Chrysostôme, puisqu'elle sera une bouche de vérité et d'enthousiasme. Elle ne s'ouvrira que pour parler juste, net et droit, pour dire le nécessaire, impuissante à contrevenir à la vérité, très résolue dans le sens des témoignages, ferme sur le chapitre de la douceur, de l'affabilité, de la concorde, de l'indulgence, en un mot de la générosité sous toutes ses formes.

On imagine un être pareil issu en quelque sorte d'une patrie de rêve, une sorte de Celtique idéale, terre de cieux en vue, port d'attache d'un éther d'Idéal. Cette Celtique est à peine un pays proprement dit. Ce n'est pas un territoire, mais une région de l'atmosphère, une province de l'âme, une disponibilité pour tracer le chemin du Salut des hommes, dont la nationalité rappelle les clartés mystiques de la voie lactée. L'héroïne d'Orléans, apportant aux âmes en peine d'ici-bas, l'exemple du martyre pour le salut de la France, vient par cette voie lumineuse où les étoiles guident les ailes du cygne de Lohengrin. La Celtique aperçue au bout de cette avenue céleste, n'étant plus une patrie proprement dite, devient le signe diaphane d'une race capable de dévouement et de sacrifice. Notre Celtique est la patrie d'une race. Et la Jeanne d'Arc de la rue de Rivoli porte sur soi la marque visible de cette race dont l'aspect moral, le type foncier, composent le gage extérieur d'une conscience qu'elle restaure et fait refleurir sous son auréole de lauriers.

Si notre Celtique n'est pas une terre délimitée, un terrain cadastré, borné par des limites légales, elle est cependant un lieu précis, qui existe quelque part, en tant que patrimoine du cœur ; elle forme malgré tout un coin réel du monde vivant, le coin bleu où le ciel se mire dans l'eau des lacs d'azur. Nous l'imaginons comme un Montsalvat prédestiné, dont les coteaux se parfument de tous les arômes de la terre, où se condensent les principes fondamentaux de nos traditions généreuses, et où descendent à des heures déterminées, des archanges comme Jeanne d'Arc et tous les chevaliers de Justice et de Vérité, qu'un cygne blanc dirige parmi l'envie et la haine des humains égoïsmes.

Le jour où M. Frémiet a. jeté sa statue entière au creuset en 1899, il y a jeté tout le poème qu'elle signifiait ; mais il n'en a rien détruit. Car en même temps que le feu de ce creuset flambait pour effacer à jamais ce groupe que nous avions tant aimé, du feu d'un autre creuset jaillissait, dorée par le soleil de l'or, une nouvelle édition de ce poème de bronze, revue et corrigée, que nous aimons autant et que l'artiste aime mieux.

LIVRE CINQUIÈME

—

TYPES ET FIGURES

LE CHEVALIER CREDO

« Je cherche encore, sans pouvoir le retrouver, un sujet aussi net », dit M. Frémiet en parlant de son *Credo*. En vérité, il est difficile d'imaginer une œuvre d'art plus précise, plus complète en soi, exprimée en termes plus concrets. C'est net, clair et simple comme une formule, cette figure de croisé, debout en forme de croix, crucifié lui-même dans sa volonté puissante, dans l'action de sa conscience de croyant. C'est l'homme-crucifix, ce chevalier de la première croiserie. Les bras ouverts déroulent en plein sur sa poitrine les lettres du mot divin : *Credo*.

C'est clair pour être entendu de l'univers entier. C'est le cri de l'âme de l'entière chrétienté, le cri universel de l'Occident féodal et chrétien. Ce cri est l'identification totale de la volonté à l'intelligence. Sans doute, une volonté domine cette volonté du héros qui croit et affiche sa croyance comme un drapeau sur sa gorge puissante, la volonté d'en haut. La force même de cet homme soumis aux décrets du ciel, c'est sa soumission à l'ordre de son Dieu. *Credo !* Et cet homme n'accepte la volonté de Dieu que pour mieux croire, pour être plus sûr encore de ce qu'il aime, et mieux faire comprendre au monde le prix de cette volonté divine qui l'inspire et emplit son être.

La vie pour lui n'est point une farce. Ce croisé voit les choses au sérieux. Et la terre à ses yeux est un lieu d'épreuves. Le voilà qui s'offre à son tour en sacrifice pour le salut des pécheurs. Son Dieu n'a-t-il point donné sa vie pour le salut de la terre ? Lui aussi, en reconnaissance de la Rédemption, fait l'offrande de sa vie. Il ne voit pas de meilleur moyen de marquer sa gratitude envers les bienfaits de la Providence. *Credo !* dit-il, et nous avons l'offertoire de tout son être ; il donne son corps pour Dieu, il offre aussi son âme. Son âme est là, devant nous, extérieure à sa personne de chevalier armé pour la guerre sainte. Son âme est dans cette inscription ; elle a revêtu, pour se faire voir, la forme symbolique de l'*Acte des Apôtres*. *Credo !* dit-elle, et à cette époque elle est l'acte de foi du monde occidental.

Combien de gens debout pour suivre ce preux qui croit ! *Credo !* La terre s'est soulevée comme secouée par un tremblement. L'air a été battu par la parole des Urbain et des saint Bernard. Il n'y a plus parmi les humains que des gens en route pour délivrer le tombeau du Christ. Le grand mot prononcé a été compris : *Credo !* C'est une poussée de rêve vers l'Orient.

Les croisades voulaient arracher le tombeau du Christ aux mains des infidèles. Elles auront eu pour résultat positif d'ouvrir les marchés de l'Occident à la subtilité des marchands orientaux. Les teneurs de bazars voulaient le monde pour comptoir. L'Orient de Palestine et de Turquie ne leur suffisait plus. Et le tombeau du Christ est toujours sous la garde des Sarrasins. Mais l'œuvre des croisades a versé le sang du Sacrifice et de la Foi sur les âmes chrétiennes. Le ciel est devenu l'asile des âmes pures qui voulaient sauver la terre. Tous ceux qui partaient pour la guerre sainte arrivaient en paradis. *Credo !* En souhaitaient-ils davantage ?

Ces croisades furent la guerre des âmes. Ceux qui les provoquèrent, comme ces mercanti levantins, y voyaient l'essor de leur petit commerce. Les chrétiens, qui acceptaient ces combats, ne pre-

CHEVALIER CREDO

Cliché Fiorillo.

naient pas le temps de savoir comment leurs morts par milliers seraient charriés dans les eaux du Nil. La tâche demandait obéissance et foi. Ils marchaient au salut, à leur dégagement suprême. La mort ne les arrêtait pas, elle les appelait. Ils suivaient la promesse d'une vie supérieure. Leur âme les poussait, leur foi les guidait.

Au terme de ce saint voyage d'Outre-Mer, ils n'apercevaient que le service du Christ. Simples et décidés dans le sens de leur certitude, ils ne se souciaient pas d'apprendre ce qu'il adviendrait d'eux, une fois en route pour cette éternité. Ils n'ont jamais su l'inefficacité de leurs efforts pour placer le corps divin du Christ sous la garde des chrétiens. Leur âme, une fois montée au ciel, leurs corps, martyrs d'une guerre terrible, allaient dormir sur la terre des croisades et exhausser les alluvions de l'isthme ancien de Suez. Nous devions les retrouver en poussière, par millions de mètres cubes, dans les grands excavateurs Lesseps, pour le plus grand bonheur de l'éternel mercantilisme des bazardiers orientaux.

Mais la misère du résultat ne diminue point l'ampleur du dévouement des croisés, et n'entame point le prestige de leur croyance inaltérable. Leur foi est sans bornes. Coulant sur le monde comme un torrent d'énergie, cette foi sublime a donné à ses fidèles la vie éternelle qu'elle assure à ses martyrs. *Credo!*

Farouches, ils étaient les chevaliers de Dieu.

Ce chevalier de fer qui récite tout haut sa prière, là, debout devant nous, les bras ouverts comme les bras de son Dieu mort pour les péchés du monde, est un peu de la famille de ces chevaliers errants dont M. Frémiet, quelque part dans son œuvre, a relevé les traces. Tous ces chevaliers-là ne sont point gens de mœurs pratiques. Ils traversent la vie sociale, un peu comme des oiseaux de mer que le vent pousse au-delà du récif où ils voudraient

12

prendre du repos. C'est le vent qui dirige leurs destinées et les conduit dans la vie, comme au hasard. Ils visent un but visible qu'ils n'atteignent pas.

Sont-ils inutiles pour cela ? Et l'exemple de leur confiance, inébranlable en quelque chose d'éternel, ne suffit-il point à leur assurer une place sur terre à côté des gens positifs ? Ceux-ci sont gens d'affaires. Les chevaliers sont gens de dévouement. Don Quichotte est devenu leur patron. Et le *Chevalier errant* de M. Frémiet appartient lui aussi à la corporation de ces étranges batailleurs de l'idéal. Don Quichotte exprime par-dessus tout la foi, la foi en quelque chose d'éternel, d'immuable, la foi dans la vérité. Il est pénétré tout entier de l'amour de l'idéal : « Pour atteindre cet idéal, il est prêt à endurer toutes les privations, à subir toutes les humiliations, à donner jusqu'à sa vie. »

Mais il a un sort tout tracé pour le jour où il vient à mourir. Cervantes connaît les égoïstes, quand il nous montre le chevalier de la Manche, peu avant sa mort, foulé aux pieds par un troupeau de pourceaux.

Ce dénouement n'est burlesque qu'en apparence. « Les don Quichotte, dit Tourguéneff, sont toujours foulés aux pieds par un troupeau de pourceaux et surtout à leurs derniers moments ; c'est le tribut suprême qu'ils doivent payer à la destinée grossière, aux hommes qui ne les comprennent pas et restent indifférents et insolents. C'est le soufflet du pharisien. Après l'avoir reçu, ils peuvent mourir en paix, ils ont passé par tout le feu du creuset, ils ont conquis l'immortalité, et elle s'ouvre devant eux. »

C'est tout ce côté de l'âme humaine, le plus grandiose et le plus rare, que M. Frémiet a replacé sous les yeux de notre siècle, par son *Credo*. L'artiste a tout dit d'un mot. Et ce mot qui est un monde dans l'ordre de la pensée humaine, il a su l'exprimer par un geste unique, le seul qui pouvait le faire comprendre, sans le concours des épithètes accessoires : *Credo !* Et rien de plus, pour être compris du public mis en présence de cette conception si étrangère à l'occulte des énigmes. Un mot qui exprime tout le christianisme, appliqué comme à un pupitre, sur la poitrine vaste d'un chevalier, qui est lui-même le signe de la croix fait homme. Le signe et le mot se confondent. Le signe seul pouvait paraître incomplet. Tel homme, les bras en croix, pouvait provoquer une interprétation quelque peu éloignée de l'intention du statuaire. D'une main décidée et sûre, ce maître du ciseau a gravé sur son héros de fer, en intaille, la lettre ardente de la foi chrétienne : *Credo*.

Ce preux en croix est un document unique dans la statuaire. Je ne connais pas d'équivalent à cette conception immense et précise, exprimée en un langage plus simple et plus complet. C'est net et significatif comme l'ombre du Golgotha projetée sur la figure humaine. On sait ce qu'on a devant soi lorsqu'on arrête le regard sur ce chevalier qui fait de tout son corps le signe de la croix. L'art, dans ses efforts vers l'harmonie universelle, trouve par instants de ces expressions complètes, qui élèvent la synthèse au symbole, et par là, arrêtent la pensée comme au seuil de la vérité définitive. Alors il n'y a plus à chercher au delà, le but est atteint. Ce qui devait être dit est dit. Un geste, un signe de plus, c'est la chute dans le vide, dans l'inutile. Le *Credo* de M. Frémiet est une œuvre harmonieuse dans le sens de la totalité réalisée. Une idée grande et simple, grande comme le monde et simple comme l'azur, l'idée de la foi avait à se faire jour, à prendre une forme dans l'histoire de l'art. Elle a trouvé dans le *Credo* de M. Frémiet sa formule complète, son expression totale. C'est une page d'histoire, et l'histoire de plusieurs siècles.

En jargon d'atelier, cela s'appelle une trouvaille. Elles sont très rares, les trouvailles de cette espèce, dans le catalogue des arts plastiques, aussi nettes, en aussi peu de frais, exprimant une idée totale par aussi peu d'efforts. Le *Credo* est une idée divine en une figure humaine et unique. Le *Moïse* de Michel-Ange est d'une éloquence plus complexe ; les *Pèlerins d'Emmaüs*, qui est une des merveilles de l'art, est moins condensée dans sa simplicité grandiose. On devine, devant ses œuvres, qu'elles pourraient être traduites autrement, moins bien, et exister quand même ; on refera *Moïse*, on recommencera Rembrandt, on ne recommencera pas le *Credo*.

Le *Credo* de M. Frémiet ne pourrait plus exister autrement. Maintenant que nous l'avons, nous voyons très bien que c'est ainsi qu'il devait être. Ce *Credo* apporte l'impression d'une chose qu'on n'avait pas encore trouvée, qui devait être trouvée, et qu'on ne retrouvera plus. C'est fait, c'est là, il n'y a plus à y revenir. Il serait inutile d'y revenir d'ailleurs, car le *Credo* c'est le *Credo* de M. Frémiet, et ne saurait être d'un autre. Il n'y a qu'un *Credo* supérieur à celui-ci, c'est le *Credo* du Calvaire.

Mais puisque l'art a pris l'empreinte de l'acte de foi divin, pour en matérialiser l'image dans l'ordre humain, c'est la forme choisie par M. Frémiet qu'il fallait et point une autre. La formule trouvée là est mieux que la bonne formule. Elle est la meilleure, la seule, et tellement appropriée au sujet, que celui-ci n'en admettrait plus d'autre. Sous le ciseau du statuaire, la splendeur de l'idée a conservé sa physionomie irrécusable d'axiome.

Il est curieux peut-être de noter en passant que l'artiste du *Credo* est en même temps l'artiste du *Gorille*. Les travaux de M. Frémiet font bien le tour de la création. Le *Gorille* occupe l'extrême gauche de l'œuvre. Le *Credo* est à l'extrême droite. Le *Gorille* est une masse énorme et terrifiante. Pour l'achever, il a fallu amener la glaise par tombereaux. Le *Credo* mesure quelques centimètres de hauteur ; il a le volume d'un livre d'heures, et ne pèse guère plus lourd qu'un missel. C'est assez de quelques boulettes de cire et d'un peu de bronze,matière subtile. On laisse à l'inspiration cette envolée radieuse que le marbre eût refroidie.

Ce chevalier qui croit tout haut et porte le signe de la prière devant soi, comme un étendard, est l'image animée d'une idée, qui n'a de source qu'en la révélation. Pour exprimer cet écho de l'infini, quelques brins de cire et un souffle d'airain, qui laisseraient la pensée à l'aise et n'emprisonneraient pas ses ailes, devaient suffire.

Sa prière l'emporte d'ailleurs, et son âme vole au secours des chrétiens que des persécutions occultes et tenaces martyrisent là-bas, autour du tombeau de Jésus-Christ. Son corps ne pèse rien dans ce plateau où l'esprit de justice a pris place, et veut établir ses droits. Rien ne l'arrête plus, ce chrétien qui croit, et a reconnu dans la guerre sainte prêchée, la voix de sa sincérité et l'essor de sa conviction.

Credo !

La terre s'épanouit devant ses pas de géant, et les distances s'effacent. Le voilà passant le Rhin, traversant toute la Germanie, où d'autres hommes, debout comme lui, partent aussi pour ce voyage au long cours. Là-bas, aux confins de la Transylvanie, vers la troisième Porte de Fer, il enjambe encore une fois le Danube immense et bleu, pour entrer chez les Bulgares où se livrent les premiers sanglants combats, et ainsi toujours jusqu'à Constantinople où des barques le conduisent en Palestine.

D'où venez-vous, hommes d'armes, qui parlez les langues hyperboréennes ? *Credo !* c'est la réponse. Où allez-vous ? Qui êtes-vous ? *Credo !* Et ce chevalier croisé, qui s'est multiplié en route comme les pains du miracle, sent s'accroître son ardeur à mesure que ses yeux croient apercevoir le ciel de Jérusalem. Son épée est comme Durandal, si belle et si sanctissime : « Dans sa garde dorée assez y a reliques, une dent de saint Pierre, du sang de saint Basile, des cheveux de mon seignor saint Denix, et des vêtements de la sainte Vierge Marie. » *Credo !*

ICONE ROYALE

Un jour, pour faciliter aux âmes pieuses le voyage dans le bon chemin, Fénelon publia cette pensée dont tout le monde peut apprécier le charme social : « Le royaume de Dieu ne consiste point dans une scrupuleuse observation des petites formalités; il consiste pour chacun dans les vertus propres de son état. » C'est à cela qu'on songe devant le petit *Saint Louis* de M. Frémiet. D'autant que dans sa lettre au jeune duc de Bourgogne, ce même Fénelon « de douce et harmonieuse mémoire », dicte encore un conseil qui fait toujours penser au roi du chêne de Vincennes. Après quoi il trace du bon vieux roi ce portrait en trois lignes, le plus beau qui se puisse lire, et qu'on a envie de placer en épigraphe sur le socle de sa statuette : « Saint Louis s'est sanctifié en grand roi. Il était intrépide à la guerre, décisif dans ses conseils, supérieur aux autres hommes par la noblesse de ses sentiments, sans hauteur, sans présomption, sans dureté. »

Ce *Saint-Louis* de M. Frémiet est mieux qu'un joli spectacle. Il a un sens qui évoque un passé considérable, en même temps qu'il éveille en nous ce qu'il y a de meilleur. C'est l'image d'un homme unique, qui fut à la fois un roi et un chrétien. Roi, il le fut dans l'acception du mot et du symbole royal, où l'on voit comme un drapeau vivant à saluer au passage, parce qu'il dit tout, du simple fait qu'il est là. On peut la poser devant soi, cette figure de *Saint-Louis* coulée en bronze par M. Frémiet. Elle n'est ni un dessus de pendule, ni un objet de banale décoration. Elle parle, il y a quelqu'un dedans, quelqu'un de rare. Le mot de Chateaubriand est à sa place ici : « Saint Louis est l'homme modèle du moyen âge : c'est un législateur, un héros et un saint. » Cela dit beaucoup de choses si l'on veut retrouver la vérité sous les récits frelatés de l'histoire des partis.

Saint Louis ne fut pas en proie aux injustices qui sont le fond de la politique de parti. Sa vie est simple et une. Il est là devant nous, debout, tout droit, comme pour laisser venir à soi les plaintes du monde où il est arbitre. Rien ne trouble la paix de sa vie, ni la sécurité de son âme. Son visage est calme comme une décision bien prise. Et sa pose tout entière — il a le sceptre en main, le sceptre aux doigts levés, qui protège, secourt et récompense — est celle d'un homme qui ne bronche pas, se sait responsable de son geste et de son verbe.

L'homme en saint Louis aboutit au roi qui fut un saint, le saint de son siècle, le saint de la France. Son siècle est l'apogée du monde ogival. Si l'ogive est l'expression sereine de ce qu'il y eut de meilleur chez nous, de plus subtil, de plus net et de plus conforme à nos distinctions morales, elle est peut-être le véritable arc de triomphe de notre race. Comme une perfection, l'ogive fut éphémère.

Le siècle de saint Louis, parmi les siècles de foi, est celui qu'on compare au siècle de Périclès. On y a vu le point culminant d'une longue période, l'expression la plus élevée des aspirations et de l'esprit d'une société organisée sur des bases chrétiennes. Il succède au XIIe siècle, qu'on peut appeler le siècle des épopées françaises, *Lohengrin*, *Parceval*, *Titurel*, et la plus extraordinaire de toutes, ce *Tristan* dont Quinet, après en avoir retrouvé un fragment mutilé dans l'œuvre de l'allemand Gottfried, déclare que cet épisode « sauvé on ne sait comment, peut être comparé, pour la profondeur et la grâce, à ce que l'on a produit de plus parfait ».

Au XIIIe siècle, autour de saint Louis, la France entière est au travail, tout comme notre France actuelle. Il n'y a pas un village, une bourgade même qui n'ait son école gratuite. C'était le temps où Brunetto Latini, l'Italien, écrivait en français « par ce que françois est plus commun que moult d'autres ». A l'école on apprenait la lecture, l'écriture, les éléments du calcul et ceux de la grammaire, c'est-à-dire du latin. La langue vulgaire était formée. Saint François d'Assise chantait le long des routes d'Italie des cantiques français, dont la poésie n'a jamais été dépassée. A Venise, Marco Polo publiait en français la première édition de ses récits de voyage. En Morée, en Espagne, en Grèce, en Orient, jusqu'en Syrie, les croisés ont acclimaté le « ramage » du peuple très chrétien, le peuple de saint Louis, dont les Establissements arriveront comme une synthèse de l'esprit public, de la sagesse et de la perspicacité de ce peuple, où les coutumes s'appuient sur la morale et la justice chrétiennes.

La vie de saint Louis est un acte continuel d'affection et de dévouement. Ce législateur inspiré trouvait ainsi la solution de la question sociale, plusieurs siècles avant que le socialisme actuel ait crié aux oreilles satisfaites de l'économie politique ces justes « murmures des pauvres » dont parle Bossuet. En pratiquant, avant de les mettre au jour, les doctrines de ses *Etablissements*, saint Louis donnait au peuple de France l'exemple de ce qui lui est le plus cher. Il instituait la Justice sur le ressort de la responsabilité individuelle.

La reconnaissance de la France fut telle, qu'après la mort de ce roi sans pareil, elle décréta une fête annuelle, le 25 août, fête civile, « consacrée dans les grandes communes, dit l'abbé Maury, pour lire en public les Etablissements de ce grand homme ». Saint Louis fut ce qu'on pourrait appeler le christianisme en action, et il fit son métier de roi, non point comme Louis XIV avait compris le sien, mais comme le roi très chrétien qui était le Roi de France — celui qu'on appelait « le Roi » tout court, tant il dépassait les autres — devait le comprendre par la pratique de la justice efficace, celle qui aboutit.

Saint Michel (flèche du Mont Saint-Michel)

La justice immanente est la secrète notion du juste et de l'injuste. Elle n'en est pas l'application. Cette notion réside en tout être humain. C'est l'acte du discernement, qui introduit l'homme dans le geste efficace de la responsabilité. Les actes sont les principes en action. La justice efficace est l'acte de la justice immanente, mue par une volonté réfléchie. L'homme n'a de valeur morale que par ses actes. Platon pensa que rien ne ressemble plus à Dieu que l'homme juste. En pareille matière, les actes sont la substance de l'homme responsable. Si les actes ne viennent pas le mobiliser, le principe de la justice immanente restera, dans la pratique, lettre morte.

L'homme a été laissé libre de choisir entre la décision dont il répond, et la simple constatation d'un principe qu'il reconnaît, sans reconnaître l'obligation de l'appliquer. On peut être un théoricien de la justice immanente, sans être un praticien de la justice efficace. Les praticiens de la justice efficace sont forcément de braves gens et des gens braves. Il faut du courage, pour éclairer ses actes de la lumière intérieure qui éclaire la Vérité à travers les siècles. La Vérité, pour être en lumière, a besoin du geste efficace de la responsabilité endossée.

La justice immanente permet qu'on l'élude, selon le prix qu'on accorde aux faits qui la portent en eux-mêmes. La justice efficace ne tolère pas qu'on lui échappe, à moins de forfaiture, à moins de faillite à soi-même. Comme elle n'est pas constitutive de notre valeur active, elle ne peut empêcher qu'on se débarrasse d'un fait qui voudrait prendre trop d'empire sur les intérêts. La Justice immanente n'est pas détruite dans son principe par une mauvaise action. D'où il arrive qu'un philosophe pourra s'accommoder d'une injustice dont son système lui aura assuré la relativité. Mais la justice efficace, qui touche de plus près à la probité morale de l'individu, ne s'arrange pas de ces lâchetés qui se raisonnent. On nie un fait gênant, on n'étouffe pas le cri de la conscience.

La justice efficace est l'œuvre de la volonté qui décide en son âme et conscience, au nom de l'Esprit de justice. Elle garantit à l'homme sa supériorité morale, et subordonne l'ésotérisme des faits aux droits imprescriptibles de la conscience. Elle peut emprisonner la liberté morale dans un rôle passif, au besoin, mettre cette liberté morale au service d'une casuistique, plus expérimentale que consciencieuse. Le chêne de Vincennes est un monument parmi les plus beaux de la France du moyen âge, parce que l'ogive cathédrale de ses branches nerveuses, forma le palais vivant de la justice efficace, produit suprême de la volonté aimante, dont la sanction active est une forme de la conscience en mouvement.

C'est pour s'être affirmé le champion de cette justice efficace qui est un geste, le champion de la justice à ressort individuel et responsable, que ce roi fut le plus chrétien des rois, le plus aimé des chrétiens et le mieux compris de ceux qu'avait pénétrés la doctrine évangélique. La physionomie était belle à prendre au XIIIe siècle, et saint Louis la prit comme on embrasse une vocation.

Du fait même du temps qui l'engendra, ce prince législateur pouvait se contenter d'être un roi très chrétien, et de mener une vie qui était comme l'affirmation du chrétien, comme la preuve qu'on a le pouvoir de bien faire, quand les événements vous secondent.

Louis XIV disant : « L'Etat c'est moi », c'était déjà l'indice que les temps étaient changés. Le Roi Soleil ne tenait plus un langage royal, mais césarien. Saint Louis trouvait dans l'esprit de son siècle un puissant secours pour ses facultés d'homme bon. Louis XIV, par une expression de soi-même qui relevait plus de l'orgueil romain des Césars que de l'humilité chrétienne, précipitait le royaume dans le creuset désormais préparé de la centralisation, et devenait le premier des empereurs français.

Il suffit à saint Louis pour régner en roi très chrétien et très grand, de donner l'exemple d'une piété simple et aimable. Cet homme demeure le type du roi de France, parce qu'il lui fut possible d'être le roi d'un beau pays, d'un peuple respectable, responsable et droit, heureux, vivant de ses revenus, heureux par son travail et non point à la charge du travail et des revenus des autres peuples. Il a fait son peuple. Et celui-ci collabora à l'œuvre de son roi. C'est pourquoi cet homme, qui fut un roi et un chrétien, est resté la plus héroïque, la plus accomplie et la plus parfaite incarnation sociale du moyen âge.

Son portrait signé Frémiet est net et simple comme le signalement d'un passeport. C'est bien lui, ce petit homme de bronze qui aima tant la vérité, que jamais, même avec les Sarrasins, il ne voulut mentir ni se dédire d'une chose promise. De sa bouche il fut sobre et très chaste. Il mangeait patiemment ce que ses maîtres-queux lui préparaient, mettaient devant lui. Joinville ne l'a jamais entendu deviser sur les viandes « aussi comme maint riche homme font ». Très modéré dans ses propos, jamais il ne parla mal de personne. Toute cette paix d'une âme paisible éclate dans l'image de M. Frémiet. C'est un portrait pénétré et pénétrant. Il n'a point la mine à se laisser aller aux erreurs de l'ivresse. Lui aussi doit tremper son vin par mesure, selon ce qu'il voyait que le vin portait d'eau, pensant que « ce estoit trop laide chose a vaillant home de soy enyvrer ». Il jugera, lui aussi, qu'on se doit vêtir et armer suivant sa condition. Il aimera les gens craignant Dieu, disant combien c'est mauvaise chose de prendre le bien d'autrui. Car le rendre est si dur que, seulement à le nommer, « li rendre escorchoit la gorge par les *erres* qui y sont ». Ces *erres* sont les rateaux du diable qui toujours tire au renard quand il s'agit de restituer.

Il a le nez droit d'un prud homme, non d'un jobard ; c'est le nez fin et guiscard, qu'on retrouve chez certains hommes aux mains nettes et d'esprit judicieux ; ces nez-là flairent les usuriers, sentent les rapineurs et ne s'y laissent point prendre. Saint Louis qui était avant tout un « preud'homme », comme il disait, n'aimait point les usuriers. Il en parlait avec malice et les jugeait comme il convient. Dans sa belle humeur, il instruisait d'avance le procès de ces clients du diable, que le Malin attire, et si subtilement s'y prend « qu'il leur fait donner pour Dieu ce qu'ils devraient rendre » à qui ils ont pris. Avec une si belle âme le bon roi avait tout pour plaire aux humbles, tout aussi pour s'aliéner les Grands. En bon chrétien il savait qu'on doit des égards aux pauvres comme aux puissants, et plus encore aux déshérités qui attendent les consolations d'en haut. Cette douceur, on la revoit très vivante dans l'image qu'a signée M. Frémiet. Et si on le regarde bien ce portrait de roi, on ne s'étonne plus qu'avant de s'embarquer pour la Croisade, un tel homme ait envoyé par tout son royaume, des moines mendiants « chargés de s'informer auprès des plus pauvres gens s'il leur avait été fait quelque tort au nom du roi, et de le réparer aussitôt à ses dépens ».

Voyez-le tel que nous le représente le statuaire. Il a l'œil clairvoyant, le visage d'un homme sans passions viles, le front plein de sens et de lumière. C'est bien lui l'incarnation de l'équité suprême, comme on l'a dit. Tout en lui avertit de sa prudence et de sa sagesse extrêmes. Il sera l'arbitre des grands procès de son temps entre le pape et l'empereur, entre les barons d'Angleterre et leur roi. Prisonnier des infidèles, c'est lui que les Sarrasins prendront pour leur juge.

Et avec cela un aspect extérieur de toute sa personne, qui donne l'idée de la force et de la grandeur. Comme un vernis le plus pur, le calme de la sérénité enveloppe tout son être. Haut et très bel homme, nous dit Joinville, dans son récit de la bataille de Mansourah : — « A ce moment je vis venir li roys et toute sa bataille à grand noyse et à grand bruit de trompes et de nacaires ; il s'arrêta sur un chemin haut. Oncques ne vis si bel homme en armes ; car il paraissait dessus toute sa gent depuis les épaules en amont, un heaume dorei en son chief, une espée d'Alemaingne en sa main. »

Joinville dépeint là le roi croisé, avec son heaume d'or et son épée allemande. M. Frémiet nous donne l'image du roi des Croisades, qui, avant de mourir pour sa foi, voulut placer sous la sauvegarde du peuple de France, une relique précieuse, cette couronne d'épines, qui fut le heaume du Golgotha. Il n'a plus en main son épée d'Allemagne. Le voici portant comme un gage de sa vaillance cette Sainte-Chapelle, bijou délicieux de l'art ogival, dont il avait fait la châsse de sa chère relique, rapportée du saint voyage d'Outre-Mer. Cette Sainte-Chapelle est son œuvre, l'œuvre de sa foi et de sa dévotion à la couronne du Christ. Son reliquaire en main, il attend que la France décide s'il a fait œuvre de preud'homme en payant de sa vie cette couronne éternelle.

On imagine qu'en recevant cette statue de son inspiration de grand artiste, M. Frémiet a voulu nous faire aimer cet homme pieux, sage et bon qui fut Louis IX. Sans doute quelque pensée simple et large le guidait. Dans le cimetière de l'histoire, M. Frémiet s'est arrêté à un des souvenirs les plus purs de la France passée. Dans son pèlerinage au tombeau des grands morts de chez nous, l'effigie qu'il a retrouvée de ce bon roi, bon pour les humbles, et doux aux pauvres, le portrait qu'il en a tracé dans la fixité du métal est plus qu'un document. C'est une relique. Le *Saint-Louis* de M. Frémiet est tout ensemble celui de la légende et celui de l'histoire, celui de la vérité et celui de la piété populaire. On le regarde et on l'aime, ce brave homme au visage limpide et reposé. Plus on le voit plus on sent l'éternité du mystère de la bonté, plus on conçoit l'immortalité du prestige de la droiture. Et l'on croit apercevoir dans cette bouche aimante la promesse infinie d'où un jour, peut-être, sortira le salut du monde par l'affection et le dévouement.

Tout un monde de statuettes, typiques, vivantes, spirituelles, pieuses, évolue autour de l'ébauchoir du maître. *Spadassin*, *Fauconnier*, *Damoiselle*, *Duelliste au Manteau*, la *Fée aux Chansons*, et combien d'autres que les amateurs trouveront aux vitrines de l'illustre maison Barbedienne, sont mieux que des images, mais des résurrections. Un temps éteint renaît à la lumière sous les doigts prestigieux du grand artiste. Il renaît en pleine vie, en plein aspect de la vie d'alors, comme pour nous inspirer l'intuition et la certitude que nous avons de descendre de ces gens-là.

Il y a des âmes personnelles dans ces figurines qui sont le relief de la société d'alors. La foi, le rêve et la vie de chacun et de tous s'affirment ici et se rencontrent sous l'auréole d'un labeur génial. L'animalier est, nous le savons, passé maître en l'art de traduire au naturel le type humain dans sa fonction individuelle et générale. Et l'œuvre de cet historien de nos mœurs comporte plus que l'agrément, mais encore l'ampleur d'une étude sociale. Ces types reconstitués pour nous plaire et nous instruire sont mieux que des anecdotes. Ils expriment des fonctions de notre vie publique à travers les âges.

Chacune est bien elle et chez elle. Ce *Duelliste Charles IX*, n'est pas le *Fauconnier*. Ce *Porte-falot de l'Hôtel de Ville* n'est pas le *Ménestrel*. L'un et l'autre sont des fonctionnaires de la vie publique. Et ils nous arrivent, avec le type de leur emploi, comme de claires évocations d'un état social qui eut son temps et son allure. Comme on voit bien à quel point un homme doué comme

M. Frémiet peut prouver que dans ce domaine de l'évocation plastique l'œil est en quelque sorte l'étincelle de la mémoire !

Et puis rien ni personne n'est oublié. A côté d'*Isabeau de Bavière*, la cruelle gourgandine, c'est *Sainte-Cécile*, c'est la *Vierge de Bethléem*, c'est *Saint-Michel* après *Saint-Louis*, comme ce fut le chevalier *Credo* après le *Gorille*. Il fallait bien aussi de belles pages pour illustrer l'état d'âme d'une société qui fut religieuse et chrétienne. Et sur tout cela, passe gaie et fraîche, comme le chant matinal de l'alouette, la chanson du ménestrel, le poète, le fils légitime et vagabond des bardes d'antan.

Les ménestrandies viennent de prendre de l'importance. Le début du XIVe siècle dont se réclame ce troubadour a institué la corporation des ménestrels. Le royaume tout entier retentit de leurs couplets, chantés au peuple et devant les rois. Edouard III, au moment de livrer bataille aux Espagnols (1350) « fesoit ses ménestrels corner devant lui une danse d'Allemaigne, que messire Jean Chandos, qui là estoit, avoit nouvellement rapportée, et encore par esbatement il faisoit le dit chevalier chanter avec ses ménestrels, et y prenoit grant plaisance ».

Le XIVe siècle est tout frémissant de musique. Charles VI entrera à Reims (1380) « bien accompagné de noblesse, de hauts seigneurs et de menestrandies ; et par especial il avait plus de trente trompettes devant lui qui sonnaient si clair que merveilles ». Les villes ont des carillons, et Hardouin, seigneur de Fontaines-Guérin, dans son *Trésor de Vènerie*, nous initie aux raffinements des « cornures ». Les confréries de ménétriers s'organisent sous le patronage de saint Genès et de saint Julien. Il y avait des ménestrels de « cor sarrazinois », des ménestrels « trompeurs », des ménestrels de « naquaires ou timbales », des ménestrels de « trompette ». Ce pauvre siècle, que la guerre bouleverse et désole, entretient des bardes pour pleurer ses exploits.

Le voilà bien devant nous, d'ailleurs. M. Frémiet l'a fait revivre dans son *Ménestrel.* Est-ce lui Parisot, le « ménestrel du roi »? Est-ce lui l'infortuné Courtebotte, ménestrel du premier Dauphin, première victime des bouchers envahissant le palais? Est-ce lui l'anonyme du *Chapel à trois Fleurs?* Peu importe. C'est lui le siècle ménétrier, le siècle des bardes en justaucorps. Il est de la famille historique de l'écuyer Taillefer, tué à Hastings en plein exercice de son état de barde, chantre des exploits de la guerre. Son image est celle du métier de poète. Aujourd'hui il est en justaucorps, il est pensionné de la cour; pour lui le roi Jean oubliait presque son royaume, et grâce à lui, Philippe le Hardi entretenait dans sa chapelle « la plus excellente musique qu'on eut encore ouïe». Ses relations avec les princes ne l'arrachent pas à sa destinée de charmeur des foules.

Ce n'est pas sans motif qu'il a demandé la protection de saint Julien, le patron des pèlerins et des mendiants. Lui aussi, le ménestrel est un vagabond et un pauvre. Il est le chemin qui chante, le buisson qui fredonne, le sillon qui rêve en faux-bourdon. Ses refrains sont populaires; le paysan se console de la guerre au ronron de ses couplets, outre qu'entre ses doigts de musicien, la chanson se marie aux tours de gibecière du jongleur.

Sa silhouette, telle que la voici sous l'outil du sculpteur, est fine et ciselée comme un vers d'homélie. Il est tout ensemble peuple et roi, puisqu'il est poète. Il quitte la chapelle d'Isabeau pour le cabaret de la *Pomme de Pin*, où des camarades l'attendent, là tout près de Notre-Dame, rue de la Juiverie, en face l'église de la Madeleine. L'été est venu, notre ménestrel gagne les bois d'alentour. Ses souliers à poulaine vont trottinant le long des roseaux de la Seine, jusqu'à Saint-Cloud, pour gagner le cabaret du *Petit More*,

> Qu'à cause du bon vin tout biberon honore.

Doux ménestrel, il est le signe parlant de son temps. Les maux

Cliché Fiorillo.

MONUMENT DE RAFFET (Jardin de l'Infante)

et les douleurs sont si grands partout ! Le peuple s'est fait chanson pour oublier sa vie attristée par la guerre qui bat la campagne en tous les bouts. Et voyez comme la chanson est utile à ces hommes que l'invasion désole ! La poésie devient une corporation, un corps comme les autres métiers, armé de règlements pour concentrer en ses mains ses privilèges et ses bénéfices.

La vie du ménestrier, habitant de la rue des Jongleurs, est liée par l'âme aux destins du moment. Les couplets célèbrent la guerre qui engendre les complaintes. Tout le siècle se repose dans la musique de son ménestrel, dont la misère est celle des plus pauvres, comme sa gaieté est celle de tous. Ses vers font de lui l'ami commun. Il est la distraction des grands, la consolation des humbles. La musique qui sort de ses doigts de jongleur est la sœur cadette de cette ogive d'alors, élégante et subtile, qui précise la réalité dans le charme enveloppé de la nuance.

Quel beau type encore de notre vie générale, de notre vie française que ce monument à Raffet ! Un jour on demanda à M. Frémiet d'être l'historien de l'épopée impériale. Il avait déjà monté Napoléon Ier sur un splendide étalon de Syrie pour la ville de Grenoble. Il pensa à Raffet. Et ce monument du Jardin de l'Infante raconte aux enfants de ce square charmant, pendant qu'ils jouent au cerceau dans la lumière douce de ce parterre qu'enchante la colonnade du frère de Perrault, cet autre conte de fées de la *Revue nocturne*.

Il bat aux champs et au pas redoublé, ce brave tambour, pour la revue de l'hécatombe. Les morts sont ressuscités. Ils revivent dans l'âme populaire. On les a vus défiler sous le crayon du grand dessinateur de la pierre magique à lithographier. Du reste, c'est elle, la peau d'âne ronflante qui sonne le réveil pour cette fête de la messe de minuit rouge. Ces soldats-là ne sont plus des mercenaires. Leur gloire les a fait citoyens. Et cette journée de Waterloo était celle du peuple. Les grands ne voulaient plus marcher. C'est lui qui, sentant revenir des jours dont il ne voulait plus, était monté vers le Nord à l'assaut de l'ancien régime.

La nuit du 17 au 18 les avait vus arriver brisés de fatigue, ruisselants d'eau. Ceux qui ne marchaient pas pieds nus, ayant perdu leurs chaussures dans la terre labourée « traînaient deux ou trois livres de boue à leurs souliers ». Comment se coucher dans des seigles hauts d'un mètre et demi trempés de pluie ? Et ils s'étaient pelotonnés, par dix ou douze, pour dormir tout debout, « étroitement serrés les uns contre les autres », comme des perdreaux.

> Tous ceux de Friedland, tous ceux de Rivoli,
> Comprenant qu'ils allaient mourir dans cette fête,
> Saluèrent leur dieu, debout dans la tempête.

Ils l'avaient vu, tout à l'heure, passer au galop monté sur *Désirée,* sa jument blanche, lui aussi ruisselant d'eau, sa redingote grise traversée. Les agrafes de son chapeau s'étant rompues sous la violence de la pluie, une de ces pluies torrentielles si fréquentes à la mi-juin, les ailes s'étaient rabattues par devant et par derrière. Et le grand Empereur était apparu coiffé comme le Basile du *Barbier de Séville*.

Le lendemain quand la garde avait donné elle était trahie.

> Puis, à pas lents, musique en tête, sans fureur,
> Tranquille, souriant à la mitraille anglaise,
> La garde impériale entra dans la fournaise.

Une demi-heure auparavant un capitaine de carabiniers avait annoncé cette marche de tactique suprême aux Anglais qui profitèrent du renseignement. Ce capitaine, « au moment où Drouot rassemblait la garde », avait traversé le vallon sous les balles ennemies, et abordé le sabre au fourreau, la main droite levée, les tirailleurs avancés du 52e Anglais. C'est une page tragique du *Waterloo* de M. Henry Houssaye : « Conduit au major de ce régiment qui causait avec le colonel Fraser, commandant l'artillerie légère, il s'écria : « — Vive le roi ! Préparez-vous ! Ce b... de Napoléon sera sur vous avec sa garde avant une demi-heure. » Le colonel Fraser transmit le renseignement à Wellington qui prit ses mesures en conséquence. Quand la garde arriva, elle se heurta à une muraille humaine improvisée sur le renseignement du Judas en cuirasse jaune, et recula.

La Déroute apparut au soldat qui s'émeut,
Et, se tordant les bras, cria : « Sauve qui peut ! »

Revue nocturne de Raffet est dédiée à l'immortalité des héros de cette journée du 18 juin 1815. Et devant cet hommage rendu au tambour de cette *Revue*, promeneur, arrête-toi. C'est le souvenir qui passe.

GRÉGOIRE DE TOURS

Parmi les statues commandées pour le Panthéon à divers artistes contemporains, il en est une de M. Frémiet où se révèle à un degré suprême le sens de notre histoire, *Grégoire de Tours*. C'est un curieux et précieux document, plastique et intellectuel tout ensemble. Non loin du *Saint-Vincent de Paul*, de M. Falguière, il accuse un sentiment puissant de nos origines. C'est le militant de l'idée, l'administrateur, le héros des luttes sociales d'une époque farouche, qui s'impose et impose l'ordre public en face du missionnaire compatissant. Son œuvre pour considérable qu'elle aura été restera une ébauche Vincent, M. Vincent, offrira des refuges aux victimes d'une société restée imparfaite.

Grégoire de Tours est debout et s'avance sur nous, comme il arpenta jadis la terre d'une civilisation inculte, la tête un peu baissée, l'œil regardant devant soi, tenant de sa main droite une crosse qui a l'air d'un sceptre multiplié. C'est l'image de la majesté dans la force, l'image d'une décision que rien n'arrêtera. Cette crosse est un emblème qui dépasse ce qu'on pouvait attendre.

C'est une épine recourbée au feu, dont les pointes sont là, sans menacer personne, mais pour montrer que les temps sont durs. Evidemment cette France de Mérovée est pauvre. L'âge des crosses d'or n'est pas venu. Il viendra. C'est le siècle des crosses de bois et des évêques d'or. On l'a cueillie dans un buisson celle-ci, et elle a séché au coin d'un foyer où les fagots verts donnaient de la fumée. Car le bien-être n'existe pas. Les demeures sont mal closes. Les mœurs sont celles des loups. Chilpéric et Frédégonde constituent un ménage de fauves, donnant à tous l'exemple de la sau vagerie doublée du pouvoir et de l'impunité.

Grégoire de Tours entra dans cette cage comme un dompteur armé de son pastoral bâton d'épine. Il était Auvergnat. Neveu et fils spirituel de Clément de Saint-Gall, il en hérita la fermeté de caractère et la vertu simple et solide. A trente ans on l'appelle au siège de Tours, où le slave Martin avait fondé une maison monacale. Il y arriva précédé d'un renom de science et d'autorité qui devait vite se justifier.

Au cours de leurs effroyables poursuites contre Mérovée, Chilpéric et Frédégonde se heurtent soudain à cet auvergnat mitré. L'évêque recueille au monastère de Tours ce jeune prince qui fuyait les passions et les haines de l'adultère paternel. Grégoire défie les émissaires du trône. Son courage est au-dessus de toute menace. Quand le grand archevêque de Rouen Prétextat se sauve devant les fureurs de Frédégonde, c'est encore auprès de Grégoire qu'il trouve secours et assistance. Grégoire est lui-même un roi dans son genre, un roi par le caractère, la décision, la bravoure. C'est un maître-homme. Un indépendant qui met au-dessus de l'injustice couronnée le courage de défendre la justice et l'innocence. Il faut renoncer à le châtier. C'est lui le plus fort, il raisonne, il argumente, il écrit, il sait utiliser ce qu'il sent au fond de lui, une intelligence clairvoyante et une perspicacité remarquable. Le pouvoir dont il a été revêtu par ceux qui l'ont deviné, lui sert pour sauver les naufragés de la vie, réconforter les faibles, protéger les victimes.

C'est un homme de talents divers et mis en œuvre. Ecrivain, il n'est pas toujours d'esprit alerte. Ce n'est pas un auteur. C'est un diplomate, un historien, un organisateur. Sa plume passe un peu comme un rouleau écraseur des cailloux de la route. Mais la route

SAINT GRÉGOIRE DE TOURS (Panthéon)

sera belle et large. Tout un peuple et plus de dix siècles s'y écouleront. Il signe des traités, le fameux traité d'Andelot qui départagea Austrasiens et Bourguignons en Aquitaine.

Le statuaire lui a mis dans la main gauche, sur son cœur d'où sortira une France améliorée, son livre, le grand monument des *Gesta Francorum*. Ce livre est un monde et un homme. Tout le grand caractère de l'homme y éclate, sincérité, franchise, jusqu'à la naïveté. C'est un précieux tableau de la vie d'alors avec ses tares, compensées par les mérites et les vertus d'âmes fortes et magnifiques comme celle de Grégoire. En d'autres ouvrages Grégoire est un logicien et un moraliste de haute valeur.

Un homme de cette envergure est une épopée vivante. L'effigie que nous en donne M. Frémiet en est le témoin indestructible et supérieur.

LIVRE SIXIÈME

—

UN GRAND MAITRE

❧ ❧ ❧

UN DE CHEZ NOUS

Aussi bien il m'a paru qu'un livre sur le statuaire Frémiet, historien et spychologue, devait dépasser les limites ordinaires de ce qu'on entend par critique d'art. Du moment que je voyais en M. Frémiet un imagier dans le sens étymologique du mot, il devenait urgent de démêler le sens intérieur qui caractérise les œuvres de cet artiste, les frappe d'un signe spécial. Ce signe spécial était à découvrir, car dans une certaine mesure, si c'est lui qui assure l'avenir à ces productions qui nous ont émus, on peut dire que c'est lui peut-être aussi, en revanche, qui empêche notre époque de s'y arrêter comme il eût convenu. Un livre sur M. Frémiet peut être un livre d'esthétique sociale, un livre où la vie apporte son contrôle d'observation directe, de comparaisons, de parallèles et de conclusions. L'auteur de ce chevalier *Credo* est un esprit qui affirme et conclut. Cette image n'est pas simplement une image; elle est une preuve, un signe, un geste de l'esprit humain en passe de s'étudier et de chercher à se connaître. Le pittoresque, l'effet plastique s'ajoutent à une image pareille et qui vivifie, figure d'homme, qui vit, pense, agit, espère et croit ; tout le corps est d'un bel homme, dont les épaules sont celles d'un homme bien bâti, dont les pieds, solides et de bonne assiette, marchent dans la vie, prennent leur point d'appui sur la terre, pour supporter le rêve intense et concentré qui illumine ce visage décidé, où les yeux lisent en dedans le symbole écrit sur cette poitrine d'apôtre.

Un livre sur cet homme serait trop à l'étroit dans une simple biographie de faits et d'anecdotes. L'homme qui a publié le *Grégoire de Tours*, *Jeanne d'Arc*, *Du Guesclin* ou le *Gorille du Gabon*, est aussi un homme dont la pensée affecte une direction, une forme et une couleur, quelque chose comme la couleur d'une opinion. Il faut chercher dans les œuvres ce que l'auteur y a mis, et le dégager, si l'on veut que le livre soit dans la forme du sujet étudié.

La vie artistique, l'existence de M. Frémiet, son labeur vif et continu s'appliquèrent à l'étude de la création entière. Tous les êtres vivants revivent sous son ébauchoir. Bien plus, ils y revivent avec le signe particulier de leur type, de leur race, de leur destinée ou de leurs fatalités. Nous en pouvions conclure que l'œuvre ainsi conçu porte en soi un sens profond, qui le relie à la plupart des essentiels problèmes de l'âme humaine, même lorsqu'il s'agit du *Gorille*, dénué d'âme, mais dont le rôle dans l'état actuel des esprits était à montrer, voire même à définir, M. Frémiet ayant produit sa définition.

Il y avait un certain attrait à essayer d'écrire un livre avec figure d'homme vivant, connu par ses travaux, occupant une situation déterminée parmi ses pairs. Le charme était de peindre cette figure sans artifices, c'est-à-dire d'en faire l'objet unique d'un livre. Si bien que le héros du livre n'aurait rien de commun avec un personnage de roman, plus ou moins composé de pièces et de morceaux rapportés à l'effet de créer un type. Là notre type n'était pas à composer. Il suffisait de le voir, puisqu'il est vivant. L'idée se concentrait sur l'étude de ce personnage par ses œuvres. Je me suis attaché à ne le connaître que par ses œuvres, par le sens qu'elles dégagent, par ce qu'elles nous veulent ou ce qu'elles attendent de nous. Ces œuvres sont dans le domaine public ; chacun est libre de reprendre notre tâche, et comme le héros de ce livre n'est pas un personnage de convention, ceux qui ne seront pas de notre avis n'ont qu'à prendre la peine de faire comme nous, si le cœur leur en dit.

J'ai fait ce livre sans avoir de relations avec M. Frémiet, que j'ai vu deux ou trois fois à peine dans ma vie. Je l'ai fait surtout sur son œuvre. Les conclusions que j'en ai extraites sont miennes. Ayant trouvé dans ce siècle l'œuvre d'un artiste qui m'a paru très grand, l'œuvre d'un maître sur lequel l'usage n'était pas de s'expliquer beaucoup, on pouvait modestement se demander comment cela se faisait. J'ai cherché d'où cela pouvait provenir. Je voyais bien l'homme avancer en honneurs ; mais sa renommée n'allait pas à la gloire, alors que tant de gens et tant d'œuvres autour de nous, qui ne valent ni M. Frémiet ni ses œuvres, sont portés aux sommets les plus sonores de la gloire publique et proclamée.

Ce que j'ai vu dans l'œuvre de cet artiste j'ai pensé qu'on pourrait le dire, et je l'ai dit. Je ne l'ai point fait, dans une certaine mesure, sans inquiétude à l'endroit de celui dont je scrutais les intentions, et dont je mettais à nu ce que je croyais être la pensée. Néanmoins j'ai conduit mon travail jusqu'au terme final, sans rien changer à mes impressions, me sentant soutenu malgré tout par un examen attentif et renouvelé de ce que j'avais devant les yeux, que ce fût la *Jeanne d'Arc* de la rue de Rivoli ou un exemplaire du *Credo*, que chacun peut se procurer chez l'éditeur. Assez de gens en France font des livres avec la luxure pittoresque, l'adultère esthétique et l'inceste philosophal des modernes alchimistes de l'écritoire. J'ai pensé qu'on pouvait écrire un livre avec un grand et honnête artiste, dont la vie est un exemple et dont l'art est un modèle.

J'ai trouvé un réel plaisir à faire l'éloge, pièces en mains, d'un homme que ses amis admirent, que les siens vénèrent, et dont la vie est employée, quotidiennement, à l'accomplissement d'un labeur qui se traduit par des chefs-d'œuvre inégalables et sans précédent. En outre, je devais être séduit par la pensée que cet homme, que beaucoup de braves gens regardent comme un des meilleurs, des plus utiles et des mieux doués, fût un homme de chez nous, bien de chez nous, ce que j'appelle un Français du sang de France. M. Frémiet est tout simplement un artiste comme la France en produisit de tous temps. Ses œuvres nous affirment qu'il pense comme on pensa chez nous, toujours. Son talent est un produit très lumineux, très radieux, de ce qui pousse en terre de France, où le génie est en équilibre, pénètre et traduit l'esprit des choses avec clarté, volonté et persévérance. La France a bien le droit de célébrer des gens conformes à son esprit foncier. C'est ainsi que pour mon compte, quitte à n'en recevoir aucune récompense ni succès, j'ai essayé d'écrire un livre comme on en écrirait dans vingt ans, si d'ici là, l'esprit public de notre pays était remis au point, et si le peuple que nous sommes, ressaisissait l'habitude de juger la vie avec sa conscience, et non plus avec la satisfaction de ses instincts ou de ses passions.

Ce jour-là, les vertus fondamentales de la race éclateront en pleine lumière grâce au sens précis de l'esprit des choses, que notre terroir incarna comme marque individuelle de son génie, thème qui peut se résumer dans cette simple formule, l'Idéal dans le Réel, et dont ce livre représente une constante application, sans autre préoccupation d'école. Il faut oser voir dans ce sens de l'esprit de choses, dans cette philosophie du mariage de l'esprit et de la matière, le signe de prédestination de ce pays-ci. Nous prenons la réalité pour ce qu'elle est, nous la subissons telle qu'elle nous est imposée, mais nous voulons l'approprier, l'assortir aux règles intimes de notre conscience. Nous regardons autour de nous ce qui se produit. Nous nous efforçons de comprendre ce que cela vaut, et le parti que nous pouvons en tirer, pour le mieux de notre destinée d'individus contraints de subir la vie et ses douleurs, en

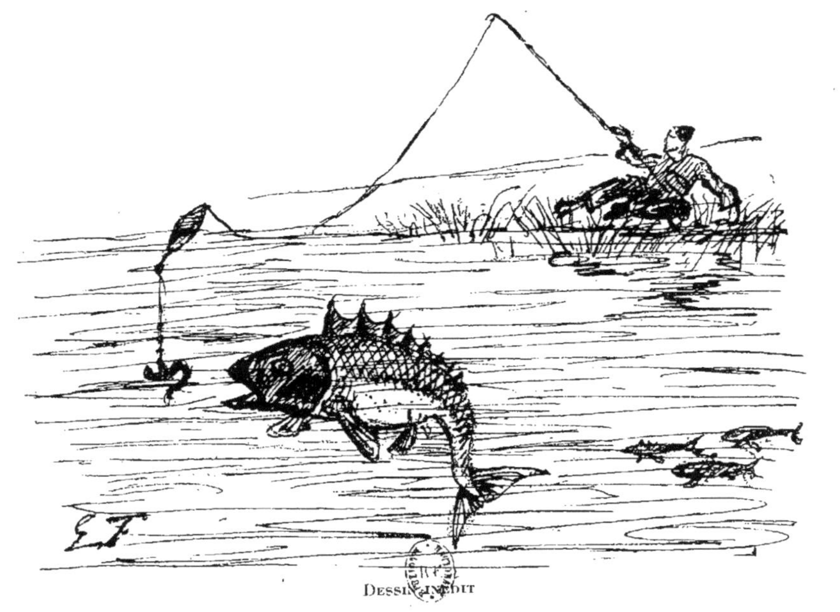

Dessin inédit

un lieu déterminé de la terre, parmi les devoirs et les épreuves que comporte la vie.

Nous ne sommes ni des pauvres ni des riches d'esprit. Nous ne savons pas du tout si le royaume des cieux nous appartient, mais sommes persuadés que les pauvres d'esprit, dont il est parlé dans l'Evangile, sont surtout des humbles de la pensée. Nous voulons être ces humbles de la pensée, ces gens qui pensent avec modestie, réfléchissent avec recueillement, ne croient pas tout savoir, ne cherchent pas à connaître ce que l'homme ne peut pas savoir, envisagent la vie avec miséricorde, se perfectionnent avec humilité, et ne se laissent pas aveugler par un Moi arboré comme le monocle d'un orgueil exorbité.

Pour le présent, nous sommes convaincus que nous entrons dans une période où ceux qui croient apercevoir quelque part une parcelle de la supérieure vérité doivent parler. Désormais tout l'esprit humain est dehors. C'est un lâcher général de pigeons sur la terre, des pigeons de papier, par l'immense profusion de feuilles qui s'impriment. Tout le monde parle, tout le monde écrit, tout se raconte, tout se publie. C'est une pentecôte pandémonique, qui menace d'aboutir au chaos, par la confusion qui résulte de ce dévergondage de la pensée. La littérature des sensations conduit ce sabbat d'impressions sur émotions. Malgré ce délire sensationnel, nous croyons qu'il y a place pour la colombe de vérité. Elle aussi bat des ailes dans ce déluge d'esprit qui nous inonde. L'essentiel est de la distinguer de ses pareilles, agents de perversion. Les gens calmes seuls reconnaîtront le rameau d'olivier qu'elle porte dans son bec, et sauront le tailler pour écrire autre chose que ce que l'actuelle littérature éprouve par ses sens surmenés. Les faits, tous les faits qui se produisent ont désormais un sens très précis. Les livres y gagneront d'avoir une signification, celle de la réalité comprise, interprétée autrement que dans le but d'exciter ou de pervertir.

La réalité n'est ni un hasard, ni une fantaisie, ni un mot, ni une entité philosophique, ni une matière ou une quantité négligeable, ni un phénomène tératologique, ni une monstruosité, non plus que l'unique vase d'élection de toute beauté appréciable. Elle est le signe matériel de l'existence, de la vie ordinaire. L'homme ne doit pas l'adorer, mais il est tenu de la subir dans les proportions où elle lui incombe. Il doit la redouter, car elle est posée en face de lui comme la barricade de l'épreuve, avec son cortège de devoirs, de droits respectifs, de douleurs et de relatives satisfactions. C'est tout un assemblage qui compose l'essence du réel de l'ordinaire existence, et aboutit, selon nous, au terme définitif et absolu de l'épreuve. La réalité, c'est l'épreuve de la vie ordinaire, la pierre de touche de la conscience, divin diamant serti dans la gangue du réel. C'est au contact de la réalité que l'on voit ce que vaut un caractère. C'est devant l'épreuve que s'apprécie le courage moral. La réalité est le signe imposé à l'homme pour faire la preuve de sa capacité morale, de ses capacités de perfection possible. Ce que signifie un homme devant la réalité, devant la vie courante, il le signifie réellement, pour tout de bon. C'est sa traduction littérale, mot à mot.

Ce qu'un homme fait entendre de vérité, de loyauté, d'enthousiasme, d'indulgence ou de charité, au contact de la réalité, c'est le son dont est capable l'airain de la constitution physique et morale, le bronze de sa conscience. La réalité frappe sur la conscience comme le battant d'une cloche. Le choc révèle les qualités et les vertus de ce bronze, de cette intérieure cuirasse de l'être humain. Quand un homme ment dans la vie ordinaire, c'est la preuve que la cuirasse de son individu profond est de mauvais métal. Le contact de la réalité est parfois cruel. C'est à cette pierre de touche que se reconnaît l'homme de valeur. Celui que la réalité diminue est un sot ou un méchant. En revanche l'homme qui sait profiter des maux qui lui sont causés est en bonne voie. Les autres peuvent le juger à leur guise. Il lui reste le contrôle profond de son for intérieur. Avec ce secour son peut aller jusqu'au bout de sa carrière, et attendre un jugement qui ne viendra ni de l'envie ni de la sottise.

L'envie, la sottise et la calomnie sont les juges ordinaires du tribunal de la réalité. Les martyrs de cet aéropage sont légion. Mais ils sont sauvés, s'ils détiennent au fond d'eux-mêmes l'argument final, qui constituera la preuve des injustices du temps. La calomnie les sert au lieu de les perdre; elle les fait revivre au moment où elle les frappe; comme la pioche qui remue la terre au pied de l'arbre, elle active la montée de la sève à la tête du chêne. Cet axiome de l'Idéal dans le Réel est une précieuse règle pour ceux que la vie veut écraser sous les énergies de ses malfaisances. A ces énergies émancipées, libérées du frein du Devoir un peu comme des poulains échappés dans une prairie, les hommes qui veulent devenir meilleurs doivent opposer une volonté éclairée par la Conscience, c'est-à-dire projeter sur la réalité la lumière de l'espérance. Les hommes ne trouveront jamais un moyen plus sûr de supporter les épreuves qui leur sont imposées par l'égoïsme, la cupidité, l'orgueil, en un mot par la vie et par les vivants. C'est encore le plus sûr levier que puisse construire, pour son usage personnel, le génie individuel obligé de soulever la pierre du tombeau, où l'envie et l'impuissance essaient de l'enterrer vivant.

L'Idéal dans le Réel représente l'antagonisme de la terre et du rêve, de l'épreuve et de l'espérance, de la Lutte pour la vie et du Devoir pour la vie. La Lutte pour la vie c'est la loi du triomphe des instincts. Le Devoir pour la vie c'est le droit de la conscience rétabli. La France intégrale est la patrie du Devoir et de la Conscience. Pour la conquérir toute, pour assujettir, annihiler son âme sans esprit de retour, il faut d'abord détruire en elle les deux principes fondamentaux de son essence native, d'où résultent cette droiture de cœur, cet équilibre d'esprit, qui placèrent notre pays au premier rang des apôtres du bon sens, forme réelle, positive, appliquée du génie et de l'idéal. La France du bon sens, la France vraie, celle qui se connaît encore, ne se trompe guère sur ce qui lui arrive, sur ce qui lui est fait et sur ce qui la désoriente.

Il se peut qu'elle se laisse faire, par fatigue de lutter ou par dégoût de ceux qui la trahissent, mais elle connaît très bien ses obligations en face de la réalité. Elle reconnaît la vérité à l'haleine de sa bouche, elle devine la générosité au parfum du cœur généreux, elle ne se trompe pas sur le but qu'on cherche en l'entraînant dans une voie contraire à celle qu'elle a suivie jusqu'ici, et hors de laquelle elle cesse d'être elle-même. Elle sait très bien, d'instinct, par sens de race, que si on l'arrache à ses mœurs de Devoir, c'est pour l'entraîner dans celles des appétits. Elle est sûre et certaine que le pouvoir anonyme de l'Argent Roi représente une forme sociale, un ordre public, une raison d'état, une police de mœurs absolument contraires à l'ordre de choses lié au régime de la Conscience, du Devoir et de la Responsabilité.

La France de l'Idéal dans le Réel, la France de l'esprit des choses, la France qui ne se méprend pas sur sa destinée, et ne supprime pas le Devoir au profit de Droits contestables, cette France-là fut habituée de tout temps à voir dans Mammon le rival du Devoir, le destructeur de la conscience, l'anonyme négateur de la responsabilité personnelle et nominale. Mammon signifie exactement le contraire de la formule de l'Idéal dans le Réel. Il est une réalité sans conscience, la matière affranchie qui triomphe en vertu de sa bestialité libérée, se divinise et se fourvoie du même coup. La France qui ne se fourvoie pas, celle qui n'ose rien sans le secours de l'esprit, sait encore très bien que tous ces gens de Mammon, qui jouent avec l'argent des autres, gagnent ou perdent sans jamais rendre, sont des voleurs. Le jour où le Père de Ravignan, s'adressant publiquement à des femmes du plus haut rang et du plus grand orgueil, leur disait : Mesdames, payez-vous vos dettes ? c'est la France des devoirs, la France idéale qui rappelait ses gens à la réalité, aux devoirs imposés par la réalité.

Aussi bien la France intégrale, celle qui se réveille, et veut sortir du sépulcre où la féodalité de l'argent l'étreint, sous le poids d'un ordre social dont les principaux ressorts représentent toutes les formes latentes du vol, cette France-là est toujours prête à rendre à César ce qui appartient à César. Elle est toujours disposée à subir la vie avec ses impositions directes ou indirectes d'épreuves, de dol, de calomnie, d'envie, de haine et tout ce qui s'ensuit. Mais c'est pour mieux se réserver le droit de vivre au dedans de soi, comme il lui plaît de vivre, selon la doctrine de morale et de vie qui lui semble la plus appropriée à son développement. En un mot, elle est prête à payer le tribut de César, parce qu'elle accepte les conséquences de la Lutte pour la vie, conséquences hors d'elle-même, hors de sa conception, mais c'est pour mieux asseoir la liberté de sa conception du Devoir pour la vie, formule plus conforme à la liberté morale, dont l'intense principe luit en nous comme la vérité dans son puits.

Cette idée du Devoir par laquelle notre France se ressaisit, toujours, nous donne, à nous qui en sentons l'efficace concours, la force d'attendre l'équitable jugement que l'avenir tient en réserve. L'Idéal est une des appellations de cette suprême énergie, qui est la forme réelle de la vie. Celle-ci n'est pas un simple simulacre de dévotion. Elle constitue un des dons supérieurs de l'homme, sa valeur condensée, le geste soutenu de sa vitalité, la balistique de sa poussée individuelle qui le mène à la lumière, et lui délivre, par l'espérance, la patience d'attendre l'inévitable moment où cette lumière apparaîtra. « Comprendre c'est la récompense de la Foi », dit saint Augustin. La définition a sa date, mais elle a son prix, surtout pour les humbles d'esprit qui ne croient pas que tout

14

leur soit dû. Le Dorsenne de M. Paul Bourget lui aussi veut comprendre, mais pour comprendre ce n'est pas suffisant, parce que le dilettantisme n'est qu'une attitude qui n'a point l'efficacité d'une vertu. Toutefois, nous aimons encore mieux Dorsenne que le jeune Greslou. Dorsenne qui veut comprendre donne de l'espoir. Il promet. Il est la promesse d'un bon garçon ; c'est un brave homme en herbe ; Greslou qui analyse trop est un orgueilleux. C'est un monstre avant d'être un coquin. Aussi bien M. Bourget en a honte. Dans sa préface, il ne recommande pas ce *Disciple* comme un monsieur à imiter. Il voudrait même « qu'il n'y eût jamais eu dans la vie réelle de personnages semblables. »

M. Greslou est en effet le disciple d'une école dont le nommé Julien Sorel est le prophète. On trouve à ce bureau de malfaisance des théories toutes prêtes, en confection ou sur mesure, par lesquelles le crime arrive comme une suite naturelle à une analyse de soi par le mauvais côté, une analyse à l'envers, une analyse des instincts substitués à la conscience ; cela ressemble à un pointage électoral de borborygmes qui se sentent appelés et voudraient être élus. Dorsenne est somme toute un garçon intelligent. Il est mieux doué que son prédécesseur, le sieur Greslou. Le terrain de son moi est meilleur. Son fonds d'analyste de l'individu est moins obscur que l'arrière-boutique où M. Greslou étiquette ses bocaux à poison. Dorsenne vit plus au clair. Il veut comprendre. C'est la preuve de ses bonnes dispositions. Aussi s'apercevra t-il, un jour ou l'autre, sans trop de peine, que la définition de saint Augustin implique la condition de gagner ses éperons, de mériter la récompense. Comprendre pour comprendre, c'est l'art pour l'art, autrement dit l'accouplement de la fécondité et de la stérilité. Résultat nul, dilettantisme, rendez-vous de vieux garçons.

Pour comprendre autrement que pour le plaisir de comprendre, Dorsenne, le dilettante, sera obligé de renoncer à tout ce qui

MAB

Croquis inédits

a fait sa fortune. Après Descartes, après Spinosa, il lui faudrait aussi abandonner Taine. Que pensera Dorsenne le jour où il s'apercevra avec M. Ed. Biré, que dans les deux volumes de l'*Intelligence*, si denses, si substantiels, si vigoureux, si lutte pour la vie, un mot, un grand mot, presque gros tellement il est grand, un mot essentiel, le plus essentiel à l'économie d'une âme saine, n'est jamais prononcé, jamais, le mot : Devoir. Tout est propice dans ce livre puissant et fort, aux Julien Sorel, aux Greslou, aux athlètes de l'instinct, aux struggleforlifers de la conscience détériorée par une hérédité physiologique, aux Marseilles de la lutte pour la vie. C'est la grande baraque foraine du mauvais exemple, qui s'excuse sur son inconscience héréditaire, sur des maladies de nerfs, héritées de précurseurs malsains, déjà endommagés.

Elle est très importante, cette observation critique de M. Ed. Biré. Le Devoir absent de l'Intelligence humaine, c'est très moderne, mais c'est gros. Cela ouvre la vie à l'assaut des instinctifs. C'est plus qu'une brèche à notre morale traditionnelle, c'est sa négation en tant que fonction psychologique de l'homme. Ce frein de la conscience une fois nié, il nous reste ce que Pascal, lisant Homère, avait remarqué ne figurer nulle part dans l'œuvre du grand poète aryen, la Loi. Le mot Loi n'est pas écrit dans Homère. La Loi de M. Taine émancipe l'âme humaine par l'irresponsabilité, le Devoir l'emprisonne dans l'infini de la conscience. Il reste à choisir.

Nous n'hésitons pas, nous choisissons la conscience, et prenons pied sur le terrain de la responsabilité, de notre âme libre, dont nous ne confondons pas la destinée avec celle d'une âme libérée. Nous ne nous laissons pas prendre au jeu de lumière, au mensonge illusionniste de la liberté civile, qui n'existe que pour les seuls gros bonnets. Nous sommes pour la liberté intérieure qui nous ouvre le champ sans bornes de la vie morale. Nous savons ce que peuvent faire les gens qui abritent leurs méfaits, derrière une légalité qu'ils façonnent au gré de leurs besoins. Nous avons vu Cauchon brûler Jeanne d'Arc au nom de la Loi de circonstance dont l'hypocrisie l'avait armé, pour les besoins de sa cause criminelle. Nous savons par cet exemple et par quelques autres, ce qu'un homme sans conscience peut obtenir et accomplir la loi en main. Nous le laissons opérer, ne pouvant l'empêcher. Mais nous cherchons nos exemples et nos modèles dans les hommes de Devoir, ceux que guide une claire conscience.

Malgré tout on pense comme on est, selon la forme intime de son individualité. Les livres sont pareils à ceux qui les écrivent. Toute œuvre d'art sort du fond de nous-mêmes. Ils sont notre image et à notre image. Rollin a laissé une parole aussi nette que celle du « style c'est l'homme » de Buffon quand il a dit : le discours est le visage de l'esprit. C'est un moyen fatal de se montrer tel qu'on est, que de se publier. La partie intégrale, la source foncière, l'odeur du berceau originel, l'essence de l'individu, comme l'essence d'un peuple, se retrouvent surtout dans la qualité, dans la trame de ce qu'il pense. La race porte en soi son arome, comme l'individu porte son odeur. Si tous les gens qui parlent, écrivent ou produisent aujourd'hui savaient que nous devinons, que nous sentons, comme on sent par le nez, l'odeur de leur âme à l'odeur de leur art, que nous reconnaissons l'intention la plus cachée de leur esprit à l'allure de leur pensée, ils y regarderaient à deux fois avant de se laisser aller dans les journaux, dans les revues, dans les livres, dans les expositions ou sur les scènes de théâtre.

S'ils y réfléchissaient, ils n'écriraient peut-être pas. Or, ce n'est pas ce qu'ils prétendent. Tous les étrangers qui manifestent le fond et le tréfond de leurs exotiques individualités en ce moment sont très jaloux de leurs privilèges d'artistes et d'auteurs en vogue. Ils se produisent pour prendre la direction de l'esprit public en France, pour influencer les badauds et les dociles, pour étourdir les inattentifs, et persuader aux irréfléchis que nous sommes un pays dégénéré, un peuple sans talent, en qui le besoin d'une infusion de sang nouveau se faisait sentir. Nous suivons cette orientation de l'esprit français, avec l'attention et la sagacité de gens qui savent à quoi s'en tenir et reconnaissent les intentions à la couleur des prétentions. Nous avons une sûre doctrine pour diriger notre modeste embarcation sur cet océan plein de nuages de l'expression publique de la pensée des gens. Nous restons pénétrés du bien-fondé de notre méthode, qui consiste à surprendre le mot de passe dans la pensée de derrière la tête de l'œuvre d'art qui s'offre.

L'entre-deux des lignes est aussi clair pour nous que les lignes elles-mêmes. C'est là que sue et transpire la menace ou la ruse de qui voudrait nous duper. Nous ne portons pas de lunettes, ni binocle, ni monocle. Nos yeux sont les simples yeux dont la nature arma notre cervelle, comme de deux sémaphores la côte. Avec cela rien ne nous échappe. Et quand M. Catulle Mendès conçoit le drapeau d'Arcole et de Marengo comme un cotillon qui se retrousse sur la cheville d'une grisette (*Journal*, 22 décembre 1895), nous sommes fixés.

Notre époque présente est ainsi faite. Il faut que la vérité jaillisse. Il faut que la preuve se fasse. Il y a trop d'esprit en l'air, pour qu'il en soit autrement. Aujourd'hui plus que jamais les hommes de pensée et d'opinion sont aux prises avec eux-mêmes, avec leur sort. Il leur devient impossible de produire une œuvre quelconque, sans fournir la preuve de ce qu'ils sont, ne le voulussent-ils pas. La race perce toujours, la race, qui résume nos hérédités et les dirige dans le sens de nos instincts ou de notre conscience, dans le sens de nos témoignages collectifs ou individuels. La race et l'âme est tout un. Quoi qu'on fasse aujourd'hui, les œuvres qu'on produit sont les témoignages de nous-mêmes, précieux à consulter pour savoir ce que nous sommes. Devant la nécessité de penser tout haut, devant l'obstacle du talent à franchir par ce temps d'épreuves et de reprises, l'écrivain, l'artiste sont contraints à l'effort qui extériorise le fonds d'eux-mêmes, fait jaillir leur individualité. L'auteur est forcé de s'exprimer selon l'authentique expression de soi-même. L'amour de la renommée entraîne les uns, l'hypocrisie ne peut plus retenir les autres.

Alors on parle, on se manifeste, tel qu'on est, sans mesure, sans réserve, à outrance. Personne n'échappe à cette nécessité de s'expliquer devant des événements où chacun sent bien d'ailleurs qu'il est intéressé, et que le problème de sa vie, de son sol, de sa maison est posé. C'est comme un interrogatoire de tribunal. La vie courante avec ses sévérités préside les débats. Il est nécessaire que l'homme qui prend physionomie d'apôtre parle, de producteur produise. Des questions lui sont adressées par les faits et par ce qu'on pense. Il est tenu de prendre parti. Ecrivain, statuaire, peintre ou musicien, il est obligé de répondre. Le silence lui est interdit. Pas d'échappatoire possible. La vie est trop pressante. S'il est décidé à parler pour ne rien dire, une minute arrivera qui fera jaillir un mot, un rien, d'où sortira malgré tout l'idée qu'en voulait taire, la pensée ou le mot d'ordre qu'on refusait de révéler.

On ne saurait désormais oublier de voir l'homme dans son œuvre. Si nous ne le découvrons pas dans tout ce qu'il fait, c'est que nous ne savons ni lire, ni regarder. M. Renan apparaît très net comme il fut, dans ses professions de foi fuyantes, tout comme la loyauté de Claude Bernard ou d'Ampère éclate dans leurs écrits puissants et droits. Un homme en vue se démontrerait très aisément par son goût pour certains mots, ou par ses recherches de certaines idées qui le trahissent. L'écritoire, comme tout instrument à produire de la pensée, est un miroir de l'âme. Ce qui sauve certains hommes de la réprobation universelle, c'est que ceux qui les louangent ne savent pas les lire ni les regarder, ou bien les lisent et les regardent avec leurs espérances, point avec leur sang-froid. Un livre est tout autant dans ce qu'il dit que dans ce qu'il veut dire. Ce qu'il avoue n'est souvent que la forme développée de ce qu'il cache. Ce qu'il raille, c'est ce qu'il redoute ; ce qu'il tait, c'est ce qu'il veut qu'on ignore ou qu'on oublie. Souvent il sert une cause, en ayant l'air de l'attaquer ; son apparente franchise n'est parfois que la part du feu nécessaire au triomphe de ceux dont on le croit l'adversaire. Mais il faut un œil très exercé, pour exhumer la ruse masquée sous l'apparente vérité du discours, et voir ramper le mensonge comme une vermine entre les lignes.

Dans M. Frémiet, nous avons voulu voir l'homme, et nous avons trouvé un être pareil à son œuvre, qui fait ce qu'il croit devoir faire, que rien ne dérange, qui suit sa ligne et attend. Cet artiste ne paraît pas avoir produit cette œuvre unique et sans précédent, pour le plaisir de déplaire ou de nuire à ceux qui ne l'ont pas produite. Il l'a publiée parce qu'il l'avait en lui, telle qu'il l'avait en lui, sans détour, sans artifice, sans inutile concession, comme sans esprit d'invective. Ce que nous avons vu dans son œuvre nous l'avons dit, et nous avons essayé de le faire comprendre.

UN MAITRE HOMME

Les œuvres de M. Frémiet sont expressives et lumineuses. Des idées s'en dégagent, qui les animent comme l'âme anime le corps et sont des idées de premier ordre, des idées importantes, des idées directrices de la vie et de la conception de la vie. Pour s'en apercevoir, il suffit d'y consacrer l'attention et un peu du soin que tant d'esprits alertes emploient à prendre au sérieux la fausse gaieté des comédies de boulevard, et la plaisanterie lugubre des gens à sensations détraquées. Ces idées sont l'essence même des œuvres de M. Frémiet. On pilerait dans un mortier l'ensemble de tout ce qui est sorti du ciseau de ce maître pétrisseur du limon de la terre, qu'on les verrait se dégager comme une vapeur parfumée, comme un nuage aromatisé, de qualité très supérieure à tout ce qui se chante autour de nous, dans les concerts de la réclame triomphante ou dans les chœurs de la camaraderie agglutinée.

Il serait superflu de les célébrer pour se faire valoir à l'occasion d'un artiste éminent. Elles ne doivent rien à celui qui les constate ; elles doivent tout à l'artiste dont elles animèrent l'invention. Elles vivent en dehors de la critique la plus éclairée, et les œuvres qui leur doivent la vie resteraient belles et importantes, dût l'obscurité de l'esprit public répandre sur elles la nuit du silence ou de l'ignorance. Il est très facile de les expliquer sans rien y ajouter, sans inventer. L'important est de les voir, après quoi il n'y a pas de mérite à essayer de les faire voir. On y peut réussir sans substituer ses imaginations à la place de la vérité. Il suffit d'être pénétré de l'équité d'un grand hommage rendu à un très grand

Cliché Barbedienne.

L'AMOUR FUSTIGEANT UN PAON

artiste, en comptant, pour lui rendre cet hommage, sur les rares hommes de France, en qui survit la faculté de s'intéresser à des œuvres sérieusement intéressantes, tant par les idées qu'elles expriment, que par les pensées qu'elles engendrent.

Somme toute, il n'est pas indifférent que l'œuvre de M. Frémiet, sous le couvert du pittoresque, embrasse la création tout entière, en y réveillant l'idée de miséricorde et de Devoir ; que son art, sous sa forme savante et réalisée du relief, marque autant de soins pour la plus humble figure d'animal, qu'elle montre d'égards à la plus haute expression de la destinée humaine. La pensée de M. Frémiet va du petit chatton piquant son nez dans une jatte de lait, à l'homme illuminé et presque surnaturel du chevalier *Credo*. Il est à remarquer que ce phénomène d'étendue de l'esprit, de l'envergure, de l'attention et de l'observation, est le signe caractéristique de l'œuvre de M. Frémiet, et fait de lui un maître homme.

On ne voit que lui, dans notre époque de surproduction artistique, s'arrêter en même temps devant la petite bête aimée de La Fontaine, et saisir toute l'ampleur de la mission de Jeanne d'Arc. Ce statuaire obéit à une étrange préoccupation de reconnaître et d'exprimer la vie sous toutes ses formes animées, selon les destinées devant l'épreuve, avec les bontés dues à tout être vivant, au nom de la compassion. Il est clair, d'après lui, que les animaux sont des êtres créés pour mériter, non les duretés de l'homme, mais sa bonté en raison de leurs services, et pour exercer sa patience par leurs misères et leurs infériorités irréductibles.

L'homme qui a osé le *Credo* et le *Gorille* obéissait à une inspiration au-dessus des petites appréhensions. Il a trouvé, dans les ressources hermétiques de son art, le moyen de poser des problèmes humains et d'en fournir la preuve, sans être obligé de recourir à l'aggression ou à l'invective. Il travaillait comme travaille un esprit clair, sûr de soi et qui sait trouver en soi la preuve à faire, sans subir le piment de l'envie ou de la haine comme condiment de son génie. La solution venait d'elle-même, en quelque sorte intrinsèque à l'œuvre proposée. On ne voit pas que, dans cette voie, l'auteur de *Du Guesclin*, de *Saint-Michel*, de *Jeanne D'Arc* ait jamais eu besoin de reculer devant les conséquences de son inspiration. Il ajoutait Du Guesclin à Jeanne d'Arc, Saint-Grégoire à Saint-Louis, et sans s'arrêter à la surprise qui pouvait en résulter pour son temps, porté à toute autre chose, surmontait le tout de sa lumineuse effigie du chevalier de la foi sincère.

Celle-ci, d'ailleurs, avait été annoncée par le *Chevalier errant*, qui entra le premier parmi nous, passant devant le *Credo*, comme l'ombre, à certaines heures du jour, précède la figure dont elle est la projection en clair-obscur. C'est tant pis pour notre époque si M. Frémiet, malgré les honneurs qui lui vinrent de ses pairs, n'y tint point plus tôt le rang qui lui revient, un rang d'exception parmi les meilleurs. On lui saura peut-être gré bientôt d'avoir subordonné les appétits de l'ambition et du succès facile, au besoin supérieur d'assurer la prépondérance à ce qu'il croyait devoir être dit. Il est probable que l'artiste qui eut cette bravoure sait mieux que nous à quoi s'en tenir sur ces détails de son œuvre et de sa vie immédiate. L'homme qui a donné à son temps des effigies de la France par Jeanne d'Arc, de la Science et de l'Histoire par le *Gorille* et ses portraits équestres, lorsque ce temps est le nôtre, attend autre chose de la vie que le succès complaisant.

L'art en vogue se disait expérimental par la recherche du morceau. Il se déclara matérialiste pour accréditer ses abus. Sa philosophie ne chercha qu'à l'extérioriser, à le soustraire aux lueurs intimes de la conscience, pour le mieux cantonner dans la contagion du jour. La réalité de ce qui se touche du doigt se prouve par la duperie du fait, qui ne prouve pas tout. Cela s'appela de différents noms : le morceau, la nature. Pendant longtemps un mot d'ordre mystérieux classa un saumon baigné dans le beurre de M. Vollon plus haut que la mélopée de misère du *Pauvre Pêcheur* de M. Puvis de Chavannes. Les théoriciens du sensualisme pur voulaient imposer à l'art français l'auréole d'un chaudron bien peint et bien luisant, confondant ainsi auréole avec casserole. Il a fallu beaucoup de temps et d'efforts pour rapatrier des artistes comme M. Puvis de Chavannes, que l'école naturaliste ne pouvait pas ne pas frapper d'ostracisme.

On ne permettait plus à l'art de penser. On lui ordonnait de voir et de s'en tenir là. Il circulait des formules toutes faites, solennelles, plastiques, bien triviales, en dehors de quoi rien n'avait droit à l'existence. Le morceau, rien que le morceau. Et, cependant que les procédés de la peinture envahissaient les écritoires, on refusait aux arts de la forme le privilège d'introduire une âme dans le relief de leurs figures. La réaction du vrai contre la factice aboutissait à une erreur. On oubliait la puissante poésie des clairs-obscurs de Rembrandt, pour ne plus aimer que le sang de son quartier de bœuf. Et pour être plus sûr de donner tort aux madones de M. Hébert, on en venait à répudier une madone comme celle que le Giotto donna à Pétrarque en héritage, et qu'on voit sur un pilier d'église à Padoue.

M. Frémiet a vécu parmi cette querelle. Il ne paraît point s'y être attardé. Il ne fut ni un réaliste, ni un idéaliste. Il fut un artiste dans le sens complet, impliqué par ce terme de langage. Il fut un homme d'intelligence, qui voit la nature par l'entremise d'un don très élevé d'en reproduire l'image tout ensemble et l'expression. Son talent, instrument supérieur de cette claire vue, lui servit à exprimer sa compréhension de son art. Ceux qui exploitèrent la réalisation puissante de ses œuvres en faveur du réalisme pur, comme les catholiques, étaient engagés dans une fausse voie. Ils se laissaient tromper par des apparences qui ne peuvent tromper que les inattentifs ou les gens dénués de perspicacité.

M. Frémiet est un maître statuaire qu'il faut regarder de très près, si l'on désire apercevoir dans ses œuvres ce qu'il veut nous y faire apercevoir. Toutes les ressources de son art sont à sa disposition, pour réaliser une pensée dans le sens formel du haut relief. Mais l'éducation artistique du peuple français est assez mal conduite, pour que le public ne voie jamais dans une œuvre d'art que ce qu'il y met lui-même, c'est-à-dire rien, ou peu de chose. En suivant la foule aux expositions, on a vite touché le fonds de la misère générale, en ces matières. Chacun veut se retrouver dans une œuvre d'autrui, et personne n'a dans l'esprit le point de comparaison qui y projetterait la lumière. Or, jamais la pensée n'est absente dans les œuvres de M. Frémiet. Elle y apparaît partout, à tous les degrés de l'humeur, de l'esprit ou de la conviction. C'est beaucoup de choses à la fois, pour un public d'amateurs, en qui ne vit ni l'amour, ni l'intelligence de l'art.

M. Frémiet est un très grand artiste, parce que tout morceau sorti de sa main est un écrin approprié à une pensée déterminée. De même qu'il a traduit le *Credo* par la figure d'un chevalier de la première croisade, de même il a monté sa *Jeanne d'Arc* sur un cheval qui est le collaborateur né des héroïsmes humains. L'artiste qui a trouvé l'idée du *Credo* en soi ne compose pas ainsi ses œuvres, par hasard. Une inspiration le guide, qui a son siège dans une pensée haute et sûre. M. Frémiet est un intellectuel qui sait ce qu'il veut et ose vouloir ce qu'il sait. Son procédé est celui des grands artistes qui voient tout, regardent partout, utilisent les ressources à leur disposition, pour extraire de la vie son sens intime, et trouvent, dans l'art où ils sont passés maîtres, le moyen de mettre au jour les clartés de leur intelligence. On doit voir plus qu'un sculpteur dans l'auteur de la *Jeanne d'Arc* de la rue des Pyramides. M. Frémiet représente, en outre, un être intellectuel, qui reconstitue la figure oubliée de Jeanne la Pucelle, à une époque où cette tradition de l'ancienne France allait se retrouver aux prises avec les mêmes périls sociaux, et proposer à la France nouvelle la même méthode de salut, en relevant par la foi et le dévouement l'âme abaissée par la rapacité et la simonie. En quoi ce statuaire est un poète social, une manière d'avertisseur qui explique la vie par la pureté de ses symboles.

L'homme qui suit cette méthode de travail est un grand artiste. L'avenir s'en apercevra. Cet avenir s'appelle déjà peut-être un futur prochain. Alors on verra plus clair et on ne s'étonnera pas que cet homme se soit trouvé quelque peu isolé dans notre époque. On reconnaîtra sans doute aussi que, vu l'art très intégralement traditionnel de cet artiste, il était impossible de s'attacher à cette grande figure, sans posséder jusqu'à un certain point, le sens de ce qui constitue le véritable esprit de la France, de ce qui est conforme aux facultés morales, aux aptitudes indélébiles de ce pays-ci. M. Frémiet est un intellectuel dont la formule d'art est moins celle de la vogue que de la réserve. Il paraît voir surtout ce qui est vrai de tout temps, plutôt que le vrai seulement selon la mode. S'il ne s'exprime point assez dans le sens habituel aux triomphateurs du réalisme facile, il s'explique sans contredit en conformité évidente avec l'art contraire au sensualisme grossier.

Par son talent sûr, réel, expressif et informé, il est de son temps. Son signe très personnel, c'est qu'il est dans son temps, avec ses qualités, sans que son temps soit en lui avec ses défauts. Il a scruté son époque au point d'en connaître l'oiseux et l'inutile, tout en y puisant, avec maîtrise, ce qui survit d'éternellement humain dans ce présent qui ne se possède pas. Il est de son temps à la façon d'un homme venu trop tard, dans un siècle trop vieux, tout en arrivant à point pour remettre les choses en place. C'est un précurseur qu'on prend pour un archaïque. La beauté de son cas, c'est de faire voir ce qu'il a vu, de nous planter devant les yeux les jalons de l'avenir, retrouvés dans le lointain passé. Ceci n'est pas la tâche d'un ordinaire faiseur d'images. C'est l'œuvre d'un artiste, avec tout ce que ce mot magique contient de vision secrète et pénétrante. Il a soufflé l'esprit tenace de la tradition, dans des œuvres où d'autres auraient trouvé des sujets de surtouts et de dessus de pendules. Il a mis dans le commerce des statuettes qui ne paraissent à leur place que dans le cabinet de travail, chez des hommes de pensée et d'opinion.

Un homme qui conçoit ainsi son métier de sculpteur n'est ni un païen sans intimité avec l'idéal, ni un vulgaire brasseur de glaise, un boueux, comme on dit en jargon d'école. C'est un artiste dans le sens où ce mot comporte la pleine vision de la nature; c'est un poète dont le métier s'élève à la hauteur d'une mission. L'artiste qni extrait d'une boule de cire ou d'un pain de terre du chemin, ce *Gorille*, ce *Credo* définitif et la triomphante *Jeanne d'Arc*, transpose la vertu du rêve pour lui donner la marque du rêve réalisé. On doit le regarder comme un être intellectuel de première ligne, qui découvre dans sa conscience individuelle la lumière qui rendra clairs à ses yeux les diaphanes mystères de la création.

Ce qui est plus simple que tout ce qu'on peut dire pour saisir le sens aigu de cette personnalité perspicace, c'est de regarder le portrait de M. Frémiet, d'examiner son visage tout ensemble souriant et grave, pénétrant et pénétré, où l'enveloppe réelle est mince, et qu'illuminent les discrets rayons d'un regard sûr, attentif, réservé, avisé dans son silence d'observateur. C'est l'image d'un intellectuel silencieux, où la bouche transporte l'éloquence qui lui descend des yeux, dans des mains habiles à faire parler la matière. L'intelligence, qui domine la longue carrière de cet homme, se manifeste sans paroles inutiles, mais avec une exactitude de réalisation que contresignent la volonté et l'inspiration. Toute l'intensité de cet esprit s'accuse par le puissant effet de l'expression en relief.

Hippocrate, qui nous a laissé des apophtegmes très vécus, nous donne l'impression d'un esprit qui se fait entendre sans flot de paroles, à l'aide de mots complets où tout un monde d'études, d'observations et de parallèles se résume, au delà de quoi il ne reste plus rien à dire. Les œuvres de M. Frémiet, caractéristiques de son génie familier, sont, elles aussi, des manières d'aphorismes qui disent tout. Le *Credo* est un axiome, l'évidence de la foi. *Saint-Louis* constitue une preuve, la preuve des devoirs de l'Etat, exprimés par ce terme somptueux et désormais hors d'usage. la Responsabilité. *Saint-Michel* nous représente un geste de la conscience humaine, le geste du Bien en lutte avec l'esprit du mal. *Jeanne d'Arc* nous est venue à son heure, comme un avertissement, un écho, un témoignage de la pérennité de la France des accomplissements. *Sainte-Cécile* avec sa harpe incarne le signe absolu de la musique, celui de la mélodie, ce frisson enchanté, dérobé, pour la consolation de la terre, à l'invisible concert des harmonies insaisissables. Le *Gorille* s'impose comme une inquiétude, et *Velasquez* doit être admiré comme une apothéose personnifiée du génie de la lumière. *Saint Georges* symbolise l'esprit chevaleresque comme le *Cheval de Montfaucon* représente l'esprit de miséricorde. Dans leur ensemble de grâce, de noblesse et de mouvement idéalisé, les statues équestres racontent à nos yeux curieux la conquête par l'homme et par l'art, de ce surnaturel vertige dont le cheval est l'héroïque aventurier.

Parmi ses pairs du ciseau, M. Frémiet m'apparaît comme un artiste d'une éloquence concrète et toujours renouvelée. Il parle la langue éminemment claire et distinguée, propre aux esprits en pleine maîtrise des formules simples et harmonieuses. Son ébauchoir échappe à son dessin d'outil de matière, pour devenir sur l'enclume d'une forme précise et observée, une manière de marteau enchanté, où circule l'induction vivace d'un esprit toujours en éveil. L'art issu de ce contact n'émane pas d'un artiste sans horizon, dont la pensée s'éteint sous l'éclat du relief de la réalisation. L'étincelle du signe intérieur jaillit sous le choc, et la lumière, pour qui prend la peine de la voir, envahit le sujet depuis le mystère de son origine jusqu'au terme secret de sa revendication. La *Jeanne d'Arc* de la place de Rivoli, par exemple, est complète, par le passé qu'elle ressuscite eet par l'avenir qu'elle annonce. Le *Credo*, de son côté, n'est pas moins absolu en tant qu'expression d'une puissante loi. On sait très bien d'où viennent de tels monuments, et on n'a pas le droit d'ignorer le sens profond de leurs intentions dernières. Leur forme sonore et vibrante ne semble pas destinée à étouffer le souffle de pensée en circulation sous cet enduit d'airain. L'esprit est là, l'idée tient bon sous ces chairs de métal. Le signe de la volonté expressive les a marquées à jamais.

Oui ; mais tu le sais bien,
La forme, ô grand sculpteur, c'est tout et ce n'est rien.
Ce n'est rien sans l'esprit, c'est tout avec l'idée.

Quand on s'arrête à la variété des travaux de M. Frémiet, où l'on trouve toujours une matière à réflexion, on comprend qu'avec lui la sculpture n'est pas seulement un ornement, mais encore un agent de la pensée humaine. De tous les artistes de son temps, M. Frémiet m'a paru celui qui donne le plus à penser. On en pouvait conclure que c'est lui qui met le plus de pensée dans ses œuvres. Son art, sa méthode, la direction de son esprit, qui rayonne en rose des vents aux quatre points cardinaux de l'inspiration, indiquent un attentif très en possession de soi, un observateur ouvert à toute espèce d'observation, un silencieux, dont le silence n'est que de la concentration tassée sur un ressort toujours tendu pour une détente efficace.

Ses œuvres sont d'une éloquence totale, ce qui le dispense de toute loquacité superflue. Il ne perd pas de temps en théories. Il fait sa preuve en travaillant. Aussi bien a-t-il tout dit sur un sujet

Recueilli sur le mur de l'atelier personnel de mon Maître.

« Le temps n'épargne pas ce que l'on fait sans lui. »

Entendu dire par une dame avisée.

« L'ordre est la première des économies. »

E. Fremiet

AUTOGRAPHE

quand il l'a traité. Or, il le traite toujours à fond. Mais, s'il y revient, comme pour sa *Jeanne d'Arc*, c'est pour affirmer une fois de plus qu'il n'entreprend rien sans la volonté de fournir son témoignage jusqu'au bout. Ce qu'il ajouterait en paroles à l'œuvre qu'il achève, ne donnerait pas vingt lignes de copie au reportage le plus assoiffé d'inédit. Les gens qui fréquentent M. Frémiet ne disent pas que cet artiste se raconte en dehors de ce qu'il met de son âme et de sa pensée dans ce que son ciseau projette sur le siècle. Il est un intellectuel plus qu'un expansif. Il compte sur la clarté concrète, totale de ses œuvres pour être compris, pour nous révéler toute l'étendue du monde intérieur qu'il porte en soi-même. Ce monde invisible, qu'il réalise avec une puissance de travail peu commune, est considérable autant par l'inspiration que par la réalisation.

M. Frémiet est mêlé au mouvement artistique depuis sa jeunesse. Ses travaux sont publics depuis le Salon de 1843. Baudelaire a déclaré que le génie consiste à travailler tous les jours. M. Frémiet ne reste pas une heure sans travailler. Pendant que beaucoup de Parisiens inquiets dépensent la plupart de leurs journées à monter les escaliers des bureaux de rédaction, à la conquête d'un écho utile au succès d'une œuvre plus ou moins inutile, M. Frémiet se donne la joie tout intellectuelle de travailler, pour lui seul, à des esquisses qu'on ne connaît pas, de préparer du travail pour faire suite à des travaux en train. Ces esquisses sont en nombre incalculable. Elles représentent un grand siècle au delà du jour présent. « Ce travailleur extraordinaire, m'écrivait un jour M. Gabriel Fauré, possède « en esquisses et en projets pour plus de cent ans de travail. »

La vie de cet homme est évidemment celle d'un cerveau équilibré par une conscience profonde. Il emploie toutes les heures du jour et du soir à produire la preuve des dons merveilleux qu'il a reçus, de penser et de faire penser les hommes. Une telle égalité de labeur ne peut être que le résultat d'une continuité infatigable, d'un extraordinaire esprit de suite dans l'ordonnance de la vie cérébrale. Un homme qui règle sa vie sur une semblable accumulation de travaux, ne peut pas échouer. Les écueils, où se brisent ceux qui sont pressés, perdent leur résistance devant cette volonté décidée à ne jamais s'arrêter, à toujours pousser plus avant ses investigations. Sous les doigts de ce pétrisseur de glaise, la matière n'est plus ni un obstacle ni un prétexte. Elle est un collaborateur dont l'esprit reste le maître.

Sans la rosée, les roses ne fleurissent pas. Le talent, quand il est là, peut être qualifié rose : mais l'art, c'est la rosée sur la rose. Le mot art, au sens étymologique, signifie vertu, dans son principe générique, le principe qui engendre, qui féconde. Chez les Grecs, on qualifiait ainsi la fertilité d'un territoire, *arétè*.

PORTRAIT SUR L'HORIZON

Un peintre se tirera-t-il aisément de cette épreuve, le portrait de M. Frémiet ? L'homme est complexe, total dans ses profondeurs, subtil dans les replis de son essence silencieuse, varié dans les expressions de son regard électrique. On la regarde, on l'examine, cette physionomie. On n'est pas certain qu'elle contienne assez d'éléments plastiques pour qu'un art plastique y trouve son compte. On se demande où il réside, ce trait caractéristique qui, une fois exprimé sur la toile, arrachera au spectateur cette consécration du portrait : « C'est bien lui, comme il est ressemblant ! » Par où la dégagerez-vous, cette ressemblance physique, d'une figure aussi dégagée, aussi intellectuelle que celle-ci ?

De fait, si l'on se place en face de M. Frémiet, si on le regarde passer dans la rue, remonter ces avenues parisiennes par où il regagne son pavillon de Passy, pour peu qu'on se le représente, marchant en vie parmi ses œuvres, si variées dans l'unité de l'esprit qui les anime, on s'interroge comme devant un mystère. Cet homme a créé un monde dans le monde, et ses créatures sont toutes celles que la création anima. Il est mince, droit, silencieux, attentif. Ses yeux vont et viennent sur tout ce qui va et vient autour de lui. C'est à dessein que son atelier est situé loin de sa demeure. Le trajet est pour lui l'occasion d'une méditation de tous les instants, et d'une observation à toute minute renouvelée. Les hommes, les animaux, les chevaux surtout passent et repassent avec profit sous cet œil interrogateur, qui est l'œil d'un esprit alerte et recueilli tout ensemble. Cet homme ne se promène pas. Il travaille. Il pense à ce qu'il extraira de cette substance en mouvement devant lui.

Dans son genre, il est un moine, par la régularité de ses travaux. Sa journée de travail est en ordre, d'avance, comme la journée d'un monastère. Un moine dirait : « C'est la règle. On lui doit de pouvoir réaliser dans la journée tous les exercices de la journée. Toutes les heures sont employées à des occupations déterminées. A la fin de la journée, on a fini ce qu'on avait à faire. Les hommes de science disent que c'est de la méthode. »

Un homme comme M. Frémiet doit être admiré pour avoir pu soutenir, tout le long de sa vie, la volonté de régler son existence de telle sorte que chacune des heures de la journée lui soit un profit. Cinq heures de chaque jour sont consacrées à la réalisation effective de son œuvre. Les autres sont employées en études de toute espèce, celles de la rue, de l'observation, celles de la conception, celles qu'il consacre à l'affection des siens, et ses soirées, courtes, mais très remplies. Les cinq heures de travail réel, les cinq heures où son inspiration se réalise doublée de ses études, sont les heures de la fièvre, de la création, les heures où cette intelligence d'artiste, aux prises avec les réalités de son art, va résoudre en relief ce problème de la nature, posé devant tout artiste, pour être résolu à l'aide de la persévérance, de l'observation, de l'attention, de la déduction et de l'intuition, en un mot, tout ce qui constitue le génie.

Au sortir de son atelier, avant de rentrer dans sa demeure de Passy, demeure de paix et de réflexion, il va tous les jours sans exception embrasser ses enfants, sa fille, Mme Gabriel Fauré, M. Gabriel Fauré et ses petits-fils. Il arrive là comme un grand-père bien-aimé. Ce travailleur, qui frappe la glaise à l'empreinte des idées les plus vastes et les plus généreuses, se repose des fatigues de son art, dans les joies d'une famille unie et affectueuse.

Sa visite chez sa fille, c'est son escale quotidienne. Après quoi, il regagne sa maison où l'attend sa femme. M. Gabriel Fauré qui m'écrivait en 1896 ces traits d'intimité précieuse, me révélait un détail qui a son sens dans la vie privée de ce grand maître. C'est partout autour de lui l'affection dans la concorde. Ses mœurs familiales rayonnent autour de ces deux sentiments avec le travail pour centre opératoire. C'est la stratégie du cœur en ce qu'elle a de plus accompli.

Nous avons vu cet artiste évoquer avec admiration et reconnaissance les inappréciables bienfaits de l'enseignement de l'oncle Rude. Incidemment, pour peindre cette âme en sa totalité, nous avons cru devoir rappeler la tendresse respectueuse et douce dont M. Frémiet environne le pieux souvenir de sa mère, bienfaitrice et ange gardien de ses difficiles débuts. Cet homme, voué par sa propre nature à l'encourageante affection de ses proches, a trouvé, à l'entrée de sa carrière, dans sa femme un dévouement des plus éclairés et des plus courageux. Et tout le long de sa vie de labeur, à côté de lui il y a Mme Frémiet. La manière dont ce producteur puissant parle de Mme Frémiet est l'aveu ému d'une collaboration positive et idéale, celle de la bonne fée de sa vie.

Le jour où nous lui demandions un autographe de sa belle écriture d'homme resté harmonieux et équilibré, le lendemain il nous apportait le joli document que nous reproduisons ici, tout chargé d'effluves familiales. D'abord une maxime copiée sur les murs de l'atelier personnel de son oncle Rude : *Le temps n'épargne pas ce que l'on fait sans lui*. Puis cette pensée d'une femme avisée : *L'ordre est la première des économies*. « Cette femme économe, dit-il, c'est ma femme. Et cette phrase, c'est l'histoire de notre vie. »

On est heureux de retrouver dans cette confidence le secret de cette vie d'un grand maître de l'art français. On se sent heureux aussi de la publier comme un hommage à la femme française en général et à Mme Frémiet en particulier, dont le nom doit rester solidaire de la gloire du grand statuaire, du grand poète dont elle encouragea les efforts et partagea les angoisses. Sans y avoir été préparée, Mme Frémiet a uni son intelligence et sa sensibilité de femme d'élite aux travaux de son laborieux époux, au point de devenir pour lui, et de son propre aveu, une manière de collaborateur, dont les vues et les conseils lui furent d'un précieux concours. Ces deux êtres, que réunit la double auréole de l'affection et du travail, vivent très vénérés dans leur retraite de Passy, où la richesse des beaux sentiments et l'étonnante fécondité du talent constituent un luxe intime d'une grandeur peu commune. L'art du maître et le cœur des grands-parents tiennent toute la place dans la vie de ce home. Les enfants et les petits-enfants sont l'objet d'une tendresse et d'une affection totales. Et dans cette ruche qu'illumine la lumière du génie, les enfants rendent à leurs aînés la totalité de cette affection et de cette tendresse, avec le sentiment « qu'ils seraient monstrueusement ingrats s'ils ne le leur rendaient pas », m'écrivait un jour M. Gabriel Faure.

Cet air de bonté, où le cœur dégage ses plus douces émanations est comme l'haleine des personnes. M. Frémiet l'emporte avec lui partout où il va. Dans ses courses à travers Paris, pour se rendre au Muséum où il continue le cours savant et expérimental de Barye, avec une sûreté et une étendue de connaissances peu communes, la bonté, la générosité, la sensibilité juste et équitable sont les compagnes de sa route. La misère humaine émeut cette âme d'artiste, dans des proportions qui n'ont d'égale que l'invention que son esprit met au service de la bienfaisance.

Le Paris pauvre, le Paris du matin, celui qui va à son travail, avec la misère pour aiguillon, chaussé de bottines crottées, couvert de hardes souillées par les injures du temps, le Paris qui ne veut pas arriver en retard à l'atelier, qui monte sur les tramways, avec la mine verte, l'œil triste, la tête alourdie par tous les

Singes aux bulles (Hôtel Dervillé, salle à manger).

miasmes de l'esclavage de l'argent à gagner, ce Paris-là est l'objet des sollicitudes de ce maître, attentif à tout ce qui est humain ou vivant. Je vais conter un trait inconnu de la bienfaisance en fonction dans cet homme, qui souligne de façon étrange, cette nature audacieuse dans l'art de savoir faire ce qu'elle veut faire. La chose est charmante et de rare essence. Il faut savoir apprécier tout ensemble le mérite de l'invention et goûter le charme de la modestie.

Suivons-le, dans ces jours où, épris de solitude et d'activité intellectuelle, il s'embarque par le premier train venu pour n'importe où, dans le seul but de résoudre devant la nature, sur l'établi de la vie, les problèmes que le hasard pose ou transpose. Devant lui, une pauvre femme, tirant un marmot d'une main, de l'autre portant un paquet, une « toilette » où est empaqueté le travail de la semaine, court pour rejoindre le tramway, qui glisse, rapide, et passera devant la maison du patron. Lui aussi, l'artiste en éveil, chercheur de vérité, se met à courir. Il a vu la misère passer devant lui, dans le vif relief de la figure humaine. Cette femme est un groupe vivant, qu'anime le souffle d'un destin maudit. Elle est pauvre, il le voit bien. Elle a besoin de secours. Son petit baluchon indique bien que son travail ne la soutient guère. Le petiot a froid, ses vêtements sont troués. Et ses deux gilets, l'un au-dessus de l'autre, soulignent l'absence du bon petit paletot qui serait chaud à lui tout seul. Le voilà, le statuaire, grimpant lui aussi sur l'impériale du tramway. Il pleut, d'ailleurs. Il n'y a pas grand monde là-haut. Un égoïste est pelotonné sous son parapluie. La femme et son mioche s'asseoient, bien près l'un de l'autre, serrés contre les gouttes. L'esprit de la misère les environne et les isole. Ils sont les diffamés de la pauvreté. Alors cet homme bon, cet animalier qui devine les douleurs de l'âme sous le relief de l'effigie humaine, est heureux, car il vient de trouver l'occasion de faire des heureux. Ceux-ci n'en sauront rien, sur le moment. C'est une surprise pour plus tard. Ils seront bien contents quand ils sauront. Ils sauront ce qui leur a été fait. Mais ils ne sauront jamais qui l'a fait.

Car M. Frémiet possède un secret pour pratiquer la charité, un secret très personnel, qui ne peut réussir qu'à lui. Il y faut une adresse à mettre en jalousie le plus adroit des voleurs à la tire. Voilà la chose. Un cahot de la voiture a dérangé le pauvre équipage de l'humble femme, de son petit et du paquet. M. Frémiet profite de la bousculade. Il glisse une pièce de cinq francs dans la poche de sa voisine. Celle-ci n'a rien vu, rien senti, rien deviné. C'est à peine, d'ailleurs, si elle ose tourner les yeux vers son voisin, un monsieur décoré. Et si on lui disait que ce monsieur vient de glisser sa main dans sa poche, pour y passer la bonne aumône, l'aumône anonyme, elle dirait que ce n'est pas vrai. Maintenant que le coup est réussi, M. Frémiet n'a qu'à descendre. Il n'est pas d'homme plus heureux que lui. Sa souscription ne s'est pas affichée dans les journaux, parmi des souscripteurs empressés de donner leur nom et leur adresse. Sans doute aujourd'hui son secret est divulgué. Mais cette publicité ne saurait en diminuer ni la vertu ni la délicatesse profonde. On saura désormais comment M. Frémiet s'y prend pour faire quelques-unes de ses aumônes, les plus discrètes. Mais le secret persiste quand même, vu qu'on ignorera toujours où et quand il distribue ses aumônes de pick-pocket à l'envers. Le pick-pocket prend dans la poche du voisin pour garnir la sienne : c'est un voleur. M. Frémiet vide son gousset pour porter un bienfait dans la poche d'autrui : c'est un homme charitable. Il s'y montre si adroit qu'on ne l'a jamais pris sur le fait. Lui seul connaît le secret de ce tronc pour le denier de la veuve. Il faut bien qu'il soit passé maître dans cet art d'emplir la poche d'autrui avec ce qu'il puise dans la sienne ; sans quoi, voyez-vous d'ici les gens crier au voleur, pour dénoncer cet homme de bien, au moment où il introduit son obole dans la poche des besoigneux, dont la misère dolosive et indéniable l'émeut ?

A sept heures et demie, tous les soirs, ce grand laborieux arrive chez lui pour le repas. Pour cet esprit toujours en éveil, c'est le repos lucratif qui commence. M. Frémiet ne se repose que pour mieux labourer sa terre à modeler. Ses soirées sont courtes, car il se couche tôt. Mais il n'en est pas un instant qui ne soit utilisé pour la culture de l'esprit. C'est d'abord quelques moments consacrés à la lecture des journaux, qu'il fait ou qu'on lui fait. Les feuilles sont parcourues rapidement, d'un œil ou d'une oreille exercée, en homme qui sait où trouver la note vive du jour. Il sait où il faut saigner l'arbre de l'on dit quotidien pour en extraire la résine. La lecture des journaux terminée, on passe à la lecture des livres, lecture à haute voix. Le petit pavillon de Passy, silencieux et recueilli, s'emplit des ondes sonores du génie de l'idée active, à travers les âges.

Les tragiques grecs, ces géants qui ont escaladé le ciel de l'esprit avec le *Prométhée* d'Eschyle, arrivent en première ligne. Puis c'est le tour de nos grands historiens, ceux qu'on déclare anecdotiers, parce qu'ils ont étudié l'homme dans ses prises de corps avec la réalité. C'est Joinville le clairvoyant, le vrai porte-greffe du bon sens et de la clarté de notre race ; c'est Froissard, l'homme renseigné ; puis Saint-Simon, l'écrivain dont l'encrier déborde de défauts étincelants, plume pittoresque, vigoureuse dans le dessin, et en plus d'une coloration fulgurante, en pleine chair humaine. Parmi les poètes de chez nous, Clément Marot, qui fut blessé à Pavie et pris comme le Roy, le charme par sa dextérité dans le bien dire. Voici un roman, un petit livre, un de ces petits joyaux bien sertis, qui remplit le monde par l'ingéniosité de ses feux, *Daphnis et Chloé*. La Grèce évidemment attire ce pétrisseur de relief qui eût trouvé des dieux dans le marbre antique, comme il exhume des saints de nos alluvions du christianisme occidental. C'est le tour des modernes.

Ceux qu'il aime sont des intellectuels intuitifs comme Balzac, des raffinés de la nuance comme Mérimée, des millionnaires de la forme comme Théophile Gautier. D'ailleurs, il a connu ces hommes. Ils sont des compagnons d'hier. Ils se sont battus jadis, du même côté de la barricade, contre l'artifice et le convenu. Victor Hugo tient une grande place dans le cénacle des amis de son esprit, le Victor Hugo incontestable, celui de la *Légende des Siècles* : « Ouvrir ce livre-là, dit-il, rien que de l'ouvrir, cela me donne le frisson. » Ce livre est, en effet, un reflet de l'Au-delà, un écho des grandeurs qu'on pressent, dans un monde de poésie très lointaine. et qui n'a de réel pour nous, que sa fervente poussée vers un idéal transcendant. Pour qu'un artiste en soit impressionné, au point qu'en rapportent les rares hommes d'élite initiés à l'intimité hermétique de M. Frémiet, et de qui je tiens ces détails, on doit croire que l'Au-delà résonne en lui d'une façon bien intense. On dirait qu'il en ressent le contrecoup, à la façon d'une personne qui en arriverait tout droit, chercherait son chemin perdu parmi les obscurités d'ici-bas, mais reconnaîtrait la langue du pays natal à l'accent du vent qui parle. Il semble se reconnaître dans l'éclat de cette *Légende des Siècles*, comme se reconnaît un voyageur rentrant chez soi après une longue absence.

Cet état d'esprit lui laisse-t-il le temps de suivre d'aussi près le mouvement actuel de la littérature ? Ceux qui le connaissent n'ont pas pu me le dire. D'ailleurs, son sort en pareil cas est celui de grands producteurs. Il faut se limiter. Tout ce que j'ai appris, c'est qu'il lui reste peu de temps, pour se dépenser en dehors de ce qui touche directement à ses travaux ou à la direction de son esprit. Il a horreur des dîners où la banalité dîne chez la banalité L'intimité lui sourit par-dessus tout, cette intimité où l'imprévu des souvenirs et des images nouvelles, est goûté par ses amis qui en ont le sens et n'en prennent point d'ombrage. Alors il est à l'aise, et son esprit s'épanouit en des anecdotes abondantes, ou des observations présentées sous un jour nouveau. Le cérémonial des fêtes entre professionnels ne lui gâte pas son plaisir de se trouver avec ses pairs. C'est toujours l'atmosphère de l'art, de son art. Il s'y plaît et veut plaire. C'est un homme qui a tout vu, et probablement tout compris. La rue n'a plus de secrets pour cet observateur de l'action incessante. Alors il raconte avec une gaieté presque gamine, ce qu'il a vu sur les quais, en flânant aux devantures.

Son caractère fin donne un tour tout spécial aux ridicules de l'homme, qu'il a relevés chez un passant dans la journée. Il connaît la foule mieux qu'un badaud. Le badaud la compose. M. Frémiet l'étudie. Il a vu la foule des feux d'artifice, celle des illuminations, celle du bœuf gras, jadis, et celle qui attendait l'Empereur et son état-major, allant inaugurer le boulevard du Prince-Eugène, parmi des histoires de bombes renouvelées d'Orsini. Il connaît aussi la foule des révolutions. Il les a toutes vues, sans en manquer une. L'idée du danger n'arrête pas sa vivante curiosité d'artiste qui veut voir l'homme en action, par tous les états de son âme malléable. Cependant il sort peu. Le théâtre ne l'attire qu'à demi, non qu'il ne sente point le parti qu'un artiste peut tirer de l'art dramatique, mais il ne rencontre pas souvent de spectacle assez intéressant, pour lui faire oublier qu'il est mal assis et à la merci de tous les courants d'air. Ce n'est pas de l'intolérance, c'est de l'ennui, du malaise. Il est difficile sur ce point, presque maladivement. Cet homme si bien doué pour faire revivre le relief de la figure humaine, avec le mandat d'une pensée, ne semble pas trouver, dans l'ordinaire des faits et gestes du monde des théâtres, l'équivalent de ce qu'il est en droit d'en attendre, en raison de ce qu'il sait qu'on peut obtenir de la force de projection d'une statue qui peut parler.

Tout ce qui est insuffisant l'énerve et le pousse au rire justicier, le rire qui remet au point les gens sortis de leur place, ou les situations jetées hors de leur cadre normal. C'est dans les dîners forcés où les sots font la loi, qu'il faut le voir, paraît-il, ou plutôt l'entendre. Il se venge des spectacles où il est contraint par la vanité mondaine, à la façon dont les romantiques se vengeaient de l'épicier. On connaît la fameuse anecdote de l'épicier de la rue Mouffetard, que Delacroix, Banville et quelques autres allaient menacer de quart d'heure en quart d'heure, lui criant : « Epicier, à minuit il y aura un monstre sur ton comptoir. » A minuit le monstre parut en effet. C'était un caïman de l'espèce empaillée. M. Frémiet sort son monstre lui aussi, de temps en temps, sur le comptoir où la sottise débite ses aphorismes.

Quand l'ennui intense d'un grand dîner forcé devient intolérable, il se distrait en racontant des histoires lugubres, comme il se pincerait pour ne pas dormir. Ce sont des récits horribles, genre Edgar Poë, un Edgar Poë d'atelier, qui commencent toujours par cette formule, comme pour un conte de fée : « Je me souviens que du temps où j'étais peintre à la Morgue, chargé de raccommoder les taches vertes des noyés... » Ceci c'est les représailles féroces. Une autre fois, ces narrations s'annoncent dans le genre chaud-froid. « Un jour, nous étions dix-sept pour étrangler un ours, qui venait lui-même d'étrangler un chat... »

Il prononce ces choses-là de sa petite voix de silex, jaspée de mots étincelles. Alors c'est un Frémiet nouveau qu'on a devant soi, non plus l'homme des grandes œuvres, mais un Frémiet amusant, humoriste, qui se plaît à parler de la vie courante à travers ce qu'il sait des bêtes dont il a observé tous les traits qui les rapprochent de nous. Ce Frémiet-là surprend et étonne ses voisins de table, mais il les charme énormément quand de ses propos de table il fait des fables décoratives, pour mettre de la fantaisie dans la demeure de ses amis. L'*Ours massier de la Faculté de Médecine*, chez le docteur Dieulafoy, émane directement de cette tournure d'esprit. Et l'on peut dire que, dans cet ordre d'idées, la salle

Pélican gastronome (Hôtel Dervillé, salle à manger).

à manger de l'hôtel Dervillé est un document unique. On sent que là M. Frémiet est à son aise au milieu de parisiens qui l'entendent. Les murs y sont décorés d'animaux symboliques qui sont à proprement parler des propos de table d'une gaieté et d'une subtilité vraiment réjouissante.

Les *Singes aux Bulles* sont chargés de la lumière. Et les bulles de savon qui s'envolent vers un petit toit à mi-chemin du plafond pour y porter des bougies électriques ne sont pas seulement décoratives. Elles sont humouristiques. Car ces singes qui les soufflent sont de malins personnages qui ont les opinions de leur journal. Ce journal est sous leurs... disons pieds, bien qu'ils soient assis dessus. Et sur ce journal on lit ces mots qui sentent la bataille de la vie : A bas Dervillé ! Un jour que M. Frémiet était venu voir comment on avait installé son groupe si pittoresque, le domestique qui l'accompagnait lui demanda avec inquiétude pourquoi il avait mis sur ce journal : A bas monsieur. « — C'est que, voyez-vous mon ami, les singes sont comme les domestiques, ils ont une tendance à dire du mal de leur maître. »

A côté c'est *Ravachol* et *Chauchard*, deux figures de bêtes dans le genre des *Chimères* de Notre-Dame. Elles ont leur signification sociale à l'égal des gargouilles d'antan. *Ravachol* est un loup ailé, mais fort maigre, réduit à se serrer le ventre de plusieurs points de sa ceinture. *Chauchard*, en revanche, est un heureux de la terre, un richard bien pourvu. C'est un oisillon de bête de proie, qui trempe avec sécurité une forte mouillette dans un œuf qui ne peut être que très frais, tout ce qu'il y a de plus à la coque.

Le *Pélican gastronome* est là pour détruire une légende. Le pélican est comme les autres. Non seulement il ne se perce pas les flancs pour nourrir ses enfants, mais il perce les flancs des autres enfants pour se nourrir lui-même. Dans son gros bec il tient un fort beau poisson. Les becs tendus de sa marmaille très affamée énoncent des criailleries qui pourraient bien venir de ce que cet égoïste père va tout garder pour lui. Du reste, en voici un à gauche, tombé, un pauvre petiot, hurlant, que son pélican de papa a repoussé du pied, pour faire de la place aux bonnes bouteilles de champagne qui vont arroser son festin de gastronome.

C'est dans cette salle à manger que se trouve ce lustre en fer forgé de Vaudremer où Frémiet a mis quatre-vingts colimaçons et des bêtes fantastiques, « qui n'existent peut-être pas, mais qui pourraient exister ». Tout ce personnel chimérique et réel se promène le soir parmi des orchidées d'où émergent des lampes électriques, et c'est un ensemble vraiment étonnant. Du reste, dès l'entrée de cette demeure on voit qu'on est dans une maison où l'on pratique le culte de l'art et de l'esprit. Ce qu'on a devant soi dès la porte, c'est le marbre original de l'*Ugolin* de Carpeaux, faisant face à un *Lion* est un *Ours blanc* de Frémiet. L'*Ours blanc* est vu par son côté amusant d'habitant du pôle transplanté dans nos climats, et surtout dans une maison où il y a un calorifère. Il a chaud ce brave plantigrade. Il est étendu, las comme écrasé par la température. Et il tire la langue, tel un chien de chasse qui vient de forcer un gibier un jour où le temps est lourd. Et M. Frémiet n'entre jamais là sans caresser la tête de son *Ours*, et lui dire : Alors tu as toujours chaud mon pauvre vieux.

M. Dervillé habite aux environs de Paris une commune où il n'y a pas d'eau. Il a doté ce village d'un lavoir. Et il obtint de son ami Frémiet un motif ornemental pour ce lavoir. Le sculpteur lui envoya une *Grenouille* demandant non un roi, mais de la pluie. Debout sur son arrière-train, elle lance vers le ciel ses deux pattes de devant désespérées. Elle implore du geste et du bec, cela va de soi ; et comme elle est musicienne, vu qu'elle a de la voix, elle porte en sautoir la guitare de son estudiantina Brekekex. On en retrouve une réduction dans la salle à manger de la rue Fortuny, et ce fut pour moi l'occasion d'apprendre une histoire de grenouille, où se voit un autre côté de la nature ingénieuse et libre de M. Frémiet

Parmi les petits objets par où M. Frémiet se repose de ses grandes œuvres figure un cachet qualifié *Cachet grenouille*. En 1859 l'artiste quitta le Chemin de ronde de la barrière Montmartre, n° 33, où il demeurait, pour venir habiter au 32 du boulevard du Temple. C'est là qu'il fut décoré en 1860. Tous les dimanches il prenait un tilbury et s'en allait à la campagne avec Mme Frémiet. Un jour il eut besoin d'une grenouille pour ce cachet dont il avait le projet. Et le dimanche venu, on part avec l'intention bien arrêtée de rapporter un batracien. Il s'en trouva plein un petit ruisselet chargé d'herbe, qui fuyaient sous la verdure les suggestions du pêcheur. Impossible d'en pincer une. Aucune ne se laissait séduire par notre artiste qui évidemment ne faisait pas le nécessaire. Lorsque Mme Frémiet eut une idée : « — Eh ! bien prends ta décoration ». En effet, ce fut l'affaire d'une minute. La grenouille était charmée, et la décoration remise à la boutonnière. On rentre à Paris. Et toute la semaine la grenouille, qui prenait le frais sur le balcon, se livra dans son bocal, le long de son petit bâton, à sa gymnastique héréditaire dont chaque mouvement était étudié avec soin. Le cachet s'exécuta. Et le dimanche suivant, on reconduisait la grenouille en tilbury à son domicile naturel. M. Frémiet la déposait avec tendresse à l'endroit même où la semaine d'avant il l'avait enlevée à sa famille, par la surprise des moyens perfectionnés et bien humains de l'amorce qui n'est efficace que rouge. Peut-être rendait-il un enfant à sa mère. Mais à coup sûr il témoignait d'une préoccupation d'esprit bien particulière, dans une circonstance où mille personnes à sa place eussent supprimé la grenouille après l'avoir utilisée. Ce petit fait nous explique l'importance qu'il donne aux plus petits animaux dans ses plus grandes compositions, au milieu des pires tragédies du monde préhistorique. L'anecdote prête à rire, en même temps qu'à penser. Et elle nous oblige à chercher ce qu'il y a sous cette façon qu'a cet homme d'égayer. On y voit une incessante préoccupation d'exactitude, un absolu respect du mystère de la vie, même chez les êtres les plus infimes, et une certitude que tout se tient dans la nature, que tout doit servir aux fins de l'homme à la condition qu'il en use avec loyauté et pour le bien de tous. On a le droit de se servir d'une grenouille pour en faire une œuvre d'art, et on n'a pas le droit de la tuer pour le plaisir ou par indifférence. Comme on a le droit de se servir de son ruban rouge pour la prendre, si on remet le ruban à sa boutonnière, et si on tire de cette liberté d'esprit le moyen de produire des chefs-d'œuvre qui honorent toute une vie et tout un pays.

Au fond cet homme a le rire incisif, énigmatique, dont il exprime si souvent l'inquiétante image sur la face de quelques-uns de ses animaux. Quand on regarde son petit singe de Bornéo, qui assiste au duel terrible où son papa quadrumane vient d'étouffer un homme, on sent que le statuaire a pénétré ce qu'il y a d'éternel et d'implacable dans la destinée d'un certain rire. Ce rire-là n'est pas une fantaisie, c'est une fonction. Fonction cruelle chez la bête chargée comme le singe d'opposer l'ironie féroce de la matière, aux rêves dont l'homme porte le germe sous son front. Fonction sociale et nécessaire chez certains êtres supérieurs, lorsqu'ils se trouvent en présence de ces personnes ou de ces situations, dont le rire qu'elles provoquent est le châtiment de leur aveugle orgueil. Ces gens-là, les histoires sinistres de M. Frémiet, sont faites pour les frapper. La moquerie dans ces cas-là n'est qu'une forme appliquée de l'esprit critique, dont les forts et les enthousiastes ont besoin comme d'un glacis pour se couvrir contre les assauts de la sottise ou de la vanité perfide.

Sorti de ces états de siège où il est exposé plus que nous tous, M. Frémiet est bienveillant, sincère et encourageant pour tout ce qui révèle un labeur, un effort, un atome de mérite. Il a cela de commun avec les tempéraments généreux, hautement doués. L'indulgence est le signe de sa vigueur ; la bienveillance, le ressort

RAVACHOL (Hôtel Derville, salle à manger).

CHAUCHARD (Hôtel Derville, salle à manger).

de sa fécondité. Rien ne surprend cet esprit doué de toutes les aptitudes. Rien ne le rebute. Tout ce qui vient de l'homme, tout ce qui affirme une faculté, un talent, une valeur l'attire, l'enchante et engendre en lui des naïvetés d'écolier généreux, qui serait averti des trésors que peut cacher l'homme ou l'art nouveau qu'on a devant soi. Pris toute sa vie par les arts plastiques et la préoccupation de souder la vie à une figure en relief, M. Frémiet n'avait pas eu de loisirs pour s'arrêter aux discours enveloppés du musicien. Son affection pour son gendre l'a initié aux enchantements de l'art des sons, fait tout ensemble de rêve ailé et de précision mathématique. Ç'a été comme une éducation entre le beau-fils et le beau-père. Le fils enseignant, le père se laissant aller aux sensibilités les plus vives et les plus charmantes. Cet homme, qui a tout vu et sait tant de choses, touchait à toute minute l'écueil enchanté de l'inédit. Ce travailleur venait de trouver une scène nouvelle à apprécier. C'était une fête et un concert d'émotions délicates et méditées (1).

Cette existence d'artiste est une merveille d'unité devant le travail, devant la culture des parties élevées de son intelligence. Ce qu'il a appris, ce qu'il sait, l'excite à reprendre sa route vers la recherche nouvelle, vers la beauté à démontrer, vers la force à mettre en mouvement, vers la vérité à découvrir. C'est une procession incessante. Les étapes ne sont que des poses entre les exercices continus, réguliers. Ce grand piocheur ne s'arrête pas, il se refait ; il ne se repose pas, il se reprend. Son sommeil même est celui d'un esprit éveillé, où l'idée mûrit à l'ombre des paupières baissées, comme un fruit à l'abri d'un espalier. Son sommeil est celui d'un être de pensée laborieuse, qui s'endort le soir en travail d'une idée qui sera éclose le matin au réveil. Ces

1. M. Frémiet vient de terminer un groupe en marbre. *Faune assis et oursons* dont le premier projet remonte à 1840. Ce faune charme des oursons en leur jouant sur sa flûte de roseau un morceau de l'Orphée familial qu'est M. Gabriel Fauré.

choses-là ne sont possibles qu'aux hommes de vie régulière, qui se couchent sans excès de fatigue, s'endorment pour entretenir l'équilibre de leurs facultés, et non pour réparer des brèches faites à leur santé par les excès de veilles énervées.

M. Frémiet se couche tôt et se lève tard. Son lit ne l'alourdit pas. Il y séjourne comme l'électricité séjourne dans l'élément, pour y puiser des forces. Ce repos prolongé m'a été défini par son gendre qui tenait sans doute la définition de l'intéressé. M. Frémiet cherche et trouve dans le repos prolongé « le bien-être fructueux où l'esprit pense facilement, pense à l'aise aux choses à faire ». Ceux qui vivent cette vie des recherches de l'esprit, apprécieront la vertu de ce « bien-être fructueux », où l'esprit allégé de tout le poids du corps, pense avec souplesse et vivacité.

Il suffit d'ailleurs de regarder M. Frémiet pour voir que son corps ne lui est d'aucun poids, ni d'aucun embarras. Il a tout juste assez de volume pour conserver à toute sa personne l'aspect subtil d'une silhouette. Dans son paletot, souvent haut boutonné, où le col dégage la tête comme pour mieux la désigner, M. Frémiet semble une silhouette, captivante par le mystère qui l'environne, mais fugitive par sa réalité sans épaisseur. C'est une silhouette de lointain. On dirait une figure d'horizon. Approchez-vous, ce n'est pas un fantôme. L'homme est pour de vrai, bien vivant. C'est une intelligence qui marche, revêtue de tout juste ce qu'il lui faut d'enveloppe, pour faire figure parmi les autres humains. Ce passant, mince comme un profil, ne vous parlera peut-être pas. Mais il vous entendra sûrement, il vous écoutera surtout et vous regardera. M. Frémiet regarde toujours. Il examine plutôt. Rassurez-vous, nous ne sommes pas chez la sorcière. Vous n'êtes pas en présence d'une apparition ; cette figure est très réelle. Elle est seulement très dégagée, très ferme sur le plan d'où l'on voit, d'où l'on apprécie les hommes et les choses pour ce qu'ils sont. La matière ne le possède pas. C'est lui qui la domine. Il la pétrit, la manipule et la contraint en des expressions de l'esprit où elle n'est point conduite d'ordinaire. Elle n'obtient pas grand'chose de cet être réfléchi, cloîtré dans ses affections familiales. En revanche, il obtient ce qu'il veut, et l'exhausse à des formes qui la produisent sous son meilleur jour de support de l'Idéal.

C'est qu'il subsiste autour de cet homme, qui a l'air d'une quintessence, une idéalité qui charme et surprend. Il est de son temps puisqu'il est là. Mais il appartient aussi à un autre âge, car ses œuvres, fruit des entrailles de sa tête, l'affirment. Il est en même temps de tous les âges, par la clarté du sens et la simplicité forte de l'expression. Une inquiétude nous reste devant ce visage moins énigmatique que mystérieux. Qui est-il au juste ? Un sourire sur ses lèvres dessine quelque chose d'inconnu qui se laisse entrevoir, mais ne s'explique pas tout de suite. C'est quelque chose de précis dans l'inexprimé. C'est un trait qu'on croit pouvoir mettre au clair, mais qui rentre soudain dans l'hermétique secret d'une dépêche chiffrée dont tout le monde ne détient pas la clef.

L'âge n'a pas diminué ce fugitif caractère du visage. Un moment M. Frémiet donne l'impression de ces grands maîtres de jadis dont nous n'avons pas le portrait, et dont le nom est à peine connu. Nous possédons d'eux leurs œuvres, surtout. Ces œuvres sont devenues le signe du génie de notre race, le génie puissant et sans lendemain, que la France ogivale a dépensé en prodigue pour enluminer ces cathédrales dressées devant les siècles, comme des morceaux de la terre de France debout. L'œuvre est là. Mais l'artiste ? Où est-il ? D'où venait-il ? Le mystère plane si large sur sa vie, qu'un instant on se demande s'il a vécu, si des hommes l'ont connu, si des enfants l'ont aimé, si des affections l'ont pleuré, quand il quitta cette terre d'où il avait extrait la pierre de son chef-d'œuvre. Avait-il un visage ? Comment était ce visage ? Jean Goujon n'en eut pas, lui, puisqu'on ne le retrouve pas. Ce grand artiste, ce maître statuaire qui semait des merveilles dans le Paris de Charles IX, est mort sans qu'on puisse retrouver son image dans le souvenir de personne. Aussi bien ne nous reste-t-il de lui que ce qu'il tenait sans doute à nous laisser, l'héritage de son génie, comme preuve de son existence.

Cette nuit de l'oubli qui nous rend invisible à distance, la figure d'un homme comme Jean Goujon, ne saurait se produire dans notre siècle de photographie à outrance, et de vulgarisation par la reproduction imagée. Il faudrait ne pas vouloir connaître M. Frémiet, si réservé que soit ce travailleur puissant et modeste, pour ignorer son visage. Cet homme dont l'œuvre sera étudiée par l'avenir, si l'avenir veut que la France ressaisisse ses facultés de sens droit et de juste observation, n'arrivera pas aux disciples dont il sera le chef d'école, décapité comme son précurseur Jean Goujon dont nous ne connaissons pas la tête. L'avenir saura comment cet homme avait le regard, et connaîtra la charpente de son cerveau de grand producteur. Peut-être découvrira-t-il, dans cette architecture d'une tête bien en équilibre, des signes plus caractéristiques que ceux que nous y voyons, des capacités intellectuelles dont nous ne pouvons qu'entrevoir l'énergie, étant trop près du modèle, et surtout trop occupés de choses étrangères au labeur de cet homme de réserve.

Toujours est-il que nous y apercevons déjà assez de virtualité idéale pour nous demander ce qu'un peintre de triomphateurs matériels, comme M. Bonnat, par exemple, pourrait trouver d'éléments descriptifs, dans cette figure dont le véritable modèle est en dedans, s'il était appelé à en peindre le portrait. On cherche par où passerait l'œil extraordinairement précis de ce maître portraitiste, pour arriver au point interne et intime, où le caractère de M. Frémiet se noue pour la floraison de sa personnalité. On pense à M. Bonnat parce que ce peintre manie un pinceau puissant dans l'art du portrait. Sa pâte ferme exprime une formule de chair où la carnation épouse la saillie du muscle. M. Bonnat dessine comme un laminoir dessine le morceau de cuivre qu'il travaille. C'est d'une exactitude qui donne l'idée d'une construction mécanique. Aussi bien M. Bonnat n'idéalise pas son modèle. Il le décalque. Son œil est un des plus extraordinaires que j'aie vus. Il brille comme un diamant sorti dans de l'ombre. Mais le regard qui sort de cette lueur profonde vous saisit comme un compas entre ses deux branches. C'est un œil de dessinateur, un merveilleux appareil visuel. On devine que toute forme arrive, avec tout ce qui la distingue de ce qui n'est pas elle, son relief propre, ses dimensions spécifiées, ses contours particuliers, et la pâte de ses modelés, au point de pouvoir donner l'illusion d'un trompe-l'œil. L'art qui jaillit de là est forcément un peu massif, et le rêve est aveuglé par l'intensité du signe extérieur. Toutefois, une science infinie de la ligne donne à cet art très solide la solennité d'une grande force.

Il faudrait de la force pour peindre M. Frémiet. Mais où prendrons-nous cette force, dans sa réalité immédiate ou dans sa projection? L'art de M. Frémiet est un art de projection. Son idéal décrit une parabole par-dessus les siècles, pour comparer le passé au présent avec un sens étonnant de l'avenir. Il faut en chercher le ressort, loin, très loin, au fond de lui, tout au fond de ce regard qui traverse la nature vivante comme un coup de sonde de puisatier. Pour qu'un portrait de M. Frémiet soit ressemblant, il nous faut celui de son art. Il nous faut retrouver dans l'image qui nous en serait donnée le signe particulier de cet artiste, qui met tant d'invisible dans ce qu'il nous donne à regarder (1). C'est une figure à peindre en esprit, pour ainsi dire, plus encore qu'avec esprit. Il faut y penser en la regardant, et non la regarder pour y penser. Il

1. Son ami Gérôme disait : « Allez donc voir Frémiet travailler, prendre ses mesures, sur le modèle, et vous vous rendrez compte de tout ce qu'il parvient à mettre d'art dans une formule qui a l'air mécanique ».

est nécessaire que la pensée passe devant, et serve d'étoile conductrice à la main habile qui retracera l'inaperçu de cette âme d'artiste. Celle-ci se fait voir dans ses œuvres, sans se laisser apercevoir.

On est tenté de comprendre pourquoi M. Bonnat n'a pas été le peintre de tout cet intangible. Et l'on ne le met en cause, que pour mieux se persuader à soi-même, que ce n'est pas dans la substantielle vigueur de ce peintre, qu'il faut fixer une figure comme celle du statuaire Frémiet, qui est surtout une figure du Présent dans l'Au-delà. Alors on pense à tout ce que M. Bonnat a extrait de l'actualité triomphante. On revoit la série des présidents de la République, des triomphateurs de la gloire et de la popularité, les Lesseps, les Lavigerie, M. Renan lui-même, parmi les portraits de belles dames, très du monde, dont M. Bonnat raconte l'impérieuse beauté, en peintre officiel des belles carnations que capitonnent des muscles bien dessinés. Personne mieux que lui ne saura comment on bat la mesure à l'orchestre des tons rouges, dans le concert de pourpre du cardinal Lavigerie, enlevé au haut-relief sur son fonds de *Marseillaise* à l'usage des congrégations religieuses. Le Lesseps (1) qui surgira de cette palette sera le vrai Lesseps, un peu voûté, l'œil oriental, le nez levantin, le Lesseps des conférences lucratives et des champagnes d'honneur, là-bas, sur le Chagres, vers la ligne du Panama-rail-road. La redingote marron de M. Thiers sera elle-même un portrait historique ; dans sa couleur de bois ciré, elle nous apparaît comme l'armoire où l'historien du Consulat et de l'Empire enferma, pour son usage, une autre redingote plus célèbre encore, la Grise.

1. M. Frémiet est l'auteur d'une statue de Lesseps, du genre colossal, qui lui fut commandée par le prince d'Arenberg pour être placée à l'entrée du canal de Suez, à Port-Saïd. Voici les proportions de cette statue : 4 fois 1 m. 70 = 6 m. 80, si bien qu'elle est 64 fois plus volumineuse que nature, 4 fois la hauteur, 4 fois la largeur, 4 fois l'épaisseur.

M. Frémiet a fait le socle : « Je fais mes socles moi-même », dit-il.

Cliché Fiorillo.

MEISSONIER (Poissy)

Par sa substance même, l'art de M. Bonnat est approprié à ces figures de surface, dont la renommée tient de la place, cause du bruit et se mesure à l'étendue des ondes sonores. C'est du portrait en pleine matière comme l'original est en pleine chair triomphante. Il n'y a pas à chercher l'au-delà de ces physionomies qui ont surtout des dessous. M. Bonnat évolue avec une maîtrise sans égale, dans la transcription de ces personnages qu'il suffit de montrer tels que chacun les voit, pour les montrer ressemblants tels que chacun les connaît.

Dans son portrait de M. Puvis de Chavannes, M. Bonnat a peint l'homme qu'on voyait passer dans la rue, personnage de belle mine, et qu'on devinait un homme d'élite. Mais ce portrait de style noble et ferme, est-il celui de l'artiste dégagé qui portait en soi les litanies esthétiques du *Bois sacré ?* Cette toile est un bel hommage d'un artiste à un artiste. Y retrouve-t-on l'écho du poème mystérieux du *Pauvre Pêcheur ?* M. Bonnat a souligné avec maestria le côté chevaleresque de la figure de M. Puvis de Chavannes, et selon sa manière robuste en exprima la douceur et la finesse profondes. C'est un Puvis vainqueur, que nous avons-là, où la part était à faire aussi au reflet de cette âme dont le rêve fut contesté, et que le succès émut comme il émeut les natures vraiment distinguées, dont le signe caractéristique est de ne pas croire que tout leur soit dû.

On aime à se dire qu'un portrait de M. Frémiet pour être tout à fait ressemblant devrait être peint comme M. Puvis de Chavannes a peint ses Muses, transparentes et vaporeuses comme avec le trait lumineux en-dedans. Et devant le portrait qu'a fait de lui son petit-fils, M. Fauré-Frémiet, on se demande si, pour y réussir, il n'était pas nécessaire d'être de sa famille, d'être un fils de son sang. On me dit, et c'est le grand-père lui-même qui parle, que ce jeune peintre, Fauré-Frémiet, après cet essai a renoncé à sa peinture pour s'adonner à la science. Cependant je revois ce tableau exposé au Salon, il y a deux ans. L'intitulé en est charmant : *Portrait de mon Grand-Père.* Ce grand-père est aussi un grand homme, et un grand homme d'une essence particulièrement rare.

C'est un portrait difficile. On ne voit pas que M. Fauré-Frémiet n'y ait pas réussi. Il est entré dans son sujet avec quelque chose de plus que ce que donne l'âge et une longue connaissance des choses et des hommes. Il avait pour l'inspirer le culte d'un grand-père exceptionnel, et pour le guider, une hérédité artistique certaine, des dons de famille qui assurent des générations d'hommes distingués, comme dans la famille Bach où tout le monde était musicien. Ainsi armé il pouvait courir la belle aventure d'oser le portrait de son grand-père que personne n'avait osé. Son œuvre est tout ensemble intime et solennelle.

C'est l'image d'un aïeul qui sera un ancêtre. Il y a un habit officiel sur cette silhouette si caractéristique. Mais il y a aussi beaucoup de gloire sur ce front limpide et illuminé. La pose est d'une simplicité naturelle que reconnaissent bien ceux que le maître a reçus dans un fauteuil en face du sien, où ses jambes grêles se croisent en un geste qui est bien celui-là toujours. Et ce regard-là qui nous examine plus encore qu'il ne nous regarde, est bien celui qu'on voulait retrouver sur une toile brillamment exécutée comme celle-ci.

Bien qu'il ait renoncé à cet art du peintre où tant d'autres s'entêtent sans avoir son talent, on peut bien dire à M. Fauré-Frémiet qu'il avait cependant bien vu par où un portrait de son grand-père serait celui du statuaire Frémiet. Nous y découvrons tout de suite ce que nous y aurions cherché, si l'artiste avait oublié d'y mettre la constante préoccupation qu'une âme hermétique peut aussi fournir son expression visible. Le portraitiste de M. Frémiet ne devait pas perdre une minute l'idée que cet artiste est surtout lui-même, au dedans de lui-même. Il était tenu de nous faire sentir, avant tout, que cet homme est un intellectuel, un attentif, un intentionnel qui ne travaille pas au hasard. Il n'eût pas été suffisant de lui poser un jet de lumière sur le front, pour nous dire que cet homme est de la catégorie des êtres lumineux. Il fallait encore le peindre avec cette lumière devinée, entr'aperçue, surnaturelle. Il fallait appeler du dedans à la surface, toute la lumière dont cet esprit rare et étendu tire l'éclat silencieux de son art prophétique. En un mot, il fallait le peindre comme s'il avait avalé une étoile, une bonne étoile s'entend, non celle de Mercure ou de Saturne, mais bien l'étoile du bon berger, le doux pasteur de l'Art, de la Poésie et de la Charité. Et cela. M. Fauré-Frémiet l'a fait. C'est pourquoi nous aimons le *Portrait de mon Grand-Père*.

Ce grand-père est sur cette toile comme dans la vie, le grand sculpteur qui donne l'idée d'un poète des choses éthérées, car chez lui le corps a peu de poids et semble une apparition. Pour s'en convaincre, il suffit de le regarder ou de l'entendre. Cet homme apparaît comme voilé sous l'ouate d'une voix douce. Il n'appartient pas à la gloire des rues. Son art n'est ni populaire, ni complaisant. C'est un art sûr, d'une grande distinction d'esprit, et d'une étendue qui dépasse la popularité, d'ordinaire inattentive et emballée. Il émane d'une pensée libre, profonde et perspicace. Il est l'écho harmonieux d'un registre très étendu, qui se met au ton de tout ce qui chante les puissances de la vie sur le clavier de la nature. Tout cela comporte une grande modestie, et une prudence délicate devant les sauts de loup de l'existence à Paris. Cloîtré dans son inspiration réfléchie d'homme laborieux, ce maître travaille pour faire son témoignage personnel. On ne le voit pas courir les bureaux de rédaction pour devancer la renommée authentique par la réclame de coterie. Il travaille, il attend, il travaille encore, et toujours il est au travail. Le reste viendra par surcroît. Sa maison de Passy n'est pas, qu'on sache, un hôtel à fracas. C'est la maison d'un artiste qui vit entre sa femme et ses enfants, et va de son atelier à cette demeure où il se repose et retrempe son idéale vitalité de grand compositeur. Dans son portrait nous voulions retrouver le signe même de cet esprit qui surmonte, comme un épi signal, toutes ses constructions de leur signe précis, distinctif et particulier. Nous demandions à retrouver dans son image cet air de tête, ce trait du visage, cette lumière du regard qui nous rappellera que le jour où M. Frémiet compose une Jeanne d'Arc, il n'oublie rien de ce qui est essentiel pour la faire entrer dans la mémoire des yeux qui la contemplent.

La marque personnelle de M. Frémiet, c'est de saisir comment il trouve en lui des ressources, pour traduire la note dominante de son sujet, sans avoir l'air d'y toucher. En cherchant bien, dans tout son œuvre on découvre toujours le caractère intellectuel, traditionnel, moral ou physique, de la figure qu'il représente. Dans son groupe de Iassy, il n'est pas jusqu'au cheval qui ne porte, lui aussi, le signe voulu pour marquer la terre des Scythes, cavaliers éternels. Ce toupet puissant, qui roule ses ondulations sur le front large de la bête, est comme le panache d'une espèce de chevaux puissants, chevaux pour les centaures de Scythie. Ces traits sont exprimés dans une forme claire, tout ensemble et simple, où le mystère des signes distinctifs des races et des terroirs, occupe précisément la place la plus en vue.

Un portrait de M. Frémiet, pour être complet, devait nous faire sentir le sculpteur qui met du clair-obscur dans la statuaire, et en triture les effluves mystérieuses, au point de les faire éclater comme le soleil d'un esprit extraordinairement délié et intentionnel. Il porte en soi une étrange symphonie intérieure, cet artiste qui, pour un monument à Raffet, explique le buste du peintre par la statue en pied de son tambour fantôme de la *Revue nocturne*. Son monument à Meissonier déconcerte les badauds, par son allure si précisément pareille à celle du peintre de *1815*. La foule voyait Meissonier membre de l'Institut, peintre officiel de batailles gagnées ou perdues. Ce Meissonier n'eût représenté qu'un côté de cette figure du peintre ; le vrai Meissonier, le Meissonier complet, est celui qui ajoute au membre de l'Institut le petit homme cambré, en bottes à l'écuyère, tel qu'on le voit sur une place de Poissy. Ce Meissonier-là présidait les opérations du jury avec une cravache, et répondait un jour à l'Impératrice qui l'invitait à prendre place dans sa voiture : « Non, merci, pas aujourd'hui, je monte à cheval ». *Meissonier* avec ses bottes, c'est *Stefan le Grand*, avec sa couronne de croix, saint Louis avec sa Sainte-Chapelle dans les bras, Du Guesclin avec son air de luron, et saint Hubert avec son drapeau dans le dos et sa mine arrogante comme pour nous rappeler que le vrai saint Hubert, celui du calendrier du Paradis, n'est devenu un saint que le jour où il cessa de ravager les terres de ses voisins, et de tuer des animaux pour son plaisir, avec le sans-gêne d'un seigneur orgueilleux et grossier, qui se donne toute licence.

C'est cela qui s'appelle le clair-obscur de la statuaire, tout comme le sourire de la *Monna Lisa* représente le clair-obscur du cœur féminin traduit par le Vinci, grand peintre, et plus encore radieux artiste. Peintre, sculpteur, architecte, musicien, cela peut représenter un métier, une profession, une spécialité : le talent y suffit, l'habileté fait les frais, et la réputation est établie. L'art, c'est autre chose. L'artiste, le vrai, le véritable artiste, celui qui au métier, ajoute le mystère de l'inspiration et la sève vivifiante de la vision, préside aux fiançailles de l'idéal et du réel. Il y a le métier et l'état d'âme. Le talent suffit au métier. L'état d'âme constitue l'artiste. Le portrait de M. Frémiet devait symboliser ce qui s'appelle aujourd'hui l'état d'âme. Le talent est un instrument par où s'extériorise la pensée de l'artiste. Il n'y a pas de grand artiste sans grand talent, vu que le talent est comme la belle voix, dont le chanteur a besoin pour se faire écouter. Mais dans cette belle voix, dans ce talent pour mieux dire, nous voulons sentir le souffle de cet *au-delà* mystérieux, qui nous arrive comme le certificat du génie. C'est ce certificat qui permet à l'artiste le voyage de la vie sous le pavillon amiral de l'art parfait.

Corot donna un jour une amusante définition de l'artiste. Il ne voulait pas être pris pour un simple praticien. Une personne lui demandait s'il n'était pas un libre penseur. « Libre penseur, libre penseur ! s'écria-t-il, me prenez-vous pour un peintre en décors ? » Le brave homme ne permettait pas qu'on lui fermât le ciel qu'il peignait si joli et si plein de rêve. Il répudiait ce demi-savoir dont se contentent les esprits moyens, ce demi-savoir qui émancipe la sottise. Il sentait bien que l'artiste vrai est celui qui ose introduire les énergies de l'apostolat dans la technique. Il aimait et cultivait son art de peindre, avec cette énergie du bon sens qui proclame la simplicité comme la première vertu de l'esprit. C'est en cela que le grand artiste est un être complet, autant qu'il est permis à l'homme de le devenir. Il est une âme éclairée. La vraie lumière l'invite à la résignation, au courage dans la patience, à la tolérance et à la justice. Le faux artiste est orgueilleux et intolérant. Il nie autrui pour trouver le moyen de prouver que lui-même il existe. La jalousie fait le fond de son esprit féroce, et l'envie guide ses efforts.

L'artiste véritable comme le fut Corot, comme l'est M. Frémiet, modeste et puissant, se contente de bien faire et il attend, sans violer la renommée, souvent prostituée au plus offrant. Il est spirituel sans aigreur, gai avec clairvoyance, et incapable de haine. C'est un être total, et doué de toutes les ressources propres à asseoir la durable harmonie entre la réalité de la vie et l'idéal de ses aspirations. Sa supériorité réside précisément dans cette force intime qui le conduit aux réalisations de l'idéale harmonie.

Le portrait d'un véritable artiste est l'étude psychologique d'un oratorio vivant, où l'enthousiasme créateur se mêle à la foi vivace de la décision et de la dédicace de soi-même. Un artiste est un être privilégié, j'entends un artiste muni d'une âme dont les ressorts

Le Triomphe de Mérovée (Collection Albert Dubosc)

sont ceux de la vision imagée. Il y a de tout dans l'art complexe du portrait ; il y faut de la couleur et de la musique ; l'architecte y joue sa partie sous le nom d'anatomie, de connaissance des proportions et de sens de l'équilibre. Il y faut joindre aussi de la philosophie et de la critique, la figure humaine étant le poème le plus extraordinaire de la création, un poème qui va du chaos au ciel limpide de l'espérance azurée. Les destins mystérieux de l'âme, les vives lueurs de l'intelligence, constituent le clair-obscur de cet art profond, dont le but est d'exprimer la créature humaine semblable à elle-même, semblable surtout à ses fins suprêmes.

Pour l'instant, regardons bien ce visage de M. Frémiet, tout plein de lointain et tout pétri d'attention réfléchie. Sommes-nous bien certain que notre curiosité ne l'offense point dans sa discrétion surfine et presque impénétrable ? Approuvera-t-il notre investigation ? A tout prendre, elle n'est pas nécessaire. Les œuvres de ce maître n'en disent-elles pas assez ? C'est la réponse que semble nous imposer le sphinx enclos en lui, sous la garde de sa volonté, et qui ne paraît pas décidé à nous laisser pénétrer, au delà de ce qu'il a livré de lui-même dans ses œuvres variées et définitives.

Aussi bien cette figure n'est-elle pas aisée à dévisager. Un portraitiste comme Saint-Simon y regarderait à deux fois avant de se prononcer. Elle exprime des choses qui se contrarient. Est-ce pour nous dérouter ou nous inviter à plus de discrétion ? Cet homme paraît impuissant et pourtant fort. Il semble tout à la fois léger et sérieux, sceptique et convaincu. En lui tout paraît atténué et tout révèle pourtant une intense énergie ! Quelle est cette âme voilée d'un Lohengrin dont le casque est celui du chevalier *Credo*, dont la cuirasse est celle de *Saint-Michel*, de *Saint-Georges* ou de *Louis d'Orléans* ? D'où vient-il cet artiste impénétré qui campa au milieu du XIXe siècle l'effigie cyclopéenne du *Gorille* ? Où va-t-il ?

QUI EST-IL ?

Quelqu'un de très grand, et quelque chose de très séduisant à dire, un courageux, un lucide, un modeste, un fort, un poète étonnant, poète de la nature, dont les œuvres comme les propos ouvrent des horizons impérieux et magnifiques, en un mot, un Français des bons jours de la France, bien constitué, équilibré, puissant, comme le sont parfois les Français, quand ils se mettent à être de grands hommes et de braves gens pour tout de bon.

Un jour que cet artiste se promenait dans la forêt de Fontainebleau en compagnie de quelques Parisiens d'ordre varié, parmi lesquels Mme Séverine, Maurice Barrès, Sylvain, de temps à autre, il prenait la parole pour répondre ou commenter une opinion parfois au hasard émise. Dans ce groupe Mme Séverine représentait l'extrême gauche de l'esprit français, Maurice Barrès, quelque chose comme une inclinaison étudiée pour verser à droite, et Sylvain, la mise en scène. Mon vieil ami M. Maes, que je n'ai pas cité, parmi les promeneurs, parce que c'est lui qui va parler, représentait la philosophie, l'attention, et un sens très particulier de la valeur de chacun. M. Maes écoutait, regardait, comparait et suivait en homme d'esprit judicieux et avisé, le jeu des improvisations de chacun : « M. Frémiet, me dit-il, avait l'air d'un dieu qui recevait des touristes un peu bavards dans les futaies de son Olympe tranquille. Chacun parlait un peu d'impression. Cela n'en était que plus démonstratif des facultés ou des instincts intellectuels de l'un et de l'autre. Lui, il n'ouvrait la bouche que pour dire des choses belles, simples et grandes. C'était vraiment beau. Quel poète cet homme, et quel poète de la nature ! »

Poète, c'est le mot de la définition. Historien, il aura montré la vie publique par ses saints, par son héroïsme et dans ses beaux jours. Animalier, il a cherché dans la bête ce qui la rapproche de l'homme, ses bons instincts, sa curiosité, ses malices ou ses douleurs. Ce qu'il appelle sa petite collection, ses statuettes, ses petits groupes sont la poésie du foyer. Il introduit avec elles les dieux lares dans nos maisons, les ancêtres, les types. Il donne à une date l'attrait du costume ou du pittoresque. Il raconte aussi les sentiments, les émotions, les épisodes qui sont la vie commune à travers les siècles. Le jour où les figures de cette petite collection seront plus répandues, sortiront de cette espèce d'inédit où elles subsistent depuis tant d'années, le public sera surpris de ce qu'il verra, de ce qui lui est donné, et de toute la poésie qui sera ajoutée à des faits ou à des événements dont il ne connaissait que la chronologie. Combien de gens voudront avoir sur leur table de travail, près de l'encrier confident de leur pensée, ce petit buste de *Corneille* avec sa renommée qui monte au ciel, dans le vol ondoyant d'une spirale esthétique. Le chevalier *Credo* donnera toujours une plus grande idée d'un passé qui fut grand, que les imageries de la rue Saint-Sulpice. *Sainte-Cécile* aura sa place dans le cabinet d'un musicien au même titre que le masque de Beethoven. Et combien de salons élégants feront bon accueil à cet *Amour Vengeur* qui fustige le paon de Junon, ce paon bavard, pour être allé cafarder !

L'esprit délicat, la poésie pénétrante de ses travaux d'art décoratif font penser par leur universalité à Léonard dessinant, en 1502, à Urbin, un colombier, un escalier et la citadelle. Le serpent de bois, que M. Frémiet exécuta pour l'escalier de son ami Gérôme, émane de la même préoccupation de montrer en tout l'esprit des choses. A Rimini, Le Vinci restait frappé de l'harmonie que produit la chute des eaux d'une fontaine publique. A Cesenaccio le maître portraitiste de Monna Lisa dessine le port. Une onde de la mer éveille son émotion, et il sait ce qu'il y a d'infini dans le son d'une cloche. M. Frémiet ne laisse pas entrer l'électricité dans la vie moderne, sans lui dessiner un support spirituel et gracieux. C'est le *Singe aux Bulles de Savon*. Et comme il connaît tout l'esprit des bêtes, il allume un jour un lustre avec quatre-vingts colimaçons dont les cornes sont pleines d'esprit. Sans doute, de nos jours, de charmants spécialistes ont introduit dans l'art décoratif un souci délicat qui a fait dénommer leur art, précieux, mais l'art est en tout, parce que la poésie est en tout pour qui sait l'y voir. Et les mécènes qui ont demandé à M. Frémiet d'orner leurs demeures de ses fantaisies savaient bien que qui peut le plus, peut le moins, et que le grand maître était à même comme pas un, d'introduire dans un intérieur distingué, ces motifs d'art et d'ornement qui font d'une rampe d'escalier une œuvre d'art, d'une étagère une amie d'un lustre un bijou. Il existe une réduction du Saint-Michel pour orfèvre qui est un joyau. Et le *Chien de Diane* seul, édité par la maison Barbedienne, est tout un poème de grâce, de finesse. Sur le bureau d'un homme de goût, ce lévrier est tout ensemble un chien de déesse et de rêve. Et l'on ne voit pas que la main de l'homme qui se met à traduire les secrets de la nature, puisse aller plus loin dans cette interprétation.

Ce livre aura été un essai d'étude sur ce poète, un des plus hauts et des plus nobles artistes de ce temps, dont l'œuvre est considérable et grandiose, parfois hardie, toujours courageuse. M. Frémiet a vu de ses groupes détruits par le fanatisme, d'autres niés, dans la mesure où l'injustice est le lot de chacun, d'autres acclamés par des élites. Jamais il n'a cédé, ni reculé, ni désespéré. Le sang-froid est le signe caractéristique de cette volonté. La poésie de son art, l'intelligence de son art font appel au sang-froid. Ses œuvres émanent d'une volonté ferme,

Napoléon Ier (Grenoble)

d'une connaissance complète des facultés élevées de l'esprit humain. Elles ont moins de charme que d'agrément, en ceci qu'elles plaisent à l'esprit d'abord. Elles veulent être comprises de la raison pour plaire. C'est de l'art calme et puissant, magnifique et fort, tout de rayonnement intellectuel, tout pour l'esprit et rien pour les sens. C'est de l'art de lutteur cérébral, de penseur et d'artiste savant.

M. Frémiet a marché dans son siècle d'une allure probe et réfléchie. Poète de l'esprit des choses et du sens des êtres, il avait un but et une méthode. Son but était d'ajouter la sanction d'une supériorité morale à une supériorité intellectuelle évidente. Sa méthode était celle des gens modestes et sûrs d'eux-mêmes qui n'attendent rien que d'eux-mêmes. Quand on lui demande par exemple dans quelles conditions il a mis sur pied son *Saint Georges du Petit Palais*, il répond très doucement : « La maison Thiébault voulait une belle pièce pour son exposition de 1900. Nous nous mettons d'accord pour grandir mon *Saint Georges* qui était un des groupes de ma petite collection. Chacun ferait les frais de son travail, eux du bronze, moi du plâtre. Nous devions partager le surplus en cas de vente. J'ai fait mon groupe le plus économiquement du monde, comme tout ce que j'ai fait, « car j'ai toujours travaillé à la pauvreté ». Parole touchante et magnifique, qui en dit long sur la carrière de ce grand laborieux, et qui devient en quelque sorte la devise de cette carrière et de ce labeur.

M. Frémiet expose depuis 1843. Il est grand officier de la Légion d'honneur depuis 1900, membre de l'Institut depuis 1892, et Fellow de la Société Royale de Londres depuis 1902, où il entra comme les étrangers entrent dans cette société. Ces membres étrangers sont au nombre de cinquante, choisis par le conseil, *from among men of the greatest scientific eminence and proposed to the Society for election.*

«Cela m'est arrivé d'un coup, m'écrit M. Frémiet et à ma grande surprise, sans que je connusse un seul membre de l'Academy, aussi bien personnellement que par correspondance. On ne fait ni visites, ni la moindre démarche. On ne pose pas de candidature. La chose devient alors des plus flatteuses et des plus sélectes, car lorsque j'ai reçu sans avertissement l'annonce de ma nomination, nous n'étions ce jour-là que deux artistes français, faisant partie de l'Academy, Bonnat et moi. Ces nominations faites sans culture préalable, par le seul mérite des gens, sont vraiment précieuses, faites même à l'insu des intéressés ; il y a peu d'exemples de nomination aussi virginale... »

Né en 1824, M. Frémiet est aujourd'hui âgé de quatre-vingt-six ans. Il vient d'achever une statue équestre de Bolivar de 3 m.80, comme du temps où il reconstituait sa Jeanne d'Arc de la rue de Rivoli.

Et on pouvait le voir sortir hier des ateliers Barbedienne d'où il s'embarqua à destination de Santa Fé de Bogota cet étonnant Liberador. La Colombie voulait une effigie de son héros digne du souvenir qu'elle en garde. Il en existe bien une au pied de laquelle tous les enfants ont joué. Mais elle n'est pas à cheval. Et Bolivar fut un chef à cheval. Il a conquis sur l'Espagne tout ce nord des Cordillières comme un Centaure. A qui s'adresser pour avoir une statue équestre qui fût une œuvre incontestable ? On pensa à l'Italie, puis à l'Espagne. Mais la France possède un statuaire équestre qui n'a pas partout son égal. M. Bonnat dit au ministre actuel de Bolivie en France, l'honorable M. Manrique, adressez-vous à Frémiet. Aussi bien M. Manrique écrivit à son gouvernement qu'il y avait peut-être quelque chose d'anormal à demander à l'Espagne, chassée d'Amérique par Bolivar, un hommage à son vainqueur. Et puis la France joue un rôle prépondérant dans l'histoire de la libération des peuples. Et voilà M. Frémiet à l'œuvre.

Le visage ! Quel visage donner à Bolivar. On a de lui plusieurs portraits. Il fut un temps où il portait des favoris, comme les maréchaux de l'Empire. Mais cela ne dura pas. Car cet homme qui vécut vingt ans de sa vie à cheval, parcourant le sentier de la guerre, vit un jour les poils blancs teinter ces favoris. Or il était coquet. Et il se rasa. C'est rasé qu'il survit dans l'esprit de ceux qui l'ont vu. Et puis il y a le médaillon de David d'Angers, daté de 1832, deux ans après sa mort. Et là, Bolivar a l'air d'un Lamartine condottiere, son front est dans le genre de celui du poète des *Méditations*. Bolivar est un poète de la Liberté en action. Il est coiffé comme Lamartine, dont il est d'ailleurs tout à fait le contemporain.

Le voici donc tel qu'il est encore vivant dans la pensée de ceux qui lui doivent l'autonomie de leur vie sociale et politique. Joliment campé sur son étalon à longue queue des pampas, le bras tendu en indicateur, avec au bout le sabre de sa radieuse bravoure. il passe devant nous, la tête nue, le visage sérieux et décidé. Il est bien le joli homme qu'il fut. Il était aimable, il fut aimé et victorieux. Son sort fut celui des êtres à rayonnement. Et nous sommes heureux que l'art français ait fixé pour toujours dans l'airain, par la main d'un grand maître de chez nous, le souvenir de ce Liberador qui entra un jour de victoire dans sa ville natale de Caracas sur un char de triomphe traîné par douze jolies filles.

M. Frémiet est ainsi resté l'extraordinaire laborieux qu'il fut toute sa vie. N'ai-je pas dit que, M. Gabriel Fauré, m'écrivait en 1896, en des lettres remplies de détails élégants et précis : « Mon beau-père a pour cent ans de travail, préparé en maquettes, esquisses, etc. » ? Ce maître continue en France la grande et sereine tradition des artistes probes, instruits dans les choses de leur art, informés du reste, perspicaces, spirituels et difficiles pour eux-mêmes. Un jour qu'il sera assis devant vous, regardez ses mains. Ce sont des mains de personnage hiératique, né pour un travail de haute lignée, où il y a de l'orfèvre et du saint de cathédrale. Fines, longues et comme transparentes, elles donnent l'idée d'une matière épurée, destinée aux ouvrages magiques de l'esprit, une matière précieuse et raffinée, lisse comme l'ivoire et légère comme des mains de prestidigitateur. Il est, du reste, dans l'ordre que les mains d'un aussi grand artiste soient des mains de mage infatigable, pour qui le travail est une féerie.

Lorsque M. Frémiet parle de notre pays, il dit : « La douce France qui se fait craindre et aimer ». Et quand il prononce un discours en séance publique à l'Institut il montre aux jeunes gens la route de Rome, par ces mots délicieux : « Partez Français et revenez Français ». Non qu'il oublie ce que l'art français doit à l'Italie qui retrouva l'antique. Mais on n'est jamais si bien soi que chez soi. Le délicat peintre Raffaelli, au mois de mai dernier, lors d'une exposition qui était une revue de sa vie, en une préface charmante à son catalogue, exprimait une pensée de même substance : « J'ai vécu ma vie où elle se trouvait installée. Je n'ai pas essayé de changer de milieu. J'ai vu l'Italie, la Belgique, la Hollande en touriste. Je n'ai séjourné un peu longuement qu'aux bords de l'Angleterre, sur ces plages de famille d'où l'on voit encore la France quand le temps est clair, et toujours avec le désir de rentrer au plus tôt à Asnières et à Paris. »

Les hommes qui pensent ainsi sont de braves gens, sans prétention. Les racines de leur être plongent avant dans notre sol qui a bien ses vertus ; et ils s'en contentent. M. Frémiet lui aussi a vécu sa vie où elle se trouvait installée : « Je me suis efforcé d'être de mon pays » (1), dit-il un jour sous la coupole.

1. Et il en fut vraiment le jour où il signa la pierre tombale de Mme Dru, d'un charme si profond et si touchant.

D'OÙ VIENT-IL ?

Evidemment de très loin sur l'échelle des siècles. C'est un homme d'hérédités profondes, lointaines dans la suite des civilisations. Au moment de terminer cette étude, je regarde encore cet artiste qui eut ses jours d'art cyclopéen avec son *Gorille*, ses grands singes, et son *Age de pierre*. Je le regarde comme je l'ai toujours vu, et comme M. H. Greber l'a présenté. On pense une fois de plus à ce phénomène étrange, que sauf cet artiste subtil, et sauf quelqu'un du sang de M. Frémiet, personne n'a songé ni osé entreprendre le portrait de cet homme assurément difficile à traduire. Et cependant il eut pour amis des portraitistes, des peintres éminents. On serre de plus près l'examen de ce visage long, d'homme silhouette qui traversa notre siècle, enveloppé de son manteau jusqu'à la moitié du visage, comme d'un nuage. Et je me demande d'où vient la flamme qui illumine ce cerveau qu'abrite notre moderne haut-de-forme. Il y a plus qu'un monde dans ce cerveau. Il y a le monde entier. C'est le cerveau d'un homme puissant qui au temps des Pelasges qui sont peut-être ses vrais ancêtres, eut sculpté des taureaux ailés, des monstres marins, des chimères à quatre ailes pour ces monuments dont les murailles en Espagne, à Saragosse et à Tarragone ont résisté aux attaques souterraines de la mine moderne.

Et comme il nous semble qu'il était vieux déjà, vieux d'hérédités, vieux de germes cérébraux ce sculpteur, quant à dix-neuf ans il exposait pour la première fois. Bourguignon d'origine il vient de plus loin que la Bourgogne. La figure longue, le corps mince, les jambes grêles, il est de type espagnol comme il s'en rencontre beaucoup en Bourgogne. Mais c'est un Espagnol plus ancien que l'Ibérie. Il est de l'âge de ce Basque à qui un Montmorency revenant de Terre Sainte disait dans la montagne : « Tu sais, dans ma famille, nous datons de mille ans. » Et le Basque répliqua : « Nous, nous ne datons plus. » Ce Basque portait dans un coin de sa mémoire les parchemins de l'Atlantide. M. Frémiet est comme ce Basque. Il semble bien dater d'une civilisation antérieure à la nôtre, à laquelle il apporta un jour des œuvres qui lui furent une surprise et un effroi. Sa force étrange pourrait bien être faite d'une énergie qui ne date plus, tant elle est voisine de celles des Pélasges.

Et cet *Homme de l'Age de Pierre?* Ne dirait-on pas qu'il l'a connu. De même ce *Centaure Térée*, dont la beauté physique du visage est le poème de la perfection promise à l'humanité, en même temps que celui d'un temps dont l'histoire est venue à nous sous la forme d'une fable. C'est pour nous une figure étrange, et nous croyons avoir deviné d'où elle peut venir, en y sentant une réminiscence. C'est comme une connaissance d'autrefois que M. Frémiet revoit au fond de son œil pénétrant, accoutumé aux types composites comme en créaient les statuaires étrusques. En ce temps-là, les artistes étaient hantés par des visions d'hommes armés de muscles suffisants pour prendre un ours à la gorge, et l'emporter dans leurs bras.

Il n'est peut-être pas indifférent que cet homme de l'*Age de Pierre* soit un des plus incontestables morceaux sortis de la main de M. Frémiet. Il n'est pas indifférent non plus que ce *Centaure Térée* ait étonné et étonne encore ceux de nous qui le regardent. Pas indifférent non plus que ce *Gorille* soit un groupe auquel personne n'avait songé avant lui, et qu'il soit en même temps un des monuments les plus puissants du XIXe siècle ; pas indifférent

Cliché Barbedienne.

CHAR DE DIANE

non plus que le *Grand Condé*, lui aussi avec sa tête racée, de race vieille comme celle de son cheval, soit le groupe équestre que nombre de connaisseurs estiment la plus glorieuse de ses œuvres. M. Frémiet a le sens de la race au delà de tout ce qu'on peut exprimer. Il devine les types, comme s'il les portait tous en lui, et nous les fait comprendre avec la sûreté d'un homme qui les a en-lui.

Ces groupes sont marqués à l'empreinte ancienne des plus anciens jours. Le même signe des siècles perdus les inspire, et les imposa, par une force qui tient du magnétisme héréditaire, à l'admiration d'un temps qui voulait n'être que moderne, et n'hésita pas néanmoins, à rendre l'hommage de ses plus hautes récompenses, à ces émanations de l'éternité qui nous précède. M. Frémiet est de ces hommes qui savent beaucoup de choses avant de les avoir apprises, presque sans avoir à les apprendre. C'est plus qu'être doué. C'est plus précis qu'un don, c'est un héritage. Il est comme ces jeunes chênes qui naissent vieux de toute la vieillesse de plusieurs siècles dans une plaine, parce qu'ils sont fils de la forêt détruite, et que leurs racines plongent dans les profondeurs de ce qui est disparu. Il est né avec l'expérience de siècles déjà expérimentés. Il donne l'idée d'un type complet, qui porte en soi les éléments fonciers de ce qui est, étant muni de toute la survie de ce qui fut. Il a le sens total des contingences de la vie. Comme les hommes d'expérience un peu surhumaine, il a la divination des étapes de la civilisation. L'histoire est sa compagne de route. Et voilà des milliers d'années, que cheminant ensemble, ils causent ensemble de ce qui leur arriva le long du chemin. Il raconte aux yeux et à l'esprit, à l'aide d'images, dont quelques-unes sont préhistoriques, tout ce qu'il a appris et ce qu'il a vu à travers les âges dont il a été le contemporain. Mieux que ce comte de Saint Germain du XVIIIe siècle qui disait avoir connu tous les hommes, il connaît toutes les époques de l'histoire. Elles le préoccupent, du reste, au point qu'il en produit l'effigie au cours de sa carrière. Et il les représente avec un sens prodigieux de ce qu'elles furent, et du signe social que certaines figures en incarnèrent. Si ses ouvrages sont insuffisants ou trop discutés, si on les lui détruit, il les recommence. Il tient à marquer ses étapes, comme il les conçoit. Le *Gorille* fut une étape de l'histoire. *Jeanne d'Arc* en est une autre. Les événements politiques déboulonnent son *Napoléon* de Grenoble. Les contingences immédiates échappent à sa conception de l'art. Il reprend la maquette primitive de son *Napoléon*, et ces jours-ci il mettait derrière la vitrine de Barbedienne ce *Napoléon* déboulonné. C'est une étape encore.

En effet, ce *Napoléon* de Frémiet, calme, sur son cheval, la main droite passée dans sa redingote grise, est l'homme de Marengo et d'Austerlitz. Mais cet air résolu de l'ensemble, cette allure d'icône de temple antique éveille dans l'esprit l'idée que Marengo et Austerlitz sont des incidents dans cette étape historique, des incidents dont le succès servit l'ensemble et facilita l'étape. Ce *Napoléon* de Frémiet paraît être quelque chose comme le *Centaure Térée* devenu l'organisateur de sa victoire sur l'ours, l'organisateur de la Révolution. Il n'est ni romantique comme celui de Cherbourg, ni sentimental et décoratif comme celui de la *bataille d'Eylau* du baron Gros. C'est un personnage de sang-froid, tacticien de la guerre économique et sociale, qui regarde le champ de bataille de la paix, après avoir reconnu celui de la guerre. Ce petit Napoléon là a dicté plus de vingt mille lettres d'affaires pour organiser la vie publique de son empire. Il a discuté pied à pied avec des spécialistes l'administration de la France nouvelle. Il savait par cœur les numéros de ses régiments, et où chacun d'eux se trouvait à une époque déterminée. Il organisa le Concordat, arracha au pape l'absolution pour les acquéreurs de biens d'Eglise. Un jour il disait à Rœderer qu'il fallait prendre des mesures pour empêcher les rayés de racheter leurs biens, vu l'intérêt de conserver à la cause de la Révolution environ 1.200.000 acquéreurs de domaines nationaux En instituant la Légion d'honneur il mettra dans les statuts que tout légionnaire devra sa protection à la propriété quelle qu'en soit l'origine.

Ce Napoléon-là, le Napoléon des bureaux, des chefs de division, des ministères, des institutions, du Code et de la Constitution de l'an VIII, M. Frémiet l'a monté sur le cheval de Marengo, parce que le cheval est le socle naturel d'un homme qui n'organisa la paix que parce qu'il était un homme de guerre. On se demande comment, sans le prestige de ses victoires, il eût pu réaliser son œuvre de nouveau droit public et d'économie sociale révolutionnaire.

Fouché, qui avait tout prévu en cas de déroute à Marengo, savait bien que sans Marengo il n'y avait pas de France moderne possible, et que la Révolution était vaincue. Aussi quand, le 5 mai 1805, Bonaparte emmenait Joséphine visiter le champ de bataille de Marengo, où il passa en revue la 27e division militaire, et posa la première pierre d'un monument aux morts de cette journée décisive, c'est le monument de l'étape qu'il édifiait. Et c'est le Napoléon de cet édifice que M. Frémiet nous fait voir. Seulement aujourd'hui l'étape c'est Grenoble. Tout récemment M. Frédéric Masson nous montrait Napoléon rappelé en 1815 par les petits, par ceux qui avaient besoin de l'organisateur de la Révolution pour vivre. Grenoble était une illusion sur la route de Waterloo qui fut pour les grands la revanche de Marengo.

C'est l'histoire montrée par un homme d'esprit très ancien qui connaît le numéro des bornes échelonnées sur la route des civilisations, et cette route qui commence au *Centaure Térée* s'arrête pour l'instant à ce petit Napoléon de bronze, monté sur un cheval qu'Abdel Kader donna à Napoléon III, et que le conservateur du musée de Compiègne, M. Arsène Alexandre, s'emploie à faire réédifier dans le parc du château, tel qu'il était à Grenoble. L'art et l'histoire doivent passer par-dessus la politique et l'esprit de parti.

Depuis le 1er janvier de cette année 1910, cette route d'Art et d'Histoire qui va de l'abîme primitif à l'inconnu de l'Espérance et de la Désillusion, traverse les ateliers de la maison Barbedienne, sous les yeux du Paris des Boulevards. Les dieux passent et se rencontrent. Aux étapes de la terre et des divers cieux où s'allume le flambeau des croyances contraires, chacun s'arrête et donne son signalement. Le chevalier qui revient de Jérusalem, par le carrefour de la Croix, fait face au soldat terrible accouru de Grenoble aux Quatre-Bras. L'Olympe païen s'ouvre pour laisser paraître *Minerve*, traînée, au-dessus d'Athènes par trois chevaux enchantés, purs de lignes comme le Parthénon. Puis c'est *Diane* toujours chasseresse, mais montée sur un char où jamais encore elle n'avait été vue. A l'exemple de Scopas et de Praxitèle, M. Frémiet a renouvelé ce type de l'Artemis antique. La voici menant trois rennes attelés ainsi que chez les hommes du pôle par une bricole qui leur passe sous la poitrine et le ventre. Les roues du char aux ornements runiques s'enfoncent dans une neige de marbre, où déjà les pas fourchus des fauves dociles sont empreints. Diane revient de la chasse à l'ours, son gibier mort sous les pieds; et son chien assis devant, sur le palonnier, a une mine de fête. C'est une déesse hyperboréenne dont M. Frémiet a aperçu l'Olympe au delà de Thulé la mystérieuse. Phœbé est devenue l'Etoile polaire. Son visage est d'une gravité suprême, et ses bras, tendus en un geste de divine prêtresse, sont beaux comme c'est le lot de la sœur d'Apollon.

Elle suit son destin de reine mythique sur cette route d'art et d'histoire, de science et de tradition, ouverte aux dieux et aux hommes, et dont M. Frémiet a fait le glorieux chemin de sa légende des siècles.

OÙ VA-T-IL?

En effet, où va-t-il, cet homme rare, dont la silhouette passe là, tout debout, légère sur l'horizon profond, entre Jeanne d'Arc et le mystère du *Gorille,* entre l'azur d'une destinée supérieure et le noir du chaos ?

Cette femme, victime symbolique des lois de la nature, que tue la femelle du Gorille, est tuée. Mais elle n'est pas détruite. Elle n'est pas morte à son destin. Elle survit par la mission supérieure de la conscience dont l'être humain a le secret en dépôt. Et il est né d'elle des êtres propres aux plus nobles tâches. La femme a conquis son rang dans la vie universelle. La guenon est restée à sa place de guenon qu'elle occupe depuis le matin du monde, où elle se retrouvera au crépuscule des temps. Elle est plus qu'un monstre, arrêté à l'étape des monstres. Elle est une angoisse permanente. Ni caricature, ni même une ironie, elle est un problème posé. Et la grimace du problème est là, devant nous, image de bien des férocités sociales que nous reconnaissons.

L'ange tombé du ciel s'est-il relevé quadrumane ? La voix du peuple l'appelle l'homme des bois. Le statuaire Frémiet a porté sa main prestigieuse sur sa personne inquiétante, nous invitant à nous arrêter devant la terrifiante effigie de ce nouveau venu dans le siècle, nouveau venu qui est un ancien des jours. C'est un point d'interrogation posé par la science investigatrice, qui a revêtu la forme d'une œuvre d'art belle à faire frémir.

M. Frémiet est de la catégorie des hommes heureux, doués pour être utiles, et armés pour encadrer leur existence dans une mission définie. Statuaire, il a fait d'un problème une œuvre d'art. Il en a fait plusieurs, car à côté du *Gorille*, s'il a mis *Jeanne d'Arc*, il a mis aussi *Du Guesclin*, *Grégoire de Tours*; il a mis encore *Velasquez*, il a mis *Rude*, *Corneille*, *Molière*. Il a mis *Mérovée* (1) le premier roi Franc dont le torse nu, beau de toute sa barbarie triomphante est une étape lui aussi, porté avec ses compagnons sur un pavois que charrient trois buffles des labours gaulois. Il a mis *Napoléon* et combien d'autres qui sont des signes de la mission humaine agent supérieur de la vie sociale !

Et puis, il a continué son chemin, laissant aux passants de la route, aux curieux de problèmes à résoudre, le soin de comprendre et de conclure, chacun selon sa responsabilité et suivant sa conscience. Il a rejeté sur son épaule sa pélerine. Et le sourire abrité sous les plis du collet relevé, il est parti, l'ébauchoir à la main, pour d'autres tournées d'exploration à travers la conscience et l'instinct, à travers la vie, à travers la science, à travers l'histoire, à travers le grand, l'infini mystère de la Nature.

1. En 1867 M. Frémiet exécuta le *Triomphe de Mérovée* dans les circonstances que voici. Un ébéniste renommé du faubourg Saint-Antoine, M. Diehl, lui avait demandé des bronzes, un panneau et pendentifs pour un meuble qu'il destinait à l'Exposition Universelle. Ce meuble valut à M. Diehl une médaille de 1re classe. Le fondeur s'appelait M. Brandely. Et aucune des pièces dues au ciseau et signées de M. Frémiet n'a été reproduite. Le meuble est resté aujourd'hui ce qu'il était en 1867, une majestueuse pièce d'ébénisterie française qui a pour nous tout le charme de l'inédit. M. Diehl n'a jamais voulu s'en séparer. Il l'avait placée dans sa maison de campagne de Lagny, où elle a été achetée à sa mort en 1885. Aujourd'hui nous retrouvons intact, et magnifique, ce curieux monument mérovingien dans une radieuse demeure normande, La Roseraie, à Sainte-Adresse, d'où le propriétaire, homme aimable et plein de goût, M. Albert Dubosc, nous a envoyé une photographie à l'intention particulière de cet ouvrage. M. Albert Dubosc est d'ailleurs un grand admirateur de M. Frémiet, et cette pièce unique du *Triomphe de Mérovée* est chez lui en compagnie de beaucoup d'autres œuvres du maître.

Portrait de Frémiet par H. GREBER (Musée du Luxembourg)

CATALOGUE

Du Mois de Mai 1843 au 31 Janvier 1910

I

GRANDS GROUPES ÉQUESTRES

Année

Cavalier gaulois, plâtre 1863
— — bronze 1864
Réexposé à l'Exposition universelle de 1867

Armure et armes d'après les bronzes du Musée du Louvre (Ministère d'Etat), Musée de Saint-Germain.

Cavalier romain, bronze 1866
Réexposé à l'Exposition universelle de 1867

(Ministère de la Maison de l'Empereur). Musée de Saint-Germain.

Napoléon Ier, plâtre 1868

Modèle de la statue équestre érigée en bronze à Grenoble.

Louis d'Orléans (Ministère des Beaux-Arts) (Pierrefonds) 1870

La petite bouclerie du harnachement était primitivement en émaux cloisonnés sur des indications de Viollet-le-Duc : détériorée pendant la Commune, elle fut refaite en bronze.

Le visage est le portrait de l'auteur.

Jeanne d'Arc, plâtre 1874

Erigée en bronze sur la place Rivoli, le 20 février de la même année à 10 heures du matin.

Étienne Le Grand, bronze 1882

Erigé à Jassy (Roumanie), par souscription nationale.

Porte-Falot, bronze 1883

Pour le péristyle de la Salle des Fêtes à l'Hôtel de Ville de Paris.

Étienne Marcel, bronze 1883

Hôtel de Ville, Paris.

Jeanne d'Arc, bronze 1889

(Ville de Nancy).

Velasquez, plâtre 1890

— bronze 1891

Jardin de l'Infante, Louvre.

Jeanne d'Arc, bronze doré 1899

(Nouveau groupe Place Rivoli, érigé le 16 mai 1899 à 6 heures du matin.)

Outre les deux Jeanne-d'Arc de Paris et de Nancy, il en existe trois répliques, à Mirecourt (Vosges), à Philadelphie et à Melbourne.

Saint Georges, bronze doré 1900

Exposition universelle (Petit-Palais).

Du Gueselin, bronze 1902

(Ville de Dinan, Côtes-du Nord)

Colonel Howard, bronze 1903

Baltimore (Etats-Unis).

Bolivar, bronze 1910

Santa-Fé de Bogota (Colombie).

II

GROUPES HAUTS ET BAS-RELIEFS

Ours blessé (2e médaille) 1850-1851

Gorille femelle enlevant une négresse, plâtre (détruit) 1859

Centaure et ours, bronze 1861

Château de Meudon.

Et collection Frémiet-Barbedienne.

Pan et oursons, plâtre.. 1864
— — marbre (Musée du Luxembourg.)................ 1867
— — bronze. Collection Frémiet-Barbedienne.

Rétiaire et gorille, terre cuite................................ 1876
(Appartient à M. E. Perrin, fils.)

Jaguar et gorille. Collection Frémiet-Barbedienne.................. 1876

Nègre, emportant un tout jeune éléphant, marbre....... 1879-1880
(Appartient à M. Dervillé.)

Ours étranglant un homme (Muséum). *Dénicheur d'oursons*, bronze 1885

Gorille femelle emportant une négresse, bronze (Muséum)..... 1887
Et collection Frémiet-Barbedienne depuis 1900.

Médaille d'honneur

Connétable de Clisson, bas-relief, plâtre.......................... 1892
Pour le château de Josselin, au Prince de Léon.

Orangs-outangs et sauvage de « Bornéo », haut-relief, plâtre... 1895
— — bronze sur fond de marbre (Muséum.)............. 1897

Homme de l'âge de pierre, chasseur d'oursons, bas-relief, plâtre. 1897
Commandé par le ministère des Beaux-Arts pour le Muséum.

Maternité, bronze doré. Collection Frémiet-Barbedienne........... 1898

L'amour fustigeant un paon, bronze. — 1900

Centaure Térée, bronze. Collection Frémiet-Barbedienne........... 1900

Faune assis, charmeur d'oursons, marbre................ 1840-1910
Appartient à M. de Rothschild.

III

STATUES, STATUETTES, FIGURES ET BUSTES

Buste de Napoléon III. Collection Frémiet-Barbedienne........... 1867

Homme de l'âge de pierre, statue, reeonstitué sur des fragments
humains de l'époque, plâtre.................................. 1872
bronze.................................. 1875

Commande du Ministère de l'Instruction publique et des Beaux-Arts.

La Guerre, buste colossal, détruit, plâtre.......................... 1872

Fauconnier, statuette bronze argenté. Collection Frémiet-Barbedienne 1873

Damoiselle, statuette bronze argenté. — 1873

Jeanne d'Arc, tumulaire, statuette bronze. — 1875

Menestrel, statuette bronze. — 1875

Grégoire de Tours, plâtre.. 1875

— — marbre.. 1878

Panthéon.

Dame de la Cour, buste plâtre...................................... 1876

Saint Michel, statuette bronze. Collection Frémiet-Barbedienne..... 1879

Duelliste, Charles IX, statuette bronze. — 1879

Hommage à Corneille, bronze argenté — 1880

Charles V, buste marbre. Bibliothèque nationale..................... 1882

Nègre charmeur de serpents, bronze. Collection Frémiet-Barbedienne.. 1883

Saint Louis, statuette, plâtre.................................. 1887

— — bronze. Collection Frémiet-Barbedienne...... 1889

L'Incroyable, statuette, bronze — 1888

Credo, statuette, bronze. Exposition rétrospective — 1889

Jeanne d'Arc à Domrémy, statuette, bronze — 1853

Meissonier, statue, plâtre.. 1894

— — bronze.. 1896

Ville de Poissy.

Molière : statuette, bronze. Collection Frémiet-Barbedienne........			De 1875 à 1896
Washington,	—	—	
Jeanne d'Arc à Orléans,	—	—	
La Fée aux Chansons,	—	—	
Duelliste au manteau,	—	—	
Vierge de Bethléem,	—	—	
Sainte Cécile,	—	—	
Sainte Catherine de Sienne,	—	—	

Monument et buste de Raffet 1896
Jardin de l'Infante.

Saint-Michel, statue, plâtre 1896
Bronze doré pour la flèche du Mont Saint-Michel.

Mme Dru, pierre tombale, statue marbre 1899
Château de Vez, Oise.

Lesseps, statue colossale, plâtre 1899
Erigée à l'entrée du Canal de Suez, à Port-Saïd (bronze).

Lesseps, buste colossal 1900

Gabriel Fauré, buste 1901

Tête de la statue colossale de Lesseps 1903

M. Dru, statue tombale, plâtre 1905

— — marbre 1906
Château de Vez, Oise.

Le Prince d'Arenberg, statuette bronze 1906
Appartient au prince d'Arenberg.

François Rude, statue plâtre 1906

— — bronze doré à la feuille 1907

IV

CHEVAUX ET PETITS GROUPES EQUESTRES

Sauf le Cheval au corbeau et Forestier, tout fait partie de la collection Frémiet-Barbedienne

Montfaucon, cheval blessé, bronze 1853

Chevaux de halage, bronze 1855
(Musée du Mans).

Cheval saltimbanque, bronze 1859

Cheval au Corbeau *(Capitaine Fracasse),* bronze 1859

Forestier, cheval de chasse, bronze 1859
Des écuries de M. le comte d'Oultremont.

Cavalier gaulois, bronze 1864

Cavalier arabe, bronze doré 1865

Cavalier romain, bronze 1867

Louis d'Orléans, chevalier XIVe siècle, bronze doré 1873

Cocher romain, groupe bronze 1875

Jeanne d'Arc, bronze 1877

Chevalier errant, bronze 1878
Groupe Scheherazade, bronze doré 1878

Muletier espagnol, bronze 1879

Grand Condé, groupe bronze 1881

Porte-Falot, groupe bronze 1883

Echevin, groupe bronze 1884

Cheval primé, monté, bronze 1881-1885
Cheval primé, seul, bronze .... —

Chevaux de courses, jockeys 1885-1889
Cheval pur sang (Barberousse) .... —

L'Aïeul, groupe bronze 1888-1889

Saint Georges, groupe bronze 1891
L'Alguazil — 1891

Saint Hubert, groupe bronze 1892
Isabeau de Bavière, groupe bronze .... —

Louis XIII, sortie du manège, groupe bronze 1900

Du Guesclin, bronze 1903

François Ier, groupe bronze 1904

V

CHARS

Collection Frémiet-Barbedienne

Char de Minerve.. 1900

Char de Diane.. 1900

Pour la manufacture de Sèvres, font aussi partie de la collection Frémiet-Barbedienne dans le format original.

Depuis 1900, une réduction en bronze doré de chacun de ces deux chars est entrée dans cette même collection.

Char étrusque.. 1907

Char doublant la borne (Voir travaux décoratifs)................ —

VI

TYPES DE L'ARMÉE FRANÇAISE

Groupes équestres, statuettes à pied, chevaux
(Collection Frémiet-Barbedienne)

GROUPES ÉQUESTRES

Carabinier, bronze.. 1855

Artilleur à cheval, bronze.. 1855

Gendarme à cheval, bronze.. 1855

Brigadier des Guides (1), bronze.. 1855

1. En cette année 1855 M. Frémiet obtenait à l'Exposition universelle une troisième médaille, en même temps que Mène, Cavelier, Dantan aîné, Oliva.

La médaille d'honneur était attribuée à Rude dans des circonstances particulièrement douloureuses. Rude était mort pendant l'Exposition. Et le rapport officiel lui consacra quelques lignes élogieuses d'oraison funèbre qu'on ne saurait relire sans émotion :

« La mort a frappé Rude quelques jours avant qu'il ne reçût la glorieuse récompense donnée à ses œuvres. Rude avait aussi exposé une statue de bronze de *Mercure* et un *buste de femme* en marbre qui fait regretter vivement que la mort ait arrêté si subitement le ciseau puissant qui a sculpté la *Marseillaise*, l'artiste infatigable qui depuis 1812 ne s'est pas reposé un seul jour, et qui est mort dans son atelier comme un soldat sur le champ de bataille ».

Napoléon III, bronze... 1855

Le cheval des écuries de l'Empereur, à Saint-Cloud, où l'artiste le faisait poser, s'appelait *Philippe*.

Cuirassier, bronze... 1859

Chasseur à cheval, plâtre exposé en........................... 1859

Depuis en bronze. Le premier exemplaire fut offert au Prince Impérial.

Hussard, groupe plâtre.. 1859

Napoléon Ier.. 1867

Maquette de la statue équestre érigée à Grenoble, démontée depuis, et actuellement en passe d'être réédifiée dans le parc du Musée de Compiègne, par les soins du conservateur M. Arsène Alexandre.

La maquette devenue une *terre cuite*, appartient depuis 1887 à M. Dervillé.

M. Frémiet a refait un modèle en bronze qu'on trouve chez Barbedienne, en 1909.

Artillerie montée, rétrospective de............................ 1889

Appartient à M. Renouard.

FIGURES A PIED

Voltigeur, bronze... 1855

Zouave assis, bronze.. 1856

Zouave couché à l'affût, bronze............................... 1856

Cent-Gardes, bronze... 1859

Gendarme, bronze.. 1859

Grenadier, bronze... 1859

Artilleur de la Garde (au manteau), bronze.................... 1859

Marin, bronze... 1859

Fantassin, bronze... 1859

Sapeur, bronze.. 1859

Turco, bronze... 1859

Cantinière, bronze.. 1859

Sœur de charité (1), bronze 1859

Zouave pontifical 1877

Collection particulière de M. de Charrette.

Napoléon Ier en redingote 1908

Napoléon Ier en habit 1909

CHEVAUX

Cheval de troupe, bronze 1859

Cheval au piquet, bronze 1859

Cheval arabe, bronze 1859

VII

ANIMAUX

A l'exception de quelques exemplaires dont nous ferons connaître les possesseurs, tous ces bronzes font partie de la collection Frémiet-Barbedienne.

Gazelle d'Alger, bronze 1843

Chien, terre cuite 1846

Dromadaire, exposé en cire 1847

Chatte mère, plâtre 1848

Bronze argenté.

Renard d'Egypte 1848

Ravaude et mascareau, plâtre 1848

Groupe de l'équipage de M. de V.

Matador, chien, plâtre 1849

Chien de l'équipage cerf de M. de Pouilloux.

1. Tous ces types de l'armée française ont été commandés « par ordre de l'Empereur ». Il en existait au début une série privée aux Tuileries où chaque statuette était revêtue de son uniforme en étoffe. Cette série a été détruite lors de l'incendie de 1871. V. Préface, III.

Famille de chats 1849

Musée de Grenoble, réexposé en 1855.

Chameau tartare à deux bosses 1849

Réexposé en 1855.

Héron, bronze 1849

Chien courant, blessé 1850

2e médaille, Musée du Luxembourg.

Fait également partie de la collection Frémiet-Barbedienne, réexposé en 1855.

Chatte, marbre 1850

Maison de l'Empereur.

Poule cochinchinoise 1850

Griffonne et ses petits 1851

Réexposé en 1855.

Etude de chat 1851

Au voleur 1852

Ravageot et Ravageode, ministère d'Etat 1853

Salle des Gardes du Musée de Compiègne, réexposé en 1855.

Chatte et ses petits, dite au coussin, marbre 1855

Chat de 2 mois 1861

A 2 exemplaires, dont l'un appartient à la Baronne Poisson, réexposé en 1867.

Chien courant couché,	bronze	De 1860 à 1880
Terre-neuve couché,	—	
Terre neuve debout,	—	
Chien terrier,	—	
Griffon à la tortue,	—	
Chien loulou,	—	
Chien blessé couché,	—	
Chien griffon assis,	—	
Chiens limiers assis	—	

Chien limier seul,	bronze	de 1860 à 1880
Basset seul,	—	
Chat à la patte,	—	
Chat jouant,	—	
Chatte mangeant ses petits	—	
Chatte mangeant une souris	—	
Chatte au collier,	—	
Buste de chatte,	—	
Mouton,	—	
Chèvre et ses petits,	—	
Jaguar et singe,	—	
Souris à l'huître,	—	
Fauvette, vide-poche,	—	
Héron debout,	—	
Courlis et grenouille,	—	
Coq chantant,	—	
Couvée,	—	
Poule de ferme,	—	
Canard Plongeon,	—	
Anon,	—	
Groupe de canards se disputant un rat, bronze.		
Poules et rat,	bronze	
Ourse et ses petits	—	

Petit éléphant pris au piège 1880

Réduction de l'éléphant des jardins du Trocadéro, exécuté pour l'Exposition universelle de 1878.

Réexposé en 1900. (Voir travaux décoratifs).

Chiens bassets, groupe 1886

Groupe de lévriers, bronze 1886

Chat au poulet, or 1889

Réexposé à la centennale de 1900.

Ane du Caire, bronze 1890

Au secours, ... 1893

(Appartient au Dr Dieulafoy.)

Chat voleur, haut relief, bronze 1896

Poule aux œufs d'or, bronze 1897

Lévrier de Diane (1) seul, bronze 1900

VIII

TRAVAUX DÉCORATIFS

Marabout 1850

Groupe pour servir de pieds aux tables de porphyre du Louvre.

Frontons. Chapiteaux du manège .... de 1855 à 1860

Réunions des Tuileries au Louvre.

Lions ....

Pour les toits du guichet du Carrousel.

Bas-reliefs ....

Aigles ....

Tuileries.

Triomphe de Mérovée 1867

Panneau et ornements pour un meuble de Diehl. Exposition universelle.

Appartient à M. Albert Dubosc.

Neptune, statue équestre, plâtre 1868

Métamorphose de Neptune en cheval, symbole d'agriculture, consacré dans les fêtes de Cérès.

1. Lors de son premier envoi au Salon, en 1843, M. Frémiet avait dix-neuf ans. Le catalogue nous donne son adresse : à l'hôpital de la Clinique, place de l'Ecole-de-Médecine. Il reste là jusqu'en 1852. En 1853, il habite rue Fontaine-Saint-Georges, 26. En 1855, le catalogue nous donne sa demeure un peu plus haut dans le coteau de Montmartre : Chemin de ronde de la Barrière-Montmartre, 33. Cela correspond au pâté de maisons, où se bâtit depuis l'hôtel Gérôme, dans la partie qui va du coin de la rue de Bruxelles, à l'ancien couvent situé au tournant du boulevard au moment où il gagne la place Clichy, soit en face l'avenue qui mène au cimetière du Nord. En 1859, il habite boulevard du Temple, 32. En 1873 on le trouve à Fresnay-Louveciennes, Seine-et-Oise. En 1881, rue de la Tour, Passy ; et en 1890 boulevard Beauséjour, 43.

C'est à la Clinique, place de l'Ecole-de-Médecine, au temps où il était peintre anatomiste, qu'il reçut ses deux premières récompenses, sa troisième médaille, en 1849, la deuxième en 1851.

Cheval blessé et chez l'équarisseur, bronze.................. 1863

Tarbes. Ministère d'Etat.

Griffon fantastique.. 1869

Bœuf fantastique.. —

Animaux pour le château de Pierrefonds. Restauration Viollet-le-Duc.

Exécutés aussi en grès par Emile Muller à Ivry-Port, Seine.

Chevaux marins et Dauphins, plâtre, bronze.............. 1870-1872

Fontaine du Luxembourg.

Femmes et animaux, cinq groupes.............................. 1870

Pour décoration d'une fontaine en Poméranie exécutée sur les plans de l'architecte Lefuel.

Petit éléphant pris au piège, plâtre.............................. 1878

— Trocadéro, bronze.................. 1883

Quatre grands groupes pour vasques du Trocadéro, plâtre........ 1878

Détruits par le temps. (Exposition universelle.)

Nègre, chasseur d'éléphant, marbre.............................. 1879

Hôtel Dervillé. — Une petite terre cuite en fut exposée en 1889.

Astronomie (Frémiet-Barbedienne).............................. 1880

Monument de Miss Jenny, bronze et marbre.................. 1881

Tombeau d'un petit black-terrier. Hôtel Candamo.

Marabout et serpent, groupe bronze.............................. 1883

Hôtel de Cassin.

Ours blanc, marbre.............................. } 1884

Lion, marbre.............................. }

Hôtel Dervillé.

Serpent, bois.............................. 1885

Rampe d'escalier de l'Hôtel Gérôme.

Singe et papillon, groupe bronze.............................. } 1885

Ours massier de la Faculté de Médecine, bronze.............. }

Hôtel Dieulafoy.

Char romain doublant la borne, bronze 1889

Prix de courses pour Buenos-Ayres.

Bassets et chat, groupe 1889

Château d'Armainvilliers, baron Edmond de Rothschild.

Têtes de Taureau 1889

Chapiteaux. Exposition universelle.

Pélican gastronome et ses petits, bronze doré 1890

Hôtel Dervillé. Salle à manger.

Loup pris au piège 1894

Hôtel Bestégui.

Quatre-vingts colimaçons et bête fantastique 1897

Lustre en collaboration avec Vaudremer, fer forgé et bronze. Hôtel Dervillé, salle à manger.

Serpent boa offrant une pomme à un masque 1898

Lustre en collaboration avec Vaudremer, fer forgé et bronze. Hôtel Dervillé.

Singes aux bulles de savon électriques, bronze doré 1900

Hôtel Dervillé, salle à manger.

Surtout pour Sèvres 1900

Groupes bronze composés de :

Char de Minerve, Char de Diane, Amour fustigeant un paon.

Lynx du Pont de Suresnes 1900

Deux groupes de chevaux 1900

Pont Alexandre.

Grenouille implorant de la pluie 1901

Hôtel Dervillé, salle à manger.

La même **grenouille** en marbre.

Ravachol et Chauchard, statues, bronze doré 1905

Hôtel Dervillé, salle à manger.

Gloires ailées, pour le Carrousel.. 1908

Pour les deux grands reliefs du Muséum : **Orangs-outangs, Nègre de Bornéo** et le **Chasseur de l'âge de pierre**, voir page 271.

IX

MÉDAILLES

Cléopâtre.. —
Rattier.. —
Jeanne d'Arc.. —
Saint-Georges.. —
Saint-Michel.. —
Amour maternel.. —
Tête de cheval.. —
Tête de chien courant.. —

X

CACHETS

Collection Frémiet-Barbedienne

Tête de chien
Singe
Grenouille
Eléphant

TABLE DES MATIÈRES

LIVRE PREMIER

L'ONCLE ET LE NEVEU

LIVRE DEUXIÈME

L'ANIMALIER

LIVRE TROISIÈME

STATUES ÉQUESTRES

LIVRE QUATRIÈME

JEANNE D'ARC

LIVRE CINQUIÈME

TYPES ET FIGURES

LIVRE SIXIÈME

UN GRAND MAITRE

TABLE DES GRAVURES

TABLE DU CATALOGUE

IMP. JOUVE ET Cie, 15, RUE RACINE, PARIS

MAB

www.ingramcontent.com/pod-product-compliance
Ingram Content Group UK Ltd.
Pitfield, Milton Keynes, MK11 3LW, UK
UKHW020127220726
13923UKWH00001B/34

9 782019 475581